Angelika Hansen
Nur Mut

Angelika Hansen

# Nur Mut

Meine Reise zu den
Abenteuern des Lebens

Allegria

Allegria ist ein Verlag der Ullstein Buchverlage GmbH
Herausgeber: Michael Görden

ISBN 978-3-7934-2046-0

© 2011 by Ullstein Buchverlage GmbH, Berlin
Umschlaggestaltung:
geviert München/www.geviert.com
Gesetzt aus der Cheltenham
Satz: Keller & Keller GbR
Druck und Bindearbeiten:
CPI – Clausen & Bosse, Leck
Printed in Germany

# Inhalt

*Für J. A. T. A.*
*with love*

# Anstelle eines Vorworts

In diesem Buch spielen nicht so sehr eingebläute Regeln als vielmehr Visionen, die innere Stimme und »eigenmächtiges« Handeln im hoffentlich besten Sinne des Wortes eine entscheidende Rolle. Ehrlichkeit *is of the essence*! Die Bewahrung meiner Integrität ist mir ebenso wichtig wie die innere Stimme, und wie ich diesen »himmlischen« Einflüsterungen gefolgt bin. Etwas, das in jedem esoterischen Buch mit Recht als Voraussetzung für ein »spirituelles« Leben betont wird. (Als Übersetzerin der Bücher von Doreen Virtue, Brandon Bays, Gordon Smith, Sonia Choquette und anderen darf ich mich mittlerweile als »Expertin für esoterische Grundregeln« bezeichnen.)

Bereits zu einer Zeit, als die Begriffe *Esoterik* und *Spiritualität* im Bewusstsein der meisten Menschen noch kaum eine Rolle spielten – in den frühen Siebzigern und Achtzigern –, wurde ich zuweilen gefragt, ob ich nicht der einen oder anderen Gruppe oder Organisation mit esoterischer/ religiöser/ spiritueller/ okkulter Ausrichtung beitreten und entsprechende Erfahrungen machen, wenn nicht gar »Erleuchtung« finden wolle. Wissbegierig wie ich bin, war ich zwar immer interessiert und offen, schaute auch mal näher hin, doch meine Antwort lautete stets: »Nein, danke.« Oder die etwas längere Version, die bis heute gültig ist: »Spiritualität, Erleuchtung, die Unerklärlichkeit des Seins – mir fehlt einfach das Bedürfnis, alles zu erklären; denn ich fühle mich wohl und geborgen im Meer der Ewigkeit. Etwas, das mir als einzig ›logisches‹ Konzept einleuchtet, auch wenn es mit dem Verstand nicht zu begreifen ist.

Erleuchtung? Ein Begriff, mit dem ich noch nie etwas anfangen konnte. Ich war immer gänzlich mit dem *normalen*

Leben beschäftigt – und dies meistens gern. Momente unerklärlicher Traurigkeit, die weniger der Welt um mich herum entspringen, sondern meinem eigenen Inneren – und eventuell einer latenten Schilddrüsenunterfunktion –, würde ich zwar gerne vermeiden, doch letztlich führen sie zum Nachdenken, Nachfühlen, zu Einsichten, neuer Kraft und unweigerlich wieder zur Freude am Dasein – kleine Dosen von L-Thyrosin inklusive.

Was also das ominöse *Spirituelle* betrifft? Ich suche es nicht – im Gegenteil, es ist mir stets auf den Fersen.«

Und daran hat sich bis heute nichts geändert.

Wobei ich in der Zwischenzeit durchaus manchem von mir übersetzten Buch neue Anregungen, Informationen und gelegentlich den Versuch verdanke, mittels Meditation, Yoga und Ähnlichem Fortschritte auf dem »Heil(ung)sweg« zu machen. Gleiches gilt für ein lange zurückliegendes, kurzfristiges Eintauchen in die Psychoanalyse zur Aufarbeitung emotional-seelischer Störfaktoren, wie die Übergriffe meines Vaters; diverse Arten von Bodywork, wie Rebirthing oder Regression beispielsweise.

Und nicht zuletzt Ende der Achtzigerjahre das Zusammentreffen mit einem Lakota-Medizinmann in den USA (siehe mein Buch *Begegnung mit dem Schamanen*, Allegria).

All diese Dinge waren gut, wichtig und zum jeweiligen Zeitpunkt genau das Richtige, um positive Veränderungen in meinem Leben herbeizuführen, und ich bin dankbar dafür.

Doch nach wie vor empfinde ich einen stillen Aufenthalt in der Natur als die schönste Art der Kontemplation: »*The forest is my cathedral.*«

Aufgrund der Weltanschauung meiner Eltern ohne Religionszugehörigkeit aufgewachsen, hatte ich dennoch seit jeher eine ungestörte Beziehung zu »Gott«, den ich als eine Kraft verstehe, die in mir und außerhalb von mir ist; die ich nie »suchen« musste, mit der ich immer reden, an die ich mich jederzeit wenden konnte, so mir danach zumute war.

Selbst Jahre später, in den magischen, frühen Siebzigern der bewusstseinsverändernden Substanzen, habe ich mich unter dem Einfluss von LSD und ähnlichen Wachmachern angesichts der Unendlichkeit des Universums nie klein gefühlt, sondern immer zutiefst ergriffen als perfekten Teil eines wunderbaren Ganzen empfunden. Obgleich es irgendwann ein »katholisches Intermezzo« der etwas anderen Art gab, auf das Sie beim Weiterlesen unweigerlich stoßen werden …

# Einleitung

Bei dem vorliegenden Buch geht es nicht zuletzt um »Mut«, den zu haben man mir oft bescheinigt hat – wobei ich ebenso oft widersprochen habe. Nicht aus falscher Bescheidenheit, sondern aus Überzeugung. Mut braucht man, wenn man es wagt, alleine in einem Ruderboot den Atlantik zu überqueren – auch jenseits des Golf von Aden – oder einen Achttausender zu besteigen; eine Beziehung einzugehen und nicht beim ersten Knatsch davonzulaufen; dem hauseigenen Teenager seine Grenzen zu zeigen; an einer Straßenküche am Bahnhof von Kalkutta zu essen, nur weil die köstlichen Düfte die Gefahr eines solchen Leichtsinns vergessen lassen; oder sich monatelang illegal in fremden Landen aufzuhalten – all dies braucht Mut, auch wenn man sich dessen zum jeweiligen Zeitpunkt nicht immer bewusst ist.

Doch es gibt viele Arten von Mut, und ohne ihn geht im Leben gar nichts. (Der Wahrheit halber: Weder habe ich alleine den Atlantik überquert noch jemals einen Hügel erklommen, der höher war als eine Sanddüne. Die anderen Mutproben habe ich jedoch mit einigen Blessuren gut überstanden.)

Jeder Mensch hat Mut, mal mehr, mal weniger. Sollten meine Geschichten allerdings dem einen oder anderen dazu verhelfen, »neuen Mut« zu fassen, so hätten meine Erzählungen ihren Sinn mehr als erfüllt.

So here we go:

Wenn ich auch nicht die Erste bin, die es in die Welt hinausruft:

»LET ME ENTERTAIN YOU. HONESTLY.«

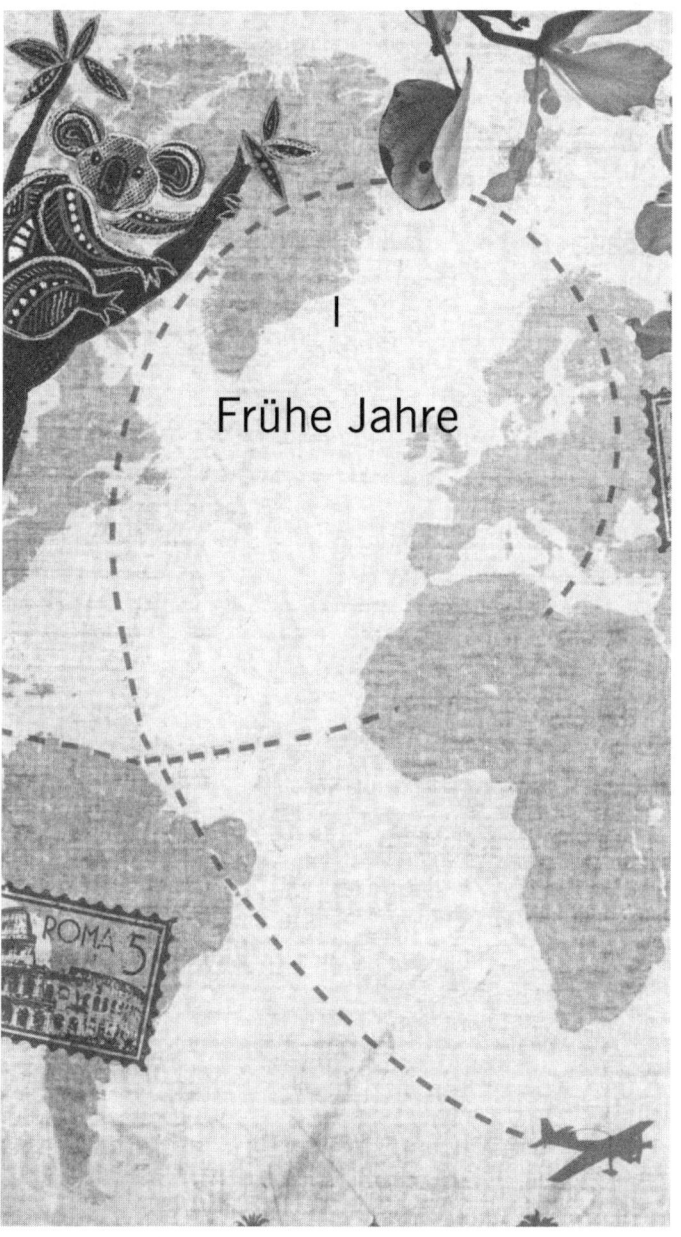

# I

# Frühe Jahre

# Aufregende Entdeckung

Ich war neun Jahre alt und allein zu Hause, als ich der dringlichen Versuchung nicht widerstehen konnte, mich klopfenden Herzens ins Schlafzimmer meiner Eltern zu stehlen, die Schubladen der schweren Kommode zu öffnen und nach etwas zu suchen, von dem ich nicht wusste, was es war. Immer mit einem Ohr auf Geräusche achtend, die anzeigen würden, dass meine Eltern zurück wären, tastete ich vorsichtig zwischen der seidenen Wäsche meiner Mutter, Parfumflakons und losen Papieren nach dem aufregenden »Geheimnis«, das ich zu entdecken hoffte.

Dann fand ich zwischen all den Papieren das, wonach ich instinktiv gesucht haben musste: meine Geburtsurkunde. Nicht zu übersehen. Groß und deutlich stand mein Name darauf. Und dann stand da noch etwas, das mein bange klopfendes Herz noch schneller schlagen ließ: An der Stelle, wo der Name des Vaters vermerkt sein sollte, las ich den eines Mannes, von dem ich noch nie gehört hatte – wenn auch der Nachname dieses unbekannten Vaters derselbe war wie der des einzigen mir bekannten, so war der Vorname eindeutig ein anderer!

Welch wohlbehütetem Geheimnis war ich da auf die Spur gekommen? Offensichtlich war mein Vater nicht wirklich mein Vater, und ich war nicht im Geringsten entsetzt, verzweifelt oder enttäuscht darüber – im Gegenteil, ich fand diese Entdeckung furchtbar aufregend. Doch hielt ich es für vernünftig, um nicht zu sagen absolut notwendig, das Geheimnis für mich zu behalten und weder meinen beiden jüngeren Brüdern noch meiner besten Freundin davon zu erzählen. Im Übrigen hätte sie es auch nicht verdient gehabt, dass ich sie ins Vertrauen zog, da sie meiner

Babypuppe die Wimpern ihrer Schlafaugen ausgerissen und behauptet hatte, eine Fliege wäre es gewesen.

Meinen Eltern konnte ich es erst recht nicht sagen.

Sollte der Unbekannte vielleicht der Mann sein, für den meine Mutter sich manchmal besonders schön gemacht hatte, während sie glücklich vor sich hin sang und mir strahlende Blicke zuwarf, wobei die Vierjährige ihr bewundernd zuschaute, frei von jeglichen Sorgen um die rechte Moral. Zwar war meine Mutter auch damals schon mit dem einzig mir bekannten Vater verheiratet, doch der war gerade nicht da – dafür wartete in dem schwarzen Auto vor dem Haus ein anderer, auf den sich meine schöne Mama offenbar sehr freute – und ich mich mit ihr. (Er war es nicht.)

Nicht lange nach meiner geheimnisvollen Entdeckung rief meine Mutter mich eines Morgens zu sich, nahm mich in die Arme, hielt mich eine Weile liebevoll umschlungen und fragte dann mit leiser Stimme: »Bist du mir böse, wenn ich dir sage, dass der Vati nicht dein richtiger Vater ist?« Oh, wie aufregend! Endlich kam das viel gehütete Geheimnis zur Sprache, das ich ja schon längst gelüftet, aber bisher niemandem anvertraut hatte.

Und wie erleichtert war meine Mutter, als ich mich lachend an sie schmiegte und sagte: »Wie könnte ich dir böse sein? Sonst würde es mich ja nicht geben!«

Wir haben nie wieder über dieses Thema gesprochen. Drei Jahre später starb meine Mutter, kurz vor meinem zwölften Geburtstag. Erst zwei Jahrzehnte danach verspürte ich eines Tages den heftigen Wunsch, meinen leiblichen Vater kennenzulernen, damit er mir erzählen konnte, wie sehr er meine schöne Mama geliebt hatte …

Ihr Tod bedeutete für mich den Beginn der sieben dunkelsten Jahre meines Lebens. Mein Vater lernte zwar zu kochen und zu backen, den Haushalt zu versorgen, zu waschen und neben seinem Beruf drei Kinder alleine großzuziehen – doch entpuppte er sich recht häufig, wie viele

Männer seiner geplagten Generation, als wütender, um sich schlagender Tyrann, unter dessen Ausbrüchen vor allem meine Brüder zu leiden hatten – und mir gegenüber bald als jemand, der seine Triebe nicht in Schach halten konnte.

Rückblickend empfinde ich die sexuellen Annäherungen eines erfahrenen Mannes an ein junges Mädchen, das an der Schwelle zur Entdeckung ihrer eigenen Sexualität steht, als besonders perfide, auch wenn diese Übergriffe (wie in meinem Fall) nicht in Penetration endeten. Damals empfand ich nur eine irritierende Mischung aus Abscheu, Lustgefühlen und Angst, und erst vier Jahre später fand ich den Mut, meinem Vater zu sagen: »Wenn du mich noch einmal anrührst, gehe ich zur Polizei!« Worauf er mir die erstaunliche Antwort gab: »Du bist eine undankbare Tochter!«

Wie bitte?!

Den Mut zu dieser kühnen Konfrontation mit meinem Vater verdankte ich einem Mann, der – sollte man meinen – eigentlich eher wenig mit dieser Thematik zu tun hatte …

## Katholisches Intermezzo

Als ich 14 war, spürte ich plötzlich den starken Wunsch, katholisch zu werden – mit allem, was dazugehört: Taufe, erste heilige Kommunion, Beichte, Weihrauch, regelmäßiger Kirchgang.

Dies hatte seine Gründe: Zwei Jahre nach dem frühen Tod meiner Mutter hielt mein Vater es für angebracht, wieder eine Frau zu finden – für seine eigenen Bedürfnisse und um seinen drei Kindern eine neue Mutter zu geben.

Er fand diese Frau, die eine Tochter mit in die Ehe brachte und nicht wenig überfordert war mit der zusätzlichen Brut, wie sich schnell herausstellte. Diese neue Mutter hatte die Angewohnheit, jeden Sonntag zur Kirche zu eilen, etwas völlig Neues für mich. Und da ich unbedingt ihre Zuneigung wollte, bin ich eines Sonntags mitgegangen in die kleine Kirche des nahegelegenen Dominikanerklosters – eine völlig neue Erfahrung, und sie gefiel mir ungemein. Nicht wegen Himmel, Hölle und Bimsstein, sondern weil ich auf Anhieb eine »heilige«, unterdrückte Erotik zu spüren glaubte – worüber ich nie sprach, in der wohl berechtigten Annahme, dass sich das irgendwie »nicht gehört« und so etwas außer mir niemand jemals empfinden würde … Als ich ein paar Sonntage später meine Entscheidung kundtat, mich taufen zu lassen, fragte mein religionsloser Vater nur überrascht: »Bist du dir sicher?« Ich bejahte, ließ mich taufen und ging als Fünfzehnjährige im weißen Kommunionskleid – von der neuen Mutter genäht – und in meinen ersten Schuhen mit Absatz – rote noch dazu, das ließ Verwerfliches ahnen, ich aber fand sie wunderschön! – zum ersten Mal zur Kommunion, die anderen Kinder um zwei Haupteslängen überragend, doch genauso ergriffen und überwältigt von den geheimnisvollen Vorgängen wie die Kleineren. Auch das Beichten in der stets von sanfter Dämmerung erfüllten Kirche fand ich erregend, geheimnisvoll – wie gesagt, die Kirche hatte für ein fantasievolles, junges Geschöpf wie mich etwas sehr Erotisches, doch gleichzeitig war ich auch züchtig ergriffen – eine köstliche Mischung.

Mit 16 erlebte ich dann eines Abends in eben dieser »heiligen« Umgebung einen Moment absoluter Hingerissenheit. Diese hatte allerdings überhaupt nichts mit religiöser Verzückung zu tun, sondern mit dem umwerfend gutaussehenden, göttlichen Mann in seiner schwarzweißen Dominikanerkutte, dessen himmlisch markante Stimme von der Kanzel ertönte und mir ohne Umwege direkt ins Blut ging.

An seine Worte erinnere ich mich nicht; fest steht jedoch, dass ich nach diesem ersten zielsicheren Treffen von Amors Pfeil keinen Moment länger still sitzen konnte und mit klopfendem Herzen mitten in der abendlichen Predigt aufsprang, in den kleinen Vorraum eilte und dort ungeduldig an der Klingelschnur zog, woraufhin ein Durchguck in der schweren Holztür bei Seite geschoben wurde und ein dicker Mönch mit blassen Augen mich erstaunt fragte, was mein Anliegen sei zu so ungebührlich später Stunde. Atemlos brachte ich hervor: »Ich möchte mit dem Pater da draußen sprechen!«

Er verdutzt: »Jetzt? Das geht nicht, er predigt doch noch.«

»Kann ich bitte reinkommen und warten?«

Nach kurzem Zögern öffnet er tatsächlich die Tür und führt mich kopfschüttelnd in eine Art Warteraum für Besucher, in dem es interessanterweise ein hochgeklapptes Schrankbett gibt. Aber ich bitte Sie, es war in den Sechzigern, da haben die katholischen Priester doch noch nicht so wie heute ...

Endlose Minuten lang sitze ich an dem kleinen Tisch, die Augen in banger Erwartung fest auf die Tür gerichtet. Oh Gott, was mach ich hier? Was will ich von diesem Mann der Kirche, in diesen klösterlichen Räumen? Vielleicht sollte ich lieber schnell wieder gehen, bevor er tatsächlich kommt und ich was sagen muss. Ich bin zwar noch ein römisch-katholischer Neuling, weiß aber aufgrund meiner eindeutigen Gefühle, dass sich das, was ich hier tue, eigentlich »nicht ziemt«. Egal, bangen Herzens warte ich – der Wunsch, dem Mann von der Kanzel von Angesicht zu Angesicht gegenüberzustehen, ist tausendmal stärker als jeder züchtige Einwand.

Endlich ein Klopfen an der Tür – irgendwie gelingt es mir, »Herein« zu stottern –, und im nächsten Moment betritt der Ersehnte in seinem bodenlangen, mönchischen Gewand den Raum.

Als sein erstaunter Blick auf mich fällt, hält er einen Moment inne und sich am Türgriff fest, und ich habe das Gefühl, als hätte ihn der Blitz genauso getroffen wie mich eine kleine bange Ewigkeit vorher …

❋ ❋ ❋

In den folgenden Monaten habe ich Pater R. oft in seinem Kloster aufgesucht und mit ihm über Dinge gesprochen, die ich bis dahin nie jemandem anvertraut hatte. Es entstand eine wunderbare Freundschaft, die mir viel Kraft und Zuversicht gab und mich sicher durch die Pubertät lavierte – Jungen meines Alters interessierten mich nicht, ich trug sein Bild in meinem Herzen, auch als er schon lange nicht mehr in Köln weilte.

Das Bett in der Klosterstube? Es ist stets hochgeklappt geblieben, wenn er mit seinen 32 Jahren auch sichtlich von meiner erblühenden Weiblichkeit verzaubert war und es mich in schön gesetzten Worten wissen ließ – ohne sie in die Tat umzusetzen. Er berührte mich nur, wenn er mich zum Abschied segnete, indem er mit der Hand sanft meine Stirn berührte. Er verstand es wunderbar, mein beginnendes Frausein voller Respekt und mit der gebührenden Dosis katholisch-unterdrückter, jedoch köstlich spürbarer Erotik zu lobpreisen, und ich konnte mit ihm offen über Dinge reden, die ansonsten tabu waren.

Er war es auch, dem ich zum ersten Mal von den sexuellen Übergriffen meines Vaters erzählte. Was diesen lieben Mann in großen Zorn versetzte:»Geh nach Hause, pack ein paar Sachen, ich bringe dich zu meiner Mutter nach S. – da bist du gut aufgehoben und vor weiteren Übergriffen sicher. Alles Weitere überlass mir!«

»Oh nein, das geht nicht, mein Vater bringt mich um, wenn er davon erfährt!«, entfuhr es mir entsetzt. Er verstand und akzeptierte meine Reaktion. Wir besprachen, was zu tun sei, und dank des Rückhalts, den er mir gab, hatte ich die Kraft, am gleichen Tag nach Hause zu gehen und meinem Vater ein für alle Mal Einhalt zu gebieten.

❊ ❊ ❊

Fast forward: Ich bin Mitte dreißig und habe die Tendenz, Menschen und Orte erneut aufzusuchen, die in meinem Leben eine wichtige Rolle gespielt haben, seien es Liebhaber, Freunde oder die Straße, in der ich aufgewachsen bin. Vor allen Dingen Orte, die in meiner Erinnerung belastet sind, die mir Alpträume beschert haben – es war mir stets ein Bedürfnis, diese Orte und Menschen so oft aufzusuchen, bis die Erinnerung aus der Kindheit und die Alpträume von der Gegenwart abgelöst wurden – und damit ihres Traumas enthoben.

Als ich eines Tages zwecks Aufarbeitung wieder mal in Köln war, verspürte ich plötzlich den Wunsch, Pater R. wiederzusehen, wenn auch unsere Begegnung Jahre zuvor nichts Traumatisches hatte. Im Gegenteil.

Ich erfuhr, dass er mittlerweile eine Telefonseelsorge leitete. Ich rief dort an und bat um einen Termin, wobei ich durchblicken ließ, dass ich den Pater aus früheren Zeiten kannte.

Pünktlich zum vereinbarten Zeitpunkt drückte ich auf die Klingel seines Büros. Seine Sekretärin bat mich herein, und wieder saß ich in einem Kirchenzimmer – dieses Mal ohne Schrankbett –, die Wände mit goldgerahmten Ikonen und einem großen, nackten Kreuz versehen. Und wieder habe ich nach all diesen Jahren ein Flattern im Bauch, als es schließlich leicht an der Tür klopft und im selben Moment ein hochgewachsener, blasser Mann in Soutane, ein wenig nach vorne gebeugt, das dunkle Haar von Silber durchzogen, den Raum betritt. Ich freue mich, Pater R. wiederzusehen, wenn er sich auch auffällig verändert hat: Der junge Gott von damals strahlt nicht mehr, sondern sieht sehr streng und ein wenig säuerlich drein. Ich begrüße ihn, nenne meinen Namen – doch er erkennt mich nicht!

Wir sitzen einander an dem kleinen Tisch gegenüber, und anders als damals scheint er gänzlich von der Doktrin durchdrungen: Er redet nur von der Kirche, will mich von ihrer einzigartigen Wahrhaftigkeit überzeugen – ohne dass ihm bewusst zu sein scheint, wer da vor ihm sitzt und worüber wir sonst noch reden könnten.

Ich spiele mit dem Gedanken, ihn aufzuklären, lasse es jedoch, aus einem vagen Empfinden des Mitgefühls: Es gibt einen Moment, wo er mir ein paar Sekunden lang schweigend voll in die Augen schaut – und durch mich hindurch, als sei ich nicht anwesend ... In diesem Moment habe ich das Gefühl, etwas in ihm erinnert sich, drängt ans Licht – doch er kann nicht zulassen, dass es ihm bewusst wird. Vielleicht war ihm seine damalige Versetzung nach B., die er mir eines Tages völlig überraschend mit den Worten kundgetan hatte, »die Situation wird mir zu *prekär*« (woraufhin ich nach Hause gelaufen bin, das Wort ständig wiederholend, damit ich es nicht vergesse und sofort im Duden nachgeschaut habe, ob es tatsächlich das besagte, was ich intuitiv fühlte – und so war es!), als letzte Flucht vor einer unausweichlichen »Sünde« erschienen, an die er lieber nicht mehr erinnert werden wollte.

Ich ließ es dabei bewenden.

Die nächste halbe Stunde versucht der Kirchenmann, den ich als offenen, leidenschaftlichen und emotionalen Menschen erlebt hatte und dem ich so viel verdanke, mir die einzigartige Richtigkeit seiner römisch-katholischen Überzeugungen zu verklickern.

Ich sehe die Dinge anders. Mag ja durchaus sein, dass Jesus gelebt hat und ein wunderbarer Mensch war – aber das ist lange her, so es ihn denn wirklich gab: Ich war nicht dabei, kann es also nicht bezeugen und bin, wie alle an-

deren, auf die Überzeugungskraft eines von Menschen –
explizit: Männern – geschriebenen Buches angewiesen:
Nein, danke. Nichts für mich.

Gott, was immer das ist, lebt in mir und hat keinen
Namen, keine Geschichte und auch kein Buch geschrieben; seine »Gebote« sind konfessionslos in meinem Herzen verankert (im Herzen aller Menschen, nehme ich an).
Wie könnte es anders sein?

Und ich bemühe mich – mit wechselhaftem Erfolg – sie
einzuhalten. Das ist alle Religion, zu der ich fähig bin, und
damit bin ich vollauf beschäftigt.

Doch Pater R. sieht und hört und lebt nur die Kirche.
Immer wieder schüttelt er abweisend den Kopf ob meiner
schmählichen Ungläubigkeit; sein Ausdruck wird zusehends verkniffener. Kostbare Minuten verrinnen, während
wir intensiv und ergebnislos über dieses Thema streiten.

Es hat keinen Zweck – zudem erkennt er mich noch
immer nicht, das anfängliche Gefühl ergreifender Wieder-
sehensfreude war ausschließlich mir vorbehalten. Und
seine kirchliche Rhetorik verhallt, wenn nicht ungehört, so
doch letzten Endes spurenlos in meiner Seele.

Irgendwann steht er auf, um mir etwas Kostbares zu zeigen, das ihm sehr am Herzen liegt und seinen Zügen endlich etwas Weiches verleiht: eine umfangreiche Ikonen-
sammlung in einem eigens dafür reservierten Raum.

Als wir uns kurz darauf die Hand zum Abschied reichen,
gibt er mir einen letzten Satz mit auf den Weg, der sich
kurzzeitig wie ein vergifteter Pfeil in mein Herz gräbt. Nicht
so sehr aufgrund der harschen Worte – »Du wirst Jesus nie
finden!« –, sondern weil der Mann offensichtlich so total in
seiner Religion abgetaucht ist, dass in seinen Augen jeder
Andersdenkende rettungslos verloren ist – eine zutiefst
»unchristliche«, da herzlose Sichtweise, wenn ich recht informiert bin. Und weil mir erneut klarwird, dass alle eta-
blierten Religionen »man-made« sind (buchstäblich!) und

ihre Vertreter dazu neigen, ihre allein seligmachende Sichtweise der Dinge schamlos zu überschätzen.

Und vor allem, weil für diesen Mann der Kirche die Aussicht »Jesus nie zu finden«, einer sicheren, ewigen Verdammnis gleichkommt, die er mir durch seine Worte zwar kalt und gnadenlos ankündigt, die ihn aber gleichzeitig leiden lässt.

Schockiert ob seiner Aussage und ein wenig traurig, mehr um ihn als um mich, bin ich davongegangen, so als hätte ich jemanden verloren, der mir einmal sehr wichtig war ...

Verloren hatte ich in diesem Zusammenhang Jahre vorher schon einmal etwas. Doch war das damals in keinster Weise traurig, sondern eher humorvoll, »erleuchtend« und irgendwie befreiend: Ich war achtzehn und hatte eines Tages, als ich an einem strahlenden Sommertag so leichtfüßig dahertanzte, das Gefühl, als hätte ich etwas verloren. Ich hielt inne, drehte mich um und wollte sehen, was es wohl sein mochte – und siehe da, es war die Kirche! Gott war nach wie vor da, so wie immer – doch die Institution, dieser sehr menschliche Überbau, war weg, einfach von mir abgefallen.

## Eine »unmögliche« Vision

Gehen wir noch ein paar weitere Jahre zurück. Ich bin im März 1946 auf die Welt gekommen, was mich stets zu dem köstlichen Gedanken verleitete, meine Eltern hätten sich vor lauter Freude über das Ende des Krieges geliebt, und ich sei das Resultat dieser Liebe. Was mir schon früh das Gefühl gab, ich sei mit einem ziemlich sonnigen Gemüt auf die Welt gekommen. Und einem ausgeprägten Drang nach

Freiheit, den ich schon als Kind durch fröhliches Weglaufen an den Tag legte. Wie an jenem verhinderten Ausflugssonntag, der mit einer Tracht Prügel endete, die ich entrüstet als die größte Ungerechtigkeit empfand – schließlich hatte ich nur der Welt mein schönes neues Organdy-Kleidchen zeigen wollen!

Wir lebten zum Teil auf dem Land, zum Teil in der Großstadt, und die ersten elf Jahre gaben zu keiner größeren Beschwerde Anlass.

Diese Zeit fand mit dem frühen Tod meiner geliebten Mutter ihr vorläufiges Ende.

Doch dann hatte ich mit 18 eine erste Vision, gänzlich unerwartet, nicht verdrängbar, überzeugend – und eigentlich völlig unmöglich: Ich sah mein späteres Leben klar vor mir, dass ich viel reisen und auf der Bühne (des Lebens) stehen und mit den »besten Männern der Welt« zusammen sein würde. Was Letztere betrifft: Interpretationssache. Ich habe mein Leben lang jeden Mann, der den Mut, die Lust und das Herz hatte, mit mir zusammen sein zu wollen, als etwas Besonderes betrachtet, egal, wie kurz- oder langlebig die Beziehung war – was die Vermutung nahelegt, dass ich auch mich selbst als etwas Besonderes empfunden habe, hoffentlich im besten Sinne des Wortes. Was ich übrigens jedem wünschen würde, anstatt sich schwach, hässlich, unzureichend, etc. zu fühlen. Jeder Mensch ist etwas Besonderes, und wir sollten einander entsprechend begegnen.

Jedenfalls empfand ich das mit den Männern so. Und das mit 18 im Jahre des Herrn 1964, jungfräulich und streng behütet (wenn auch nicht vor den Übergriffen meines Vaters).

Ich wusste ohne den geringsten Zweifel, dass diese Vision eine Art Prophezeiung war. Wenn sie mich auch schwindlig machte aufgrund ihrer Ungeheuerlichkeit – sie enthielt lauter Dinge, die mir vorzustellen ich nicht den geringsten Anlass hatte –, läutete sie doch das Ende meiner »dunklen Periode« ein und sorgte dafür, dass ich mich heimlich auf meine Zukunft freute.

Doch wie sollte diese Vision je Realität werden können?

Zum einen klagte mein Vater, unser launenhafter und gefürchteter Fels in der Brandung, ständig über unsere finanzielle Situation: dass wir uns nichts leisten konnten, weder die schönen roten Ballerinaschuhe für mich noch ein Fahrrad für meine Brüder; und was Reisen betraf, beschränkten sie sich auf alljährliche VW-Fahrten zu Verwandten in Ostdeutschland. Auf die ich übrigens gern verzichtet hätte, da mir im Auto immer schlecht wurde und ich diese fremden Tanten und Onkel nicht küssen wollte, auch nicht nur einmal im Jahr.

Was allerdings das »Auf-der-Bühne-Stehen« betraf: Als kleines Mädchen wollte ich, wie viele andere kleine Mädchen, liebend gerne Tänzerin werden. Wie oft war ich nachmittags, anstatt meine Hausaufgaben zu machen, unerlaubterweise in die Stadt gegangen, zum Opernplatz, eine Ewigkeit von unserer Straße entfernt, und hatte mir sehnsüchtig die Nase am Schaufenster eines Ballettgeschäftes platt gedrückt. Bis ich irgendwann den Mut fand, hineinzugehen und zu bitten, einmal die kostbaren rosa Spitzenschuhe anprobieren zu dürfen …

Der Wunsch zu tanzen wurde jedoch vom Familienoberhaupt mit der Behauptung: »Du musst was lernen, wobei deine Disziplin gefordert ist!« vom Tisch gefegt. Hinter dieser Bemerkung verbarg sich – das war mir schon damals klar – die Tatsache, dass nicht genug Geld für eine Ballettausbildung übrig war. Doch sind diese elterlichen Unwahrheiten oft so durchsichtig – Kinder wissen in der Regel, wie es sich wirklich verhält, und ich für meinen Teil hätte eine ehrliche Antwort vorgezogen. Unwahrheiten, Lügen – unweigerlich ziehen sie Verwirrung und Verlust von Vertrauen nach sich, begleitet von dem unangenehmen Gefühl, nicht für voll genommen zu werden und der wenig erfreulichen Vermutung, dass die »Großen« zu schwach sind, um zu ihrer eigenen Wahrheit zu stehen.

Und wie war das mit der Disziplin? Ich nehme an, dass er meinen starken Freiheitsdrang spürte und meinte, Disziplin tue not – da wäre die Ausbildung zur Tänzerin eigentlich genau das Richtige gewesen. Doch offensichtlich sollte es nicht sein.

Und die »besten Männer der Welt« aus meiner Vision?!?

Mit 18 hatte ich zwar schon meinen ersten Kuss bekommen, der so köstlich war, dass ich seither stundenlange, lustvolle Küsse als herzverbindendes Zaubermittel liebe. Doch dieser eine herrliche Kuss (und die weniger angenehmen Annäherungen meines Vaters) waren bis dahin meine einzigen Erfahrungen mit dem anderen Geschlecht – ein weder üppiger noch konfliktfreier sexueller Werdegang. Zudem war ich nach wie vor »Jungfrau« – und sollte es auch noch zwei weitere Jahre bleiben.

Im Laufe der Zeit entzog die Vision sich meinem Blick, versteckte sich hinter den Ereignissen des Lebens. Mit 21 wurde ich schwanger. Von einem lieben Mann, ein paar Jahre älter als ich und bereits eheerfahren, verständnisvoll, mit ruhigem Gemüt und mir vertrauensvoll jede Freiheit lassend, mit der ich allerdings nicht viel anfangen konnte. Ich wurde Mutter, fand das sehr schwierig und hatte alle Hände voll mit dem Kind und der großen Wohnung zu tun, die er im edelsten (und für seine junge Frau langweiligsten) Teil der Stadt gemietet hatte.

Der oft wiederholte Vorwurf meines Vaters, ich sei »total liederlich« und verfüge über keinerlei hausfrauliche Fähigkeiten, hatte in mir offensichtlich das Verlangen geweckt, das Gegenteil zu beweisen, sodass ich im reifen Alter von 21 auf einen Schlag eine perfekte Hausfrau war. Bis ich eines Tages schon wieder mit dem Putzeimer in der Hand auf der Schwelle zum Wohnzimmer stand und gnadenlos zu heulen anfing. Das erste Zeichen, dass es nicht mehr lange so weitergehen würde.

❖ ❖ ❖

Als meine Tochter sechs Monate alt war, starb mein Vater von einer Stunde auf die andere an einem Schlaganfall. Nach dem anfänglichen Schock hatte ich bald das Gefühl, als hätte er mir auf diese Weise meine Freiheit gegeben, wenn vielleicht auch nicht absichtlich.

Noch Monate später hörte ich bisweilen seine Stimme, die anklagend meinen Namen rief, wobei ich jedes Mal vor Angst erstarrte. Ich weiß bis heute nicht, ob es wirklich seine Stimme war, sozusagen aus dem »Off« – oder ob ich sie verinnerlicht hatte und nach außen projizierte.

Doch irgendwann war auch das vorbei, der Schatten verschwunden.

Es sollte zwar noch ein Jahr dauern, doch dann kam eines winterlichen Nachmittags der Moment, wo ich plötzlich wusste, *so geht es nicht weiter*, meinem Mann gerade in die Augen schaute und schlicht sagte: »Ich kann nicht länger verheiratet sein. Das ist einfach nicht mein Leben!«

Er reagierte gefasst: »Ich habe gewusst, dass es so kommen würde. Wenn du willst, bleibt Julia bei mir, aber du kannst sie jederzeit sehen.« Und er hatte das Herz hinzuzufügen, dass die zwei Jahre unserer Ehe eigentlich meistens schön waren.

Kurz darauf verließ ich Mann und Tochter, wenn auch nicht ganz so unbeschwert, wie es sich hier liest. Heute ist Julia 42 Jahre alt; sie ist erfolgreich in ihrem außergewöhnlichen Beruf, dazu schön und klug, und wir sind gerne, wenn auch nicht sehr oft, zusammen – was vor allem daran liegt, dass wir uns meistens in verschiedenen Zeitzonen befinden. Ihr Vater hat es wunderbar hingekriegt, seine geliebte Tochter aufzuziehen, und wer weiß, was aus ihr ge-

worden wäre, hätte ich damals die Zähne zusammenge-
bissen und getan, was eine brave Frau 1969 tat: die Pflichten einer Ehefrau und Mutter als höchstes Gebot zu befol-
gen – wenn sie auch viel lieber etwas gänzlich anderes
getan hätte.

❊ ❊ ❊

Bereits ein paar Wochen später machte ich mich auf
meine erste Reise. Zunächst war Amsterdam anvisiert, doch
mangels Geld für ein Zugticket – meinen Mann zu fragen
empfand ich als unpassend – trampte ich stattdessen mit
einer neugewonnenen Freundin gen München. Verliebte
mich in diese Stadt und in W., meine erste große Liebe, als
der Himmel seines roten Volvos an jenem magischen
Abend von funkelnden Sternen übersät war und ich mich
am nächsten Morgen vor dem Spiegel entzückt zum ersten
Mal als schöne, liebende Frau sah. Wenn dieser Liebe auch
keine Ewigkeit beschieden war – genau genommen nur
sechs Wochen – und die Trennung mir schier das Herz
brach, war sie dennoch lange Zeit unvergesslich, wenn
auch nicht der Grund, warum ich, mit einigen Unterbre-
chungen, die nächsten 16 Jahre in München blieb.

❊ ❊ ❊

Dem Herzeleid folgte bald eine intensiv gelebte Zeit als
»Hippie«, für mich absolut prägende, wunderbare drei
Jahre, zu der bewusstseinsverändernde Substanzen gehörten, die Augen, Geist und Herz öffneten. Die Entdeckung
der Musik und Natur auf eine völlig neue Weise … Jahre an-
gefüllt mit magischen Liebesaffären, tiefen Freundschaften
und kreativem Zusammenleben.
  Bis ich eines Tages wieder eine weitere, entscheidende
*Vision* hatte:

31

Vor meinem inneren Auge sah ich eine Bühne, wie im Theater, mit einem gerafften, roten Samtvorhang. Im nächsten Moment wurde er zugezogen, und ich hörte zum ersten Mal eine klare Stimme, die sowohl in mir als auch außerhalb von mir war, sowohl weiblich als auch männlich, gleichzeitig einer und viele – die sagte: »Wir haben dir den Weg gezeigt. Von jetzt an gehst du auf deinen eigenen Füßen.« Die Bedeutung dieser Worte verstand ich auf Anhieb und ihre gütige Absicht war offensichtlich. Dass ich ihnen bedingungslos folgen würde, stand außer Frage. Und ich habe – abgesehen von einer Ausnahme Jahre später – nie mehr »inhaliert«.

Dann kam der Sommer 1973 und mit ihm die Realisierung des ersten Teils der Vision, die ich mit 18 gesehen und nie ganz vergessen hatte.

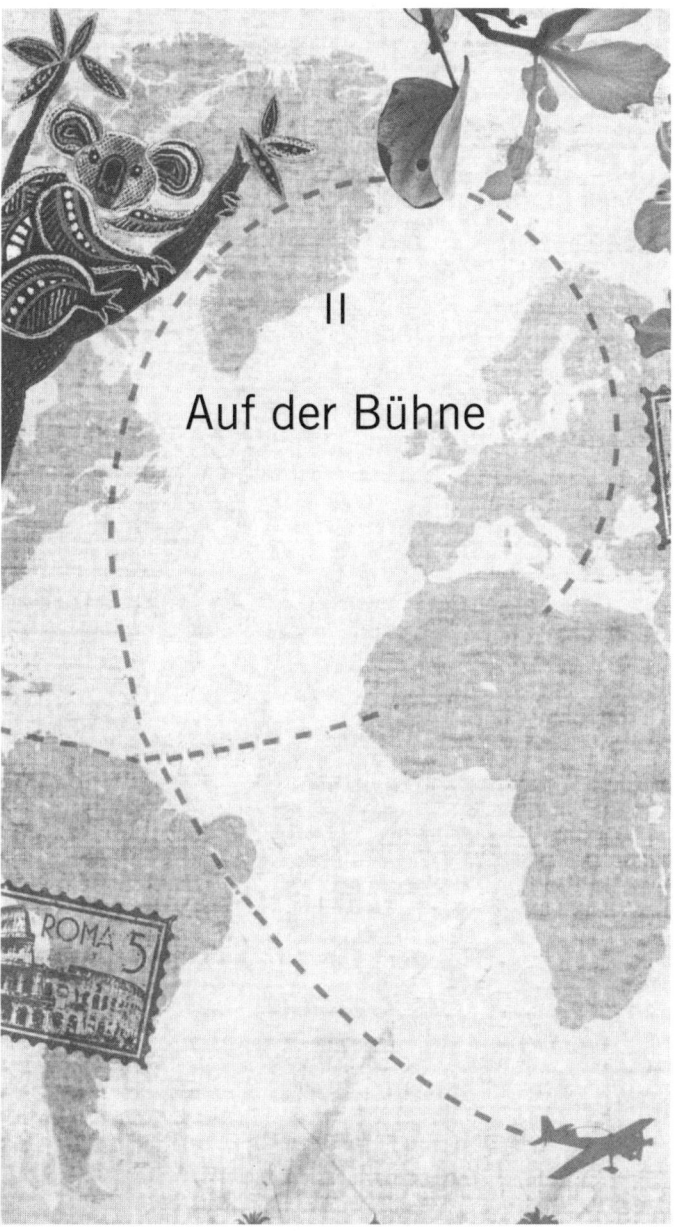

II

Auf der Bühne

# *E*in schönes Theater ...

Der inneren Stimme gehorchend, die mich unter Hinweis darauf, dass ich noch anderes im Leben zu tun hatte, was mit dem Genuss bewusstseinsverändernder Drogen, Rockmusik(ern) und nächtlichem Leben nicht in Einklang zu bringen war, sanft, aber unmissverständlich aus meiner Hippie-Euphorie holte und mit beiden Beinen auf den nicht unerfreulichen Boden der Tatsachen stellte, gründete ich wenig später mit einem Freund eine Theatergruppe. Geld hatten wir so gut wie keins, dafür aber viel Elan und Begeisterung. Wenn es auch mit dem Tanzen nichts geworden war, so spürte ich doch nach wie vor den Wunsch, auf der Bühne zu stehen.

Bald hatten wir acht Leute aus drei verschiedenen Ländern zusammen, zwei von ihnen mit Theatererfahrung. Die Universität München stellte uns unentgeltlich ein kleines Theater zur Verfügung, das schon lange nicht mehr benutzt wurde – und wir machten uns daran, eigene Stücke zu schreiben und »armes Theater« à la Antonin Artaud zu praktizieren. Tagsüber studierten manche von uns so theaterfremde Dinge wie Jura, oder arbeiteten als Taxifahrer und Bedienung. Die beiden Profis, begnadet, doch bisher unterschätzt von der Welt, sahen ihre Chance und übernahmen rasch die Führung in dem Bemühen, uns auf der Bühne so echt wie möglich lieben und leiden zu sehen. Was zur Folge hatte, dass unsere kleine Gruppe sich in hinreißende, anstrengende Psychodramen verwickelte, die weniger mit Theater, dafür umso mehr mit den persönlichen Beziehungen innerhalb der Gruppe zu tun hatten. Man stelle sich vor: Eine junge russische Tänzerin, kaum eines Wortes Deutsch oder Englisch mächtig, in einer leidenschaftlich-eifersüchtigen Auseinandersetzung mit dem argentinischen Schauspielprofi, dem sie auf Anhieb verfallen war und der seinerseits nur Spanisch sprach, und das Ganze auf der Bühne, wo wir eigentlich proben wollten. – Und sie haben sich tatsächlich verstanden!

Anyway, die beiden Leitfiguren fanden dennoch bald den Fokus für ihre Arbeit: politisches Theater, von uns willigen, kaum erfahrenen Eleven in Szene gesetzt, getreu den realistischen Methoden des Actor's Studio. Was mir von Anfang an nicht so recht zusagte – man gebe mir ein Glas Wasser zu trinken, wenn die Szene es verlangt, anstatt zu erwarten, dass ich es mir vorstelle!

Wir probten oft in der großen Altbauwohnung eines unserer Mitglieder, wobei immer wieder das Stück in den Hintergrund trat und der Dynamik zwischen den Beteiligten weichen musste. In den zwei Jahren unseres Bestehens traten wir kein einziges Mal vor Publikum auf, abgesehen von Freunden, die unseren thespischen Bemühungen den gebührenden Beifall zollten und mit Begeisterung an unseren Diskussionen und Auseinandersetzungen teilnahmen. Türen wurden wütend zugeschlagen, sodass das Glas im Rahmen zersprang; Affären zwischen den Mitgliedern heimlich begonnen und lautstark beendet – und derweil versuchten wir, etwas Sinnvolles und Unterhaltsames auf die Beine zu stellen. Doch es wollte uns nicht gelingen. Ich war die Erste, die der Gruppe den Rücken kehrte: Die Vorstellung, bestenfalls irgendwann im Lokalanzeiger einen »Stern der Woche« für unsere »politische« Theaterarbeit zu bekommen, fand ich wenig erstrebenswert – zudem war ich zu der Einsicht gelangt, dass meine schauspielerischen Fähigkeiten eher bescheiden waren und ich lieber eine gute Stenotypistin als eine schlechte Schauspielerin sein würde.

Folgerichtig drehte ich dem ganzen Theater den Rücken.

# Rom und Fellini

Bis das Schicksal auf einem Weihnachtsmarkt im Dezember des gleichen Jahres mein beglücktes Auge auf David fallen ließ, den schönsten Mann, den ich je gesehen hatte. Ende zwanzig, hochgewachsen, mit Augen wie zwei leuchtende, schwarze Sterne, einem ledernen Cowboyhut auf langen, honigfarbenen Haaren, war er gerade dabei, aus altem Silberbesteck zurechtgebogene Armreifen zum Verkauf auszubreiten. Ich sah ihm zu, und als er hochblickte und mich unter seinem Cowboyhut hervor anstrahlte, war sofort alles klar zwischen uns. David war Amerikaner, der bereits in jungen Jahren wusste, dass er Amerika verlassen und in Europa leben wollte. Mit 17 war er in Paris angekommen – und nie mehr auf die elterliche Farm in Wyoming zurückgekehrt. Ich erfuhr, dass er in Sizilien lebte und trotz der winterlichen Kälte nach Deutschland gekommen war, um seinen Schmuck zu verkaufen.

Wir blieben ein Jahr lang zusammen, und durch ihn kam ich zum ersten Mal nach Rom. Auch das war Liebe auf den ersten Blick. Noch nie außerhalb Deutschlands gewesen, war ich begeistert von all dem Neuen, Anderen, Schönen – Verkehr hin, Lärm her: Rom ist für mich bis heute eine unerschöpfliche Freude für die Augen und ein Ort der Sehnsucht, selbst wenn ich in anderen Teilen der Welt *vorübergehend* alles Fremde als nervige Zumutung empfinde.

Ein paar sonnige Wochen später fuhren wir weiter nach Taormina, wo David ein kleines Haus am Hang gemietet hatte, mit Zitronenbäumen im Garten und Blick auf's Meer.

※ ※ ※

Ein paar Monate friedlicher Zweisamkeit vergingen, derweil mein schöner Liebhaber in seiner Werkstatt Schmuck anfertigte und ich meine Zeit entspannt vertrödelte, las, an den Strand ging, den Haushalt versorgte – und langsam unruhig wurde. Doch David war nicht nur Hippie-Juwelier, sondern kannte sich auch mit Astrologie aus und wusste, wie man ein Geburtshoroskop erstellt. Irritiert durch meine wachsende Ungeduld und neugierig herauszufinden, was die Sterne bezüglich meiner Fähigkeiten und Möglichkeiten sagten, setzte er sich eines Tages hin und errechnete mein Horoskop. Dabei stellte er fest, dass ich nicht nur schauspielerische Fähigkeiten hatte, sondern ganz besonders geeignet war, sie in *Filmen* zum Ausdruck zu bringen.

Ach ja? Sagte mir gar nichts – schließlich war das Thema Schauspielerei für mich erledigt.

Doch ergab es sich, dass wir kurz nach Davids Bekanntgabe der mir innewohnenden Fähigkeiten erneut nach Rom fuhren. Um meine mangelnde Begeisterung wissend, setzte David heimlich alle Hebel in Bewegung, um herauszufinden, wer in Rom oder Umgebung gerade einen Film drehte – und erfuhr, dass Fellini seit Monaten das gesamte Cinecitta-Gelände anlässlich der Dreharbeiten zu *Casanova* mit Beschlag belegt hatte.

Nach dieser ermutigenden Auskunft hielt er den Moment für gekommen, mich von seinen Bemühungen zu unterrichten. Unbeirrt von meinem Protest, kramte David zwei Polaroidfotos hervor, auf einem Flohmarkt in Köln aufgenommen, auf denen ich im Profil zu sehen bin, mit hennaroten, halblangen Haaren, ein weißes Straußenfedercape aus den zwanziger Jahren um die Schultern, angestrahlt von der untergehenden Sonne, die das Ganze in ein warmes, schmeichelndes Licht taucht – zwei aus dem Moment geborene Porträts, mit verliebten Augen aufgenommen. Dennoch war ich mir absolut sicher, dass sich niemand, vor allen Dingen kein berühmter Filmemacher, dafür interessieren würde – nicht dass ich schon jemals einen solchen kennengelernt oder gewusst hätte, was so jemanden zu der Erkenntnis verhilft: *Dieses Gesicht muss es sein!*

Aber David war nicht zu bremsen, fest davon überzeugt, dass die Filmerei für mich das Richtige sei und wild entschlossen, mich gegebenenfalls zu meinem »Glück« zu zwingen (von dem er sicher war, dass es das sein würde).

Schließlich hatte er den Namen einer Mitarbeiterin von Fellini in Erfahrung gebracht, sie angerufen und offensichtlich von der dringenden Notwendigkeit überzeugt, umgehend meine Fotos sehen zu müssen – jedenfalls ließ er mich wissen, dass wir am nächsten Morgen um elf Uhr einen Termin mit dieser Dame hatten und die beiden Fotos mitnehmen würden, damit sie diese dem Maestro vorlegen könne. Ich protestierte, da ich mir immer noch nicht vorstellen konnte, was das Ganze sollte.

Doch offenbar war mein Protest nicht überzeugend genug – jedenfalls nahmen mich an jenem schönen, spätsommerlichen Morgen David und eine Freundin buchstäblich in die Mitte, schleppten mich zur nächsten Straßenbahnhaltestelle, verfrachteten mich und sich in dieselbe, und anderthalb Stunden später waren wir in Cinecitta.

Noch nie auf einem Filmset gewesen, blieb mir der Mund offen stehen vor Staunen: Hier war die Hölle los! Ein Kommen und Gehen und Rufen und Hasten von unzähligen, offenbar unter großem Stress stehenden Leuten, dass mir der Kopf nur so schwirrte.

Da wir jedoch einen Termin hatten, konnten wir dieses aufregende Chaos nicht lange bestaunen und wurden bald in das Büro besagter Dame bugsiert. Ein kurzer Gruß, ein paar erklärende Worte von David – mir fiel überhaupt nichts mehr ein –, die Übergabe der Fotos, auf der Rückseite mit meinem Namen und einer Telefonnummer vermerkt, unter der ich in Rom zu erreichen sein würde – und schon wurden wir wieder hinausmanövriert! Nicht dass mich dieses hastige Vorgehen gestört hätte – im Gegenteil, meinetwegen hätten wir gar nicht erst hierherkommen müssen – zudem war ich mir absolut sicher, dass es bei diesem einen Mal bleiben würde.

Die nächsten Wochen brachten einige rasante Veränderungen: Meine Beziehung mit David ging zusehends den Bach runter, und ich merkte bald, dass ich im Moment weder in Rom bleiben wollte noch Lust hatte, nach Sizilien zurückzufahren. An Fellini und meine Fotos, von denen ich nicht einmal wusste, ob er sie überhaupt zu Gesicht bekommen hatte, verschwendete ich keinerlei Gedanken. Stattdessen hatte ich zwei Frauen kennengelernt, die in Amsterdam lebten und mir so viel von ihrer Stadt vorschwärmten, dass ich beschloss, sie dort zu besuchen.

Alleine.

Ich blieb länger in Holland als geplant, und als ich Wochen später David anrief, »*How are you? Everything ok?*«, wollte er sofort wissen, wie lange ich brauchen würde, um auf dem schnellsten Wege nach Rom zu kommen.

»Warum das?«

»Fellini hat hier angerufen, er wollte dich persönlich kennenlernen!«

»Tatsächlich? Ist ja nett, aber wann war das bitte?«

»Ungefähr vor einem Monat – du hättest wirklich mal eher anrufen können! Sieh zu, dass du so schnell wie möglich hierherkommst!«

Vor vier Wochen ungefähr? Ich hatte zwar keine Ahnung, wie lange man braucht, um einen Film zu drehen, war aber überzeugt, dass nach vier Wochen alles »im Kasten« ist. Was mich nicht weiter beunruhigte, hatte ich doch nie die Absicht gehabt – oder mir vorstellen können –, dass ich jemals in einem Film mitspielen würde.

※ ※ ※

In der gleichen Nacht träume ich, dass ich unbedingt nach Rom fahren muss. Als ich am Morgen aufwache, ist mir der Traum so stark gegenwärtig, dass mir plötzlich klarwird: Ich muss tatsächlich dahin! *Und zwar sofort!*

Nur wie? Ich habe gerade genug Geld, um mich bis zum nächsten Job über Wasser zu halten – aber ein Zugticket nach Rom, immerhin 24 Stunden Fahrtzeit und sicher mehr als 100 Gulden entfernt?

Wohl kaum.

Nun hatte es allerdings einen unwiderstehlichen Grund gegeben, warum ich so lange in Amsterdam geblieben war – und der hieß Rob. Holländer hübschen Aussehens und guten Herzens, Medizinstudent und mir sehr zugetan, ein Gefühl, das ich durchaus erwiderte. Ich erzählte ihm meinen Traum, und er meinte sofort: »Du solltest ihn ernst nehmen und sofort losfahren!«

Er wusste natürlich um meine finanzielle Situation, und seine war auch nicht viel besser. Allerdings hatte er einen älteren Bruder, seines Zeichens gut verdienender Arzt, und der würde mir sicher das Geld für die Fahrkarte geben. Nun kannte ich diesen Bruder gar nicht, hatte ihn noch nie gesehen, aber Rob war voller Zuversicht, also besuchten wir ihn. Wir mussten nicht lange reden, bis der Bruder mir freundlich lächelnd zwei Hundertguldenscheine in die Hand drückte und gutes Gelingen wünschte.

Langsam fing ich an, mich auf das zu freuen, was vielleicht kommen würde. Schon alleine der Gedanke an die Fahrt nach Rom – ich war glücklich, wieder mal auf Reisen zu gehen, diese geliebte Stadt und meine Freunde dort zu sehen. Und dann die Sache mit Fellini und dem Film, den er gerade drehte, und dass er mich hatte sehen wollen, wenn auch schon vor einer Ewigkeit – ein wachsendes Gefühl der Erwartung ergriff mich. Köstlich!

Ich fuhr in den kleinen Vorort von Amsterdam, wo ich mir ein Zimmer gemietet hatte – in dem ich, dank Rob, kaum jemals war –, um ein paar Sachen für die Reise zu packen.

Während ich so tagträumend in der Straßenbahn saß, verspürte ich plötzlich das Bedürfnis, mir meine Handtasche, die mir von der Schulter hing, auf den Schoß zu legen. Ich griff hinein und wollte zur Sicherheit mein Portemonnaie mit den kostbaren Hundertguldenscheinchen herausholen, als ich zu meinem Entsetzen feststellen musste, dass ich kein Portemonnaie mehr hatte! Verstört schaute ich mich um und sah das Gesicht eines Mannes, der mich so unverschämt angrinste, als hätte er den Langfinger beobachtet und sich an dessen schändlichen Tun ergötzt …

Wie betäubt stieg ich an der nächsten Haltestelle aus und versuchte, meine wild durcheinanderwirbelnden Gedanken unter Kontrolle zu bringen. Das Geld war also weg – war dies vielleicht ein Zeichen, dass ich nicht nach Rom fahren sollte? Doch keine Frage: *»Zeichen hin oder her, ich werde fahren!«*

Zurück ging es also zu dem großzügigen Bruder mit der Bitte um die gleiche Summe! Die er mir auch bereitwillig gab, dem Himmel sei Dank.

❧ ❧ ❧

Endlich bin ich also am Bahnhof, finde heraus, wann der nächste Zug nach Rom fährt, kaufe mir ein Ticket und rufe David in Rom an, um ihm zu sagen, dass ich auf dem Weg bin.

24 Stunden später komme ich in der ewigen Stadt an. Zu meiner freudigen Überraschung ist David da, um mich abzuholen, und gemeinsam gehen wir in die Via di Banci Vecchi, wo unsere Freunde schon mit dem Essen warten.

Die nächsten zwei Tage vergehen wie im Flug. Ich schlendere durch Rom, genieße es, wieder hier zu sein, und bereite mich innerlich auf meinen »Anschlag« in Sachen Fellini vor. Dieses Mal lasse ich David nichts unternehmen, sondern werde alles allein regeln.

Am dritten Tag bin ich so weit. Ich rufe in Cinecitta an und verlange forsch, mit Fellini verbunden zu werden. Ein Klicken in der Leitung, und eine ungeduldige Frauenstimme fragt (auf Italienisch, aber ich übersetze es hier zugunsten der Leser, die des Italienischen nicht mächtig sind – was ich damals auch nur rudimentär war): »Wer ist da?« Ich sage meinen Namen, worauf sie ihn irritiert wiederholt, indem sie genervt stöhnt: »Anjeelica – W-E-R?!? Sorry, Fellini ist nicht zu sprechen!«

Klack – Ende des Telefonats.

Natürlich, hätte ich mir ja denken können. Ich versuche es noch ein paar Mal, immer mit dem gleichen Ergebnis. Und bevor mich endgültig der Zorn oder der Frust packt – schließlich bin ich nicht nach Rom gekommen, um mir diese Absagen um die Ohren hauen zu lassen –, gelingt es mir herauszufinden, wann Fellini am nächsten Tag dreht.

※ ※ ※

Und so sitze ich an einem empfindlich kühlen Novemberabend wieder einmal in der Straßenbahn nach Cinecitta, dieses Mal ohne Begleitung und in der festen Absicht, den Meister kennenzulernen und vielleicht mit ihm zu arbeiten – etwas, das plötzlich durchaus im Bereich des Möglichen scheint.

In Cinecitta angekommen, finde ich alle Tore verschlossen, davor uniformierte Wächter, die nur den hereinlassen, der einen Termin mit dem Studio hat. Man fragt mich, wer ich sei, was ich wolle und mit wem und warum, worauf ich dreist erwidere: »Ich habe einen Termin mit Fellini. Um acht. In seinem Büro.« Der Uniformierte hört mich an und wirft mir einen vielsagenden Blick zu – bevor er ohne weitere Fragen galant das Tor öffnet …

Mittlerweile ist es dunkel geworden und anders als bei meinem ersten Besuch herrscht totale Stille. Sollte vielleicht niemand mehr hier sein und der Uniformierte sich einen Scherz mit mir erlaubt haben? Doch dann höre ich von irgendwoher Stimmen, gehe darauf zu, und ein paar Ecken weiter blenden mich plötzlich die ersten Scheinwerfer.

Sie beleuchten eine Szene, die ich nie vergessen werde: Ich bin in einem anderen Jahrhundert. Offensichtlich in Venedig. Mit Palästen, Kanälen, Gondeln, wild geschminkten Frauen in bunten Zigeunerröcken (Statistinnen), Katzen, streunenden Hunden, Ratten (alle gezähmt), bizarr aussehenden Gondolieri (Statisten), schwach leuchtenden Gasfunzeln (echtes 17. Jahrhundert) – und einem Floß im eigens angelegten Canal Grande, auf dem eine große Kamera aufgebaut ist. Gerade steigt ein Taucher mit Sauerstoffgerät aus dem dunklen Wasser, der nicht nur das Floß verankert hat, sondern dessen Anblick mich auch sofort wieder im 20. Jahrhundert ankommen lässt. In einiger Entfernung sehe ich einen Mann, auf einem Schemel sitzend, in einen schwarzen Umhang gehüllt und den weiß bezopften Kopf in die Hände gestützt, der mich unverwandt anschaut. Ich stelle auf Anhieb fest, dass er kein Italiener sein *kann*, da er sich beim Anblick einer Frau nicht sofort an die Hausjuwelen fasst, anders als die einheimischen Männer (eine gefahrlose Geste, aber gewöhnungsbedürftig) – sondern in der Lage ist, meinem Blick auch ohne die Vergewisserung standzuhalten, dass alles noch an seinem Platz und jederzeit einsatzbereit ist.

Doch halt, ich bin nicht hier, um zu flirten, sondern um Fellini zu treffen.

Ich schaue mich weiter um in dem Versuch, den Meister in der Dunkelheit zu erspähen, nicht genau wissend, wie er aussieht, aber darauf vertrauend, dass ich ihn schon intuitiv erkennen werde.

Und dann sehe ich ihn.

Am anderen Ufer des Kanals steht ein kräftig gebauter Mann, der die Umstehenden um Haupteslänge überragt. Den Hut in den Nacken geschoben, prüft er immer wieder den Blick durch die Kamera und gibt mittels eines Megaphons lautstark Anweisungen bezüglich irgendwelcher Gegenstände, die umpositioniert werden sollen, bevor er sich an die beiden Personen auf dem Floß wendet, einer von ihnen der Mann mit dem schwarzen Umhang.

Der mit dem Megaphon muss Fellini sein, denke ich. Hinzugehen und zu sagen: »Hallo Mr. Fellini, hier bin ich«, scheint mir irgendwie unangebracht – ganz zu schweigen davon, dass mir der Mut dazu fehlt. Stattdessen halte ich nach einer strategisch günstigen Stelle Ausschau, von der ich mich nicht wegbewegen werde: Irgendwann, vermute ich, muss auch ein Regisseur mal die Szene wechseln, vielleicht was essen oder nach Hause gehen, und dann muss er hier an mir vorbei. Und dann *wird* er mich sehen, es geht gar nicht anders.

Da stehe ich nun also eine kleine Ewigkeit. Es wird immer kälter an diesem späten Novemberabend des Jahres 1974 – ich hätte mir was Wärmeres anziehen sollen –, aber egal, irgendwie weiß ich, dass ich hier ausharren muss.

Dann kommt der Moment, wo Fellini, von seinen Getreuen umgeben, tatsächlich an der Stelle vorbeikommt, wo ich seit mindestens zwei Stunden fokussiert und bibbernd stehe. Er sieht mich, wie ich in seine Richtung schaue und geht ein paar Schritte weiter, bevor er mich erneut ansieht, dieses Mal offensichtlich interessiert und mit hochgezogener Augenbraue.

In diesem Moment weiß ich, dass es keine Frage ist, *ob* ich eine Rolle in seinem Film bekomme – sondern nur, *welche* es sein wird!

Ich folge der Gruppe in einigem Abstand, bis sie in dem Gebäude verschwindet, in dem wir Wochen vorher meine Fotos abgegeben hatten. Oben wird eine Tür zugeschlagen.

Klopfenden Herzens gehe ich die Treppe hinauf in den ersten Stock. Aus einem der Büros erklingen Stimmen und Lachen. Es gibt einen kleinen Vorraum mit einem Tisch und zwei Stühlen, und da setze ich mich trockenen Mundes und schwirrenden Kopfes hin und harre der Dinge, die da kommen werden …

✂ ✂ ✂

Und kommen tut zunächst einmal eine Frau mit üppiger, roter Mähne und dem treffenden Namen Fiammetta, die mir höflich, aber bestimmt zu verstehen gibt, dass ich hier nicht bleiben kann, da dies die privaten Räumlichkeiten von Fellini sind. Ich weiß nicht, woher ich die Kühnheit nehme, jedenfalls setze ich die Dame ohne Zögern davon in Kenntnis, dass Fellini mich gebeten hat, hier auf ihn zu warten. Eine Notlüge, aber sie funktioniert. Ich darf sitzen bleiben und weiter warten.

Irgendwann geht die Tür auf, und heraus kommt der Maestro. Er sieht mich, lächelt mich freundlich an und sagt: *»Ciao Anjeelica!«*

Dass er nach all den Wochen noch meinen Namen weiß, wo er doch nur zwei Polaroids – noch dazu im Profil – von mir gesehen hatte?!

Kaum Zeit, mich von dieser Überraschung zu erholen, umarmt er mich auch schon zur Begrüßung, bevor er mich auf Armeslänge an den Händen hält, mich aufmerksam betrachtet und fragt (Wir sprachen Englisch, was die Anrede *»Sie«* obsolet macht, die ich hier jedoch als angebracht empfinde.):

Er: »Woher kommst du?«

Ich: »Aus Amsterdam.«

Er: »Und warum?«

Ich: »Weil ich mit Ihnen arbeiten möchte.«

Er: »Meinst du, das geht so einfach?«

Ich: »Ich bin sicher, dass ich es kann!«

Das war's. Ein paar Augenblicke studiert er wohlwollend mein Gesicht und bittet mich, am nächsten Mittwoch um elf Uhr morgens wiederzukommen, dann werde alles Weitere geregelt. Jahre später hat er mir einmal anvertraut, »*Ich glaube nicht an Schauspieler, nur an Gesichter.*« – was das schnelle Wiedererkennen erklärt.

Noch ein freundlich prüfender Blick aus warmen dunklen Augen, und dann verabschiedet er sich.

Wunderbar! Noch von Cinecitta aus rufe ich völlig aus dem Häuschen David an und sage ihm, wie es gelaufen ist, woraufhin er sich ein berechtigtes: »*I knew it!*« nicht verkneifen kann.

❈ ❈ ❈

Am nächsten Morgen bin ich krank. Fieber, Husten, Schnupfen. Hatte wohl ein wenig zu lange unbeweglich an dieser windigen, wenn auch strategisch günstigen Stelle gestanden und mich erkältet. Doch das vergeht, und an besagtem Mittwoch um elf finde ich mich erneut in Cinecitta ein. Dieses Mal sehe ich Fellini zwar nicht, aber im Produktionsbüro weiß erstaunlicherweise jeder, wer ich bin, wie ich heiße und warum ich mich hier eingefunden habe.

Als Erstes bietet man mir zwei Rollen zur Auswahl an – eine sächsische Prinzessin und eine bucklige Gespielin Casanovas – und überlässt mir die Wahl, für welche ich mich entscheide. Es ist die Bucklige, einerseits aus einem intuitiven Gefühl heraus, andererseits, um nicht der vermeintlichen Gefahr des Schön-Aussehen-Wollens zu verfallen, sondern mich von vornherein ohne eitle Anwandlungen ganz in die Hände des Regisseurs zu begeben. (Wobei eine sächsische Prinzessin bei dem Surrealisten Fellini alles andere als »schön« ist, wie ich später feststellen konnte.)

Als Nächstes geht's ins Büro des Produzenten, wo man mir eine Gage anbietet, zu der ich sofort begeistert »Ja« sage – wenn Fellini mir auch bei unserer nächsten Begegnung empfiehlt, jedes Mal mindestens das Doppelte zu verlangen.

Dann werde ich in die *Sartoria* gebracht, den riesigen Saal, wo die Kostüme genäht und unter hoher Geheimhaltung aufbewahrt werden. Keinem Unbefugten ist es gestattet, diesen Saal zu betreten. Schneider und Stiefelmacher eilen herbei und nehmen von Kopf bis Fuß Maß an mir, damit die samtweichen Lederstiefel und bauschigen Seidenhemden, die härene Lumpenunterwäsche und strammen Männerhosen perfekt sitzen. Das Ganze einmal in Leinen und Baumwolle, ein weiteres Mal in Seide und Spitze, da noch nicht feststeht, ob ich nun eine arme oder eine reiche stumme Gespielin hergeben soll (Fellini entschied sich für die härene Lumpenversion – übrigens erhielt er für die Kostüme in diesem Film einen Oscar).

Als Nächstes ab in die Maske für den ersten Versuch der Maskenbildner, mir einen Buckel zu verpassen, was diese Meister ihres Fachs vor nicht geringe Probleme stellt. Spätestens dabei wird mir klar, dass Filmemachen je nach Aufgabengebiet verschiedene Talente erfordert, wobei alle *ein* Talent gemeinsam haben, und so sie es nicht haben, lernen müssen: *G-e-d-u-l-d!*

Nach mehreren langwierigen Versuchen, die nicht das gewünschte Resultat bringen, haben die Maskenbildner den Dreh mit dem Buckel endlich raus. An meinem ersten Drehtag sitze ich wieder stundenlang in der Maske und rauche dabei einen Doobie (natürlich ohne zu inhalieren..!), was dazu führt, dass ich mich trotz Buckel und abrasierter rechter Augenbraue umwerfend schön finde!

Diese Einsicht teilt offenbar auch die charismatische männliche Erscheinung, die in diesem Augenblick in hautengen weißen Hosen, Rüschenhemd und Brokatjacke, spitzen Schuhen mit Schleife und gekrönt von einem Dreispitz auf weißer Perücke sowie feinen, weißen Handschuhen in der Hand, die Maske betritt. Eine Sekunde lang verschlägt es allen Anwesenden den Atem! Talk about charisma! Die Erscheinung sieht zu mir herüber, lächelt amüsiert und meint: *»Does that mean we will be working together?«* Es ist Donald Sutherland, perfekt in seiner Rolle als Casanova, und ich erkenne ihn wieder als den Mann im schwarzen Umhang, der mich an jenem Abend im November beinahe von dem Grund meines Kommens abgelenkt hätte …

Ich bin vom ersten Moment an begeistert von der Filmerei, und nicht nur, weil mich die Garderobiere nach jeder Einstellung mit freudigen Ausrufen der Begeisterung in einen warmen Schal hüllt, mir eine Tasse mit heißem Kakao in die Hand drückt und meine Schultern massiert! Alles, was mit der Arbeit zusammenhängt – und Fellini war ein absoluter Perfektionist –, fällt mir erstaunlich leicht, und ich genieße jede Minute.

Außer dem Moment, wo mich am Abend vor der wilden Bettszene mit Casanova – bei der es zwar den Anschein hat, als wären wir jeglicher Kleidung bloß, unsere Körper jedoch bis auf meinen rechten Oberschenkel und seine Schultern völlig bedeckt waren – zu Hause in der Via di Banchi Vecchi ein schlecht erzogener Hund genau in diesen rechten Oberschenkel beißt und die Wunde im Krankenhaus genäht werden muss.

Doch damit nicht genug, wurde ich in der gleichen Nacht noch in ein zweites Krankenhaus geschickt, um mir in den unterirdischen Katakomben desselben von einem humorlosen Arzt eine Tollwutspritze in den Bauch jagen zu lassen. Auf meine diesbezügliche Frage meint der Arzt: »Es gibt keine Tollwut mehr in Italien.« Darauf ich: »Warum brauche ich dann eine Spritze?« Seine entwaffnend logische Antwort: »Damit es auch weiterhin keine Tollwut mehr gibt. Bitte den Bauch freimachen!«

Als ich am nächsten Morgen blessiert zum Dreh erscheine, bestellt Fellini sofort einen Arzt, der meinen mit Lumpen umwickelten Oberschenkel nach jeder Einstellung vorsichtig ent-wickelt und prüft, ob trotz unserer wilden Eskapaden im Bett auch alles vorschriftsmäßig verheilt.

Nach zwei Wochen Drehzeit war meine Rolle im Kasten, ich aber noch gar nicht bereit, der Filmerei Adieu zu sagen. Also hatte ich ein Wort mit dem Regisseur und bat ihn, mir eine weitere Rolle in dem Film zu geben.

«Das ist unmöglich – jeder wird dein Gesicht erkennen!«

Worauf ich vertrauensvoll erwidere: »Ich bin sicher, dass Sie das irgendwie hinkriegen.«

Fünf Monate später erhalte ich einen Anruf von Anna O., einer begehrten Agentin, die mir im Dezember in Cinecitta angeboten hatte, mich zu vertreten, davon überzeugt, mir stünde »eine große Zukunft« bevor, falls ich mich ernsthaft auf die Schauspielerei einlassen würde. Sie will wissen, ob ich im Mai zehn Tage Zeit habe, da Fellini tatsächlich noch eine Rolle im gleichen Film für mich kreiert hat, wenn auch eine kleinere. Gleiche Gage, gleicher Ort.

Aber mit Vergnügen!

Die Rolle war dann tatsächlich nicht nur klein, sondern winzig: Man muss schon sehr gut aufpassen, um mich als eine Art Rauschgoldengel, Lichtjahre entfernt von jener Buckligen, mit goldenen Haaren bis zu den Knöcheln und diesmal tatsächlich schön anzuschauen, als Mitglied einer Theatergruppe (!), sekundenlang im Film zu erkennen. Doch mir war alles recht – ich war nicht so sehr daran interessiert, was bei der Arbeit herauskommt, sondern an der Arbeit, sprich dem Vergnügen an sich. Und das habe ich beim zweiten Mal genauso genossen wie beim ersten Mal.

❈ ❈ ❈

## Ja – Nein – Ja!

Vier Jahre später erhielt ich das Angebot, erneut einen Film mit Fellini zu machen, und es kam genau zum richtigen Zeitpunkt. Mein Sohn Alexander war sechs Monate alt, und meine finanzielle Situation gerade wieder mal alles andere als rosig. Anna O. war es, die mich aus Rom anrief. Zum Glück hatte sie mich noch nicht aufgegeben, wenn ich in der Zwischenzeit auch diverse Rollenangebote aus verschiedenen Gründen abgelehnt hatte – sei es, dass mir ein Regisseur aufgrund seines rüden Verhaltens bei meinen ersten und einzigen Probeaufnahmen unsympathisch war und ich mir eine Zusammenarbeit mit ihm nicht vorstellen mochte; oder dass ich eine Liebesbeziehung und für nichts anderes Zeit hatte. (Anna O.: »Du bist erst am Anfang deiner Karriere. Wenn du so weitermachst, wird sie beendet sein, bevor sie richtig angefangen hat!« Meine Antwort: »Ich habe dreißig Jahre ohne die Filmerei gelebt und kann das ohne weiteres auch noch die nächsten dreißig Jahre tun.« Wobei mich bis heute beim Anblick eines Filmsets zuweilen der wehmütige Gedanke überkommt, vielleicht an meiner »wahren« Bestimmung vorbeigeschlittert zu sein …) Nun, Anna O. ruft mich an diesem Morgen an und will wissen, ob ich Zeit und Lust hätte, demnächst drei Wochen in Rom zu sein und noch einmal mit Fellini zu arbeiten: »30 000 Mark Gage und reichlich Spesen.«

Ich bin begeistert. Rom, Fellini, tolle Gage – besser hätte es gar nicht kommen können! Ich sage ihr, dass mein Sohn natürlich Priorität hat, ich mich aber sofort um einen Babysitter und eine Wohnung in Rom kümmern werde. Sie möge mich bitte in einer Woche wieder anrufen, damit wir alles Weitere besprechen können. Dann lege ich den Hörer auf und springe vor Freude jauchzend in die Luft!

Ein paar Tage später kommt Ursula aus Köln, um die Rolle des Babysitters zu übernehmen; eine Wohnung habe ich dank meiner Freunde in Rom auch schon gefunden; und so warten wir an dem vereinbarten Montag gespannt auf den Anruf. Dieser kommt auch pünktlich, verläuft aber völlig anders, als ich es mir vorgestellt habe. Ohne große Umwege, wenn es ihr auch spürbar unangenehm ist, lässt Anna mich wissen, dass Fellini seine Meinung geändert und sich für ein anderes Gesicht entschieden hat – was aber nicht weiter tragisch sei, da es sich bei diesem Film nur um eine kleinere Produktion handele und ich auf jeden Fall bei der nächsten größeren dabei sein werde: »Es tut mir leid, aber ich kann nichts machen. Er hat sich entschieden. Nimm es dir nicht so zu Herzen.«

Kein Film, kein Rom, keine 30 000 Mark.

Wie betäubt lege ich den Hörer auf und sage Ursula, was Sache ist.

Wir sitzen beide eine Weile schweigend am Tisch, bis sie plötzlich meint: »Das lässt du dir doch nicht so einfach gefallen, oder?« Ich schaue sie erstaunt an, und in einem Moment kühner Entschlossenheit antworte ich: »Nein!«

Wir einigen uns: Alexander bleibt bei Ursula, und ich nehme den Nachtzug nach Rom. Was auch immer dabei herauskommen würde, in jedem Fall wollte ich Fellini sagen, wie wenig erfreut ich über sein Vorgehen war. Erst bietet er mir eine Rolle an; ich bin begeistert, treffe alle notwendigen Vorbereitungen – und erfahre dann per Anruf, dass der Meister seine Meinung geändert hat! Einfach so, begleitet von einem vagen »Versprechen« bezüglich einer Rolle in seinem nächsten Film. Fellini hin, Fellini her – bin ich etwa eine Schachfigur, die man nach Belieben hierhin und dorthin setzen kann – und dieses Mal ins Abseits? Wohl kaum.

Noch am gleichen Abend sitze ich im Zug nach Rom. Komme morgens an, genehmige mir zwei Tage zum Akklimatisieren und einen Friseurbesuch, um auch das letzte Quäntchen eingebüßten Selbstvertrauens wiederherzustellen, und mache mich am Morgen des dritten Tages auf den Weg nach Cinecitta – ohne zu wissen, ob ich Fellini dort antreffen werde.

Anders als bei meinem ersten Besuch in den Studios gibt es dieses Mal niemanden, der den Grund meines Kommens wissen will, und ich begebe mich spornstreichs ins *Teatro Cinque*, wo Fellini sein Büro hat.

Nichts rührt sich auf dem Gelände. Ich habe den Eindruck, als hätte ich mich als Einzige in dieser sonnigen Mittagsstunde hierher verirrt. Kaum betrete ich jedoch das *Teatro Cinque*, höre ich von oben Männerstimmen und Lachen. Ich gehe wie damals die Treppe hoch, dem Geräusch der Stimmen folgend. Es kommt aus des Meisters Büro. Die Tür ist angelehnt. Dieses Mal warte ich nicht im Vorzimmer, sondern klopfe an. Ohne auf ein »Herein« zu warten, betrete ich auch schon den Raum – und blicke in die Gesichter von drei Männern, die zu reden aufhören und mich freundlich anlächeln.

Man wird verstehen, wenn ich diesen Augenblick mit einem Augenzwinkern als einen »legendären Moment in der Geschichte des Films« bezeichne: denn die mich wohlwollend anblickenden Gesichter sind die von Marcello Mastroianni, Franco Rosselini und Dino de Laurentiis – alle nicht mehr unter uns weilend –, und kühn wage ich zu behaupten, dass nicht viele normale Sterbliche diese drei jemals zusammen in einem Raum gesehen haben, dazu noch so entspannt und offensichtlich guter Dinge. Halb mit dem Rücken zur Tür sitzt der Vierte, der Mann, den zu sehen ich gekommen war: Fellini.

Ein paar Sekunden lang sieht er mich überrascht an, doch dann steht er auch schon vor mir, strahlt übers ganze Gesicht, streckt mir die Hände entgegen und stellt mich den anderen vor: »*Anjeeelica!*« Gerade will er mich zur Begrüßung umarmen, als ich ihn zurückhalte, ihm mit gebührendem Ernst in die Augen schaue und es tatsächlich fertigbringe, den Satz mit der Schachfigur zu sagen. Und hinzuzufügen, dass ich nie mehr mit ihm zu arbeiten gedächte, wenn das die Art war, wie er mit Leuten umsprang …

»Ich wusste nicht, dass dir dieser Film so viel bedeutet«, sagt er nach kurzem Schweigen mit einem Funkeln in den Augen – ob amüsiert, beeindruckt oder schlicht irritiert, ist mir nicht klar.

»Und ob er das tut!«, entfährt es mir, aufgrund seiner freundlichen Reaktion schon halbwegs versöhnt.

Fellini betrachtet mich aufmerksam und fragt dann:

»*Would you like to have lunch with me tomorrow?*«

»Das weiß ich jetzt noch nicht«, höre ich mich sagen. »Ich werde Sie morgen früh anrufen.«

Damit verabschiede ich mich von ihm und seinen Gästen – und erst, als ich schon halb die Treppe runter bin, merke ich, wie sehr mir das Herz klopft. Denn Mut ist *eine* Sache, was aber nicht heißt, dass man sich dabei nicht schier in die Hose macht vor Angst.

❖ ❖ ❖

Anstatt am nächsten Morgen anzurufen, fahre ich noch einmal nach Cinecitta. Und als ich gegen Mittag sein Büro betrete, scheint Fellini, der dieses Mal alleine ist, auf mich gewartet zu haben. Er begrüßt mich, gar nicht überrascht ob meines unangekündigten Erscheinens und lässt seinen Chauffeur kommen. Schon sind wir auf dem Weg zu einem Restaurant außerhalb der Stadt – ohne dass ein einziges Mal der Film erwähnt wird, in dem ich nicht mitspielen würde.

Dort angekommen, werden wir zu meiner Überraschung von ca. 25 applaudierenden Personen willkommen geheißen: Das Essen war Fellini zu Ehren arrangiert worden, und ich war der Überraschungsgast. Viele köstliche Gänge folgen, begleitet von auserlesenen Weinen und angeregten

Gesprächen, wie es einem ausgedehnten römischen Mahl in solch illustrer Gesellschaft zukommt. Und auch jetzt wird der Film, in dem ich nicht mitspielen würde, mit keinem Wort erwähnt …

❋ ❋ ❋

Als wir Stunden später wieder im Auto sitzen und nach Rom zurückfahren, jeder still und zufrieden in seine eigenen Gedanken versunken, schaut Fellini mich plötzlich an und sagt mit wohlwollendem Lächeln, das eine gewisse Anerkennung für meine kleine Tollkühnheit widerzuspiegeln scheint:

»Möchtest du gerne ein paar Wochen in Rom sein? Schaffst du es bis Montagmorgen? Wir fangen sechs Uhr mit dem Drehen an.«

Das war's, keine Erklärungen, keine weiteren Informationen.

Oh ja, natürlich möchte ich! Und keine Frage, ich werde rechtzeitig da sein!

Es ist Donnerstagnachmittag, und wenn ich auch keine Zweifel habe, dass ich pünktlich um sechs Montag früh einsatzbereit sein werde, müssen dennoch in sehr kurzer Zeit ein paar wichtige Dinge erledigt werden.

Zurück in seinem Büro, händigt mir Fellinis Sekretärin einen provisorischen Vertrag aus – und mit einem fröhlichen *»See you on Monday!«* bin ich auch schon zur Tür hinaus.

Ein paar Stunden später sitze ich im Zug zurück nach München. Komme Freitagmittag dort an, fahre direkt zum Büro des deutschen Koproduzenten, lege ihm meinen Vertrag vor und bitte um eine sofortige Vorauszahlung von 5000 Mark.

Der Mann schaut mich an, als käme ich von einem anderen Stern: Wer war ich, eine Fremde, die da so einfach in sein Büro platzt, ihm ein fragwürdiges Stück Papier vor die Nase hält und kurz vor Schalterschluss 5000 Mark verlangt, um nach Rom zu fahren und mit Fellini zu arbeiten?

Doch er erholt sich schnell von dieser Überrumpelung, ruft auf mein Drängen in Cinecitta an – und ich bekomme den geforderten Betrag, wobei er es nicht unversucht lässt, als Koproduzent die Vertragssumme runterzuhandeln …!

Nun ja, ich habe ihm großzügig 500 (!) Mark erlassen (Zustände wie im Basar, wer hätte das gedacht!), meine Freunde in Rom angerufen, damit sie die Wohnung klarmachen, am nächsten Morgen ein paar Sachen gepackt und dann ab mit Baby und Babysitter zum Flughafen.

Montag früh Viertel vor sechs stehe ich ungeduldig auf dem Balkon unserer Wohnung in Rom, bereit zu großen Taten, und warte auf den Fahrer, der mich nach Cinecitta bringen wird, zu meinem ersten Drehtag für *La prova d'orchestra*, einem kleinen, aber feinen Meisterwerk …

*Apropos:* Während der Dreharbeiten lud mich der deutsche Koproduzent zu einem Abendessen auf der Terrasse seiner Wohnung in Trastevere ein. Dort waren bereits einige damals wohlbekannte deutsche Filmschaffende versammelt, die mich nicht kannten und die, als sie hörten, wie ich diese Rolle bekommen hatte, unisono und mit einem Ausdruck der ihnen nicht zustehenden Empörung meinten: »Aber so was kann man doch nicht machen! Schließlich hattest du noch gar keinen Vertrag!«

Ich werde nie das süße Gefühl des Triumphes vergessen, als ich lachend erwiderte: »Bin ich in Rom oder nicht? Arbeite ich mit Fellini oder nicht? Kriege ich eine tolle Gage oder nicht?« Und daraufhin fiel niemandem mehr etwas ein – was hätten sie auch sagen sollen …

❂ ❂ ❂

## Letzte Begegnung

Im Februar 1993 erhält Fellini in Hollywood den Oscar für sein Lebenswerk. Bis 1986 hatten wir immer wieder Kontakt, wenn ich auch nicht mehr mit ihm gedreht habe; danach war ich die meiste Zeit in den USA und mit anderen Dingen als der Filmerei beschäftigt. Doch die Oscar-Verleihung ließ ich mir nie entgehen, auch dieses Jahr im Nebenraum eines Restaurants in San Francisco nicht, wo ich als einziger Gast das Geschehen auf einer großen Leinwand verfolgte.

Fellini kommt auf die Bühne, sichtlich älter und wie mir scheint milder geworden, das Haar weiß und die Stimme sanft, als er lächelnd mit einem Blick auf seine in der ersten Reihe sitzenden Frau sagt: *»Giuletta, non piangere. Tutto bene.«* (»Giuliettea, nicht weinen. Alles ist gut.«)

Ich hatte keine Ahnung, dass Fellini in Hollywood war und ausgezeichnet werden sollte. Vor Freude, ihn wiederzusehen – wenn auch nur auf dem Bildschirm – springe ich auf und hüpfe laut lachend im Zimmer herum.

Nach der Verleihung rufe ich bei Fellini zu Hause in Rom an – ich will wissen, ob die Adresse noch stimmt, die er mir zwanzig Jahre vorher gegeben hatte, damit ich ihm gratulieren kann.

Eine Frauenstimme meldet sich: *»Fellini non tschä. In Hollywood!«*

Danke, das war alles, was ich wissen wollte. Schreibe noch in derselben Nacht ein paar begeisterte Zeilen an ihn, lege ein neueres Foto bei und schicke den Brief ab – nicht zuletzt in der Hoffnung, noch einmal mit dem großen Mann zusammenzuarbeiten.

Einen Monat später bekomme ich eine Antwort aus Rom. Fellini erinnert sich mit wunderbaren Worten an unsere Zusammenarbeit und bittet mich, ihm weitere Fotos zu schicken. Erfreut glaube ich zu wissen, was das heißt! Er wünscht mir »*Good work and good life!*«. Auf der Stelle beschließe ich, keine Fotos zu schicken, sondern ihm persönlich meine Aufwartung zu machen: Ich werde nach Rom fahren und ihn überraschen – wäre ja nicht das erste Mal …

❊ ❊ ❊

Anfang Juni lande ich in Rom. Beim Mittagessen mit Anna, meiner einstmaligen Agentin, höre ich zu meiner Bestürzung, dass Fellini einen Schlaganfall erlitten hat und halbseitig gelähmt in Ferrara in einer Rehaklinik liegt.

Anna gibt mir die Adresse, und am nächsten Morgen sitze ich im Zug nach Ferrara. In der Klinik frage ich eine Schwester nach Fellinis Zimmernummer. Sie sagt mir, dass ich nicht einfach zu ihm gehen kann, sondern zunächst Salvia, seine Ärztin, konsultieren muss.

Jemand holt die Ärztin, die mich gereizt wissen lässt, dass Fellini zu krank ist und niemanden sehen kann; nicht mal seiner eigenen Familie sei es gestattet, ihn zu besuchen. Irgendwie glaube ich ihr nicht, dass es wirklich so schlimm um ihn steht, doch was bleibt mir übrig – ich muss mich danach richten.

Mit der Bitte, ihn herzlich von mir zu grüßen, verabschiede ich mich. Die Blumen und die venezianische Süßigkeit, die ich ihm mitgebracht hatte, überlasse ich der Schwester an der Rezeption mit der Bitte, sie mit meinen besten Wünschen für eine schnelle Genesung Fellini zu übergeben.

Schade, ich hätte ihn so gerne gesehen.

Traurig gehe ich hinaus, um mir ein Taxi zu suchen, das mich zum Bahnhof bringt – da höre ich aufgeregtes Rufen hinter mir: »*Signora, un attimo!*« Ich drehe mich um und sehe eine weiß gekleidete Nonne, die trotz ihres beachtlichen Leibesumfangs wild gestikulierend auf mich zuhastet.

»*Fellini – wait for lift – doctor bring to his room, possibile parlare con lui! Vieni, vieni!*«

Ich eile ihr nach in die Lobby. Augenblicke später wird Fellini tatsächlich von seiner Ärztin im Rollstuhl vor den Aufzug geschoben. Ich schaue zu dem zusammengesunkenen Mann im Rollstuhl hinüber, der mit großen schwarzen Augen in meine Richtung – und voll durch mich hindurch sieht!

Er erkennt mich nicht.

Erschüttert ob seiner Schwäche, seines Nichterkennens, schlage ich mir die Hände vors Gesicht und wende mich ab – aus Scham, Zeugin seines traurigen Zustandes zu sein.

Doch dann geht auf einmal alles ganz schnell: Ein junger Mann – wo kommt er her?!? – geht auf Fellini zu, beugt sich zu ihm hinunter und legt ihm meine Blumen in den Schoß. Fellini fragt deutlich hörbar: »*Da qui? –* Von wem?« Und im gleichen Moment, als der Mann sagt *Anjelica,* schaut Fellini wieder in meine Richtung, erkennt mich und ruft freudig: »*Anjeelica, ciao, vieni qui!*«

Welche Freude! Wir begrüßen einander herzlich, und er besteht darauf, dass ich ihn in seinem Zimmer besuche. Salvia, die Ärztin, kann nichts mehr dagegen einwenden. Ihr Patient bestimmt jetzt, wo's langgeht.

Nachdem die Pfleger Fellini ins Bett gebracht haben, ruft er mich herein. Ich betrete einen Raum, dessen einziger Schmuck die mitgebrachten Blumen sind. Dann fällt mein Blick auf den Mann im Bett – und für eine Sekunde erfasst mich ein Gefühl großer Freude und Bewunderung. Hier ist ganz offensichtlich ein Mensch, der sein Leben lang das mit Begeisterung getan hat, was zu tun er hierherkam – der seine Aufgabe mit Leidenschaft und Hingabe erfüllt hat. In tiefer Zuneigung verneige ich mich innerlich vor ihm.

Dann sehe ich bestürzt, wie blass er ist.

Den linken, bewegungsunfähigen Arm unter dem weißen Laken verborgen, weist er mit der rechten Hand auf eine Stelle neben ihm auf dem Bett, damit ich mich dahin setze.

Er nimmt meine Hand in die seine, betrachtet mit einem Lächeln in den großen dunklen Augen aufmerksam mein Gesicht, fragt mich, wo ich jetzt lebe, was ich tue und wie es mir geht.

Ich sage es ihm. Er spricht über die Bedeutung von Freundschaft, von Arbeit; seinen Zustand erwähnt er mit keinem Wort. Erst als ich ihn behutsam frage, ob er in den Momenten des Komas zwischen Leben und Tod irgendetwas gehört oder gesehen hat, denkt er einen Moment lang still nach, bevor er entschieden verneint.

Was ihn am meisten zu bewegen, was all seine Willenskraft und sein Denken zu beherrschen scheint, kommt zum Ausdruck, als er irgendwann mit festem Druck nach meiner Hand greift und mir in dringendem Tonfall zuflüstert, so als habe er Angst, jemand könnte ihn hören und sein Vorhaben durchkreuzen: »Ich will hier raus! Im September fangen wir einen neuen Film an!«

Wie gut ich ihn verstehen kann! Für einen Mann wie Fellini muss es eine besondere Zumutung sein, in einem schmucklosen, grauen Krankenhauszimmer – weit weg von Rom, von Cinecitta, der Stätte seines Wirkens und getrennt von seiner ebenfalls krank darniederliegenden Frau und all seinen Freunden – tatenlos herumliegen und warten zu müssen, bis es ihm wieder bessergeht und er seine geliebte Arbeit, seinen *raison d'etre* erneut aufnehmen kann …

Ich möchte ihm etwas Ermutigendes sagen, bringe aber nur heraus: »Sie müssen Geduld haben, erst wieder richtig gesund werden.«

Mit Augen, die in die weite Ferne schauen, sieht er mich lange still an.

Dann kommt wieder Leben in sein Gesicht. Er sagt, er will mir ein Geschenk machen, und mit wie eh und je donnernder Stimme ruft er seine Ärztin: »Salvia!!« Im nächsten Moment stürzt sie ins Zimmer, bereit, rettend einzugreifen – doch alles, was ihr Patient will, ist, dass sie zum Schrank geht und ein Buch herausholt: *Fare un Film,* das Interview eines italienischen Journalisten mit dem genialen Regisseur. Die Ärztin tut, wie ihr geheißen. Dann geht sie wieder. Fellini bittet mich, das Buch zu öffnen und es ihm hinzuhalten, und dann schreibt er mit unsicherer Hand eine seitenlange Widmung für seinen *»favourite hunchback«* hinein …

Es kommt der Moment des Abschieds. Fellini zieht mich sachte zu sich hinunter und küsst mich auf beide Wangen. Gerade will ich mich aufrichten, da zieht er mich noch einmal zu sich hinunter und küsst mich sanft auf die Stirn. In diesem Augenblick weiß ich glasklar, dass ich ihn nie wiedersehen werde – eine Erkenntnis, die ich sofort erschrocken von mir weise.

Schließlich stehe ich auf, meine Hand noch immer in der seinen. Die Minuten mit ihm haben mich ob ihrer Wahrhaftigkeit beglückt, ich spüre die warme Röte auf meinem Gesicht und das Strahlen in meinen Augen. Ich war nach Italien gekommen in der Hoffnung, noch einmal mit Fellini zu arbeiten. Durch das unerwartete Ereignis seiner Krankheit fuhr ich nach Ferrara, von dem Wunsch beseelt, mich für all das Schöne zu bedanken, das ich durch ihn erlebt hatte. Schließlich ging ich reicher von dannen, als ich gekommen war.

❇ ❇ ❇

Es sollte unsere letzte Begegnung sein. Drei Monate später starb Fellini – bei der Arbeit zuweilen ein unerbittlicher Tyrann, doch häufiger ein großzügiger, väterlicher Freund, dessen begnadetes Auge Filmgeschichte machte. Und der mir an jenem ersten Drehtag vor vielen Jahren mein schönstes, unvergessliches Erfolgserlebnis schenkte, als ich nach Drehschluss, innerlich erfüllt und mit der Welt zutiefst im Reinen, nichts anderes mehr zu meinem Glück brauchte: keinen Liebhaber, weder Essen noch Trinken, weder Tanzen noch Singen, nichts außer der Luft zum Atmen.

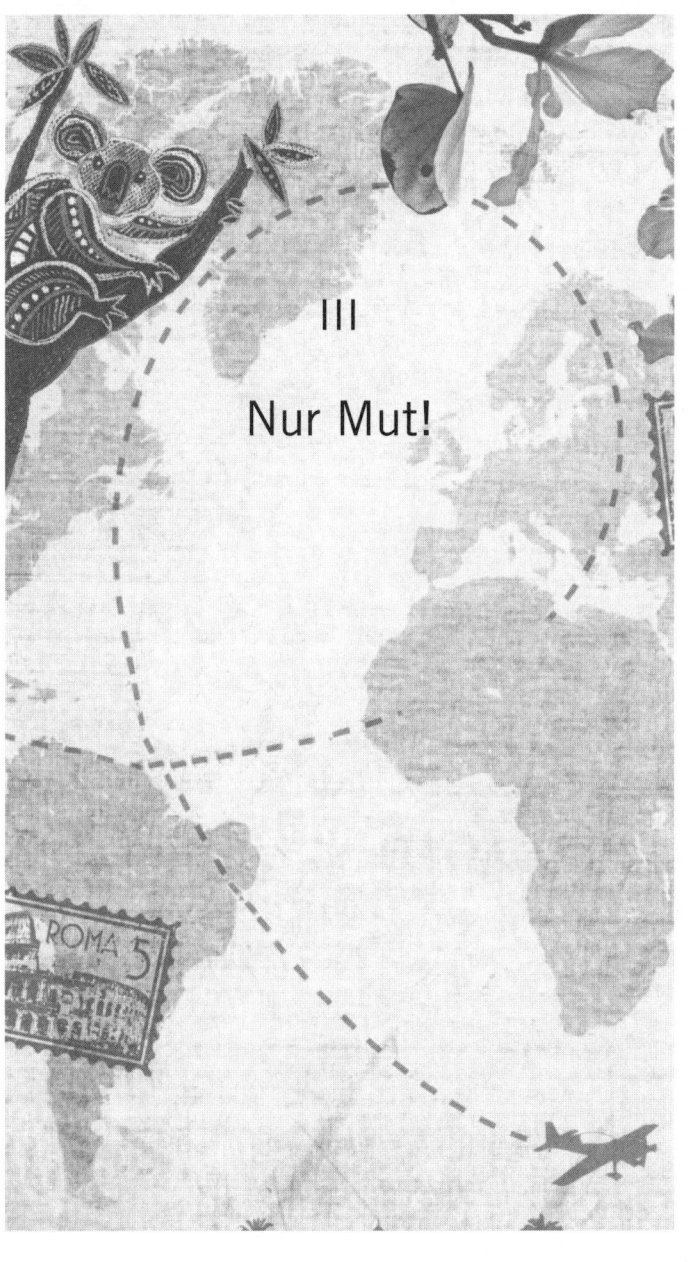

# III

# Nur Mut!

# Es liegt was in der Luft ...

So kann es gehen, wenn man assoziativ-chronologisch erzählt: Zuweilen tritt dabei der chronologische Aspekt in den Hintergrund ...

Nach den Dreharbeiten zu *Casanova* wieder in München, verspüre ich bald leichte Unruhe; irgendetwas Anderes, Neues liegt in der Luft. Ich hüte das Haus von Freunden, die auf Reisen sind, fühle mich unternehmungslustig, ohne zu wissen, was genau ich unternehmen will, bin teils gespannt, teils gelangweilt. Und so lese ich eines Morgens in der Zeitung, dass der hinreißende Gerd B. in der Stadt ist, Schauspieler und fernsehbekannt durch seine anbetungswürdige Darstellung russischer Romanhelden. Da auch der Name seines Hotels genannt wird, halte ich den Augenblick für gekommen, seine Bekanntschaft zu machen. Ich rufe in besagtem Hotel an und lasse mich mit G. B. verbinden. Einen Moment Stille im Hörer, dann eine vorsichtige, männliche Stimme, die misstrauisch fragt: »Bitte, wer sind Sie und was wollen Sie?« Ich nenne meinen Namen. Der Anbetungswürdige will wissen, ob ich von der Presse bin: »Ich gebe keine Interviews!« Ich verneine und sage spontan: »Wenn Sie mich sehen, werden Sie wissen, warum ich angerufen habe!«

Bin selbst überrascht von meinen Worten – doch offensichtlich haben sie seine Neugier geweckt, denn nach einem Moment des Schweigens fragt er, wo wir uns treffen können. Ich schlage ein kleines Café in der Nähe der Universität vor: »Passt es Ihnen um 16.00 Uhr?« Er bejaht, und wir verabschieden uns.

Es ist Dezember, ich bin 30, und der Schnee wirbelt sanft in weißen Flocken auf, als ich die Tür zu dem plüschigen

Café öffne. In meinen langen, roten Mantel gehüllt, eine schmeichelnde Angorahaube um den Kopf gebunden, die meine teuer bezahlten Locken nur unzureichend im Zaum hält, betrete ich das Café.

Mein Blick fällt auf einen Tisch an der gegenüberliegenden Wand. Dort sitzt jemand, das Gesicht hinter einer aufgeschlagenen Zeitung verborgen. Im nächsten Augenblick sinkt die Zeitung, und ein Mann, das ausdrucksvolle Gesicht von wildem Schwarzhaar eingerahmt, schaut erwartungsvoll in meine Richtung. Er ist ein Bruder Karamasow, keine Frage. Ich nehme die Haube vom Kopf, schüttle den Schnee aus meinen Locken und gehe auf ihn zu. Er erhebt sich, schaut mit seinen wunderbaren, dunklen Augen tief in die meinen, ergreift meine Hand und verbeugt sich leicht mit den unvergesslichen Worten: *»Und wenn hundert Frauen im gleichen Moment hereingekommen wären – ich hätte gewusst, dass Sie es sind!«*

Nein, eine übliche Liebesgeschichte sollte es nicht werden. Was kaum daran lag, dass es ihm oder mir an der gebührenden Lust gefehlt hätte, sondern einzig an der Tatsache, dass der begehrenswerte Mann vor kurzem seine dritte Ehe eingegangen, erneut Vater geworden war und den honorigen Entschluss gefasst hatte, keinen außerehelichen Eskapaden mehr zu frönen.

Doch er wusste diesen Zustand zu kompensieren: Jeden Tag nach dem Drehen rief er mich an und wollte wissen, nach welchen kulinarischen Köstlichkeiten es mich gelüstete, die er dann zu unserer nächsten Begegnung mitbrachte und die wir dann gemeinsam genossen. Nichts Anstößiges hier: Gutes Essen, schöne Gespräche und glühende Blicke – das war alles, was wir miteinander teilten. Sozusagen den Tisch, aber nicht das Bett. Allerdings bekam mein verhinderter Liebhaber bald eine fiebrige Halsentzündung, deren Ursache ich in einem inneren Konflikt vermutete, der mit seiner selbstauferlegten Zurückhaltung zu tun hatte – aber vielleicht war es auch nur das kalte Winterwetter. In seinem fiebrigen Zustand, vor Heiserkeit kaum des Sprechens fähig, begleitete er mich ein paar Tage später auf meinen Wunsch dennoch zu einem kleinen Fest, in dessen Verlauf er leise verschwand, ohne sich zu verabschieden – und ohne dass wir uns je wiedergesehen hätten. Ich nehme an, seine Halsentzündung war daraufhin auch bald verschwunden …

Zugegebenermaßen fiel mir sein Verschwinden nicht sofort auf, da mir plötzlich jemand anders gegenübergestanden und so tief ins Herz geschaut hatte, dass ich ihn nicht übersehen konnte (es war offenbar die Zeit der tiefen Augen-Blicke …)

*Summa Summarum*: ein ungewöhnliches kleines Zwischenspiel mit einem begehrenswerten Mann, bei dem die horizontale Erotik durch den Genuss exquisiter Gaumenköstlichkeiten ersetzt wurde.

Und der Mann, der mir so tief ins Herz geschaut hatte? Mit ihm habe ich einige Zeit später ein gutes, entscheidendes Jahr verbracht – und als Erstes dafür gesorgt, dass er nicht mehr »Wichtl« genannt, sondern bei seinem durchaus honorigen und akzeptablen Vornamen gerufen wurde – die Aussicht, in Momenten feuriger Leidenschaft »Oh Wichtl!« zu stöhnen, schien mir irgendwie unpassend …

※ ※ ※

… Doch das »Neue«, das spürbar in der Luft lag, ließ noch immer auf sich warten.

Dann bekam ich einen Anruf aus Kalifornien. Von Tsiporah, so blond wie breit und mit ungeheurer Energie ausgestattet, verheiratet mit einem vermögenden Scheidungsanwalt in San Diego, den sie im Sommer samt schulpflichtigem Sohn und mexikanischem Dienstmädchen allein gelassen hatte, um sich Europa anzuschauen – vor allem die europäischen Männer (wobei das Anschauen nur der erste Schritt zu weiteren Aktivitäten war). Ich hatte sie ein paar Wochen zuvor sprichwörtlich zwischen Tür und Angel in London kennengelernt, als ich einen kurzzeitig Geliebten verließ (einziger heterosexueller Mann in einer legendären Transvestiten-Show, dem jedoch die herumschwänzelnde Aufmerksamkeit seiner Kollegen einen so sichtbaren Genuss bereitete, dass mich zuweilen Zweifel beschlichen …).

Offensichtlich ist sie gekommen, um meinen Platz einzunehmen. Überfällt mich auf der Türschwelle mit hemmungsloser kalifornischer Begeisterung und Redefreudigkeit – und ihre leicht basedowschen, braunen Augen und blendend weißen Perlenzähne strahlen mich begierig an, als sie erfährt, dass ich in München lebe und auf dem Weg dorthin bin. Will wissen, ob sie mich demnächst ein paar Tage besuchen kann; überwältigt von ihrer emsigen Heiterkeit, sage ich benommen zu.

Kaum bin ich wieder zu Hause, ruft sie mich an und teilt mir mit, dass sie am nächsten Morgen in München einlaufen wird. Ich hatte meine Mitbewohner bereits von ihrem möglichen Erscheinen in Kenntnis gesetzt, und da es sich nur um ein paar Tage handeln sollte, hatte niemand etwas dagegen. Es gab ein dunkles, fensterloses Fernsehzimmer in unserer Spät-Hippie-Wohngemeinschaft, das als Gästezimmer benutzt werden konnte, da würden wir sie einquartieren.

Am nächsten Tag gegen Mittag erscheint sie. Stellt sich auf die Zehenspitzen, um mich überschwänglich ans Herz zu drücken, verstaut dann ihre diversen Koffer und Taschen in besagtem Zimmer, erzählt detailreich von ihren Londoner Eskapaden, fragt, wo die besten Kneipen sind, macht sich ein wenig frisch, verlässt das Haus in dieser ihr völlig unbekannten Stadt – und ward bis nach Mitternacht nicht mehr gesehen. Dann allerdings leicht angesäuselt in Begleitung eines ebensolchen Mannes, den sie unterwegs aufgegabelt hat und mit dem sie die Nacht zu verbringen gedenkt.

Etwas überrascht über diese erstaunlich schnelle Akklimatisierung räumen wir das Fernsehzimmer. Es ist 1976, da tut man seinen sexuellen Bedürfnissen keinen Zwang an, und jeder hat Verständnis dafür. Als sich allerdings in den nächsten *drei!!* Wochen dieses Schauspiel – mitternächtliches Erscheinen am Arm eines jeweils neuen Liebhabers – allabendlich wiederholt, nimmt die Langmut meiner Mitbewohner allmählich ab und sie mich zur Seite mit der dringenden Bitte, das blonde Gift aufzufordern, ihre Koffer und Taschen aus dem nicht mehr verfügbaren Fernsehzimmer zu entfernen – und sich gleich mit dazu.

Unter Hinweis auf die Regeln der Gastfreundschaft und Höflichkeit ist man bereit, ihr eine Karenzzeit von 24 Stunden zuzugestehen – doch dann möge sie bitte auf und davon sein.

Zum Glück tut meine diesbezügliche Bitte, die ihr zu unterbreiten mir nicht leichtfällt, ihrer Heiterkeit keinen Abbruch. Sie versteht: *»Thanks, I had a great time«*, nicht zuletzt dank der bayrischen Männer; sie packt ihre Sachen, bestellt ein Taxi zum Bahnhof und will mit dem nächsten Zug nach Rom weiterfahren, fraglos um die Römer mit ihrem unersättlichen Appetit auf neue Köstlichkeiten zu beglücken. Sie gibt mir noch schnell ihre Telefonnummer, bevor sie lachend ins Taxi steigt und mir so lange zuwinkt, bis der Wagen meinen Blicken entschwindet …

✂ ✂ ✂

Sie also ist es, die mich kurz nach meiner Begegnung mit dem Schauspiel-Gourmet im Dezember völlig unerwartet aus San Diego anruft. Unser Gespräch ist kurz und enthält als Kernpunkt die dringliche Aufforderung: *»You should* *come to California! You will love it!*« Ich empfinde diesen überraschenden Vorschlag sofort als Zeichen des Himmels hinsichtlich besagtem »Neuen«, das seit längerem in der Luft liegt …

# California, here I come!

Und so fliege ich eines frühen Januarmorgens anno Domini 1977 zum ersten Mal in die USA. Mit 15 (!) Dollar in der Tasche und Tsiporas Telefonnummer komme ich in San Diego an.

Zu meiner Überraschung holt mich ihr überarbeiteter Mann am Flughafen ab. Auf meine Frage nach Tsipora erfahre ich, dass sie seit ihrer Rückkehr aus Europa in Los Angeles wohnt und dort eine Agentur für Kinderdarsteller gegründet hat, von ihrem Mann finanziert. Alle zwei Wochen kommt sie nach Hause, nicht zuletzt um ihre Wäsche von der mexikanischen Nanny/Köchin/Putzfrau waschen zu lassen. *Höchst eigenartig*, denke ich – gibt es in L. A. etwa keine Wäschereien?

Ich bin eine Weile im weitläufigen Haus des meist abwesenden Ehemannes zu Gast und erinnere mich vor allem an eine Episode:

Das Wochenende widmete der Scheidungsanwalt stets seinem zehnjährigen Sohn; fuhr mit ihm nach Palm Springs oder Las Vegas, um dem vorübergehend mutterlosen Knaben dort ein volles Verwöhnprogramm zu bieten. Doch das neue teure Spielzeug, das der Sohn nach jedem dieser Ausflüge mitbrachte, schien ihn nicht zu beglücken. Unter seinem patzigen Verhalten hatte vor allem die mexikanische Hausangestellte zu leiden, die ihm rund um die Uhr zu Diensten sein musste. Obwohl sie jeden Morgen um sechs aufstand, Vater, Sohn und Haus versorgte und ein Recht auf acht Stunden Privatzeit hatte, verlangte der verwöhnte und schlaflose kleine Taugenichts, dass sie bis in die Puppen aufblieb, falls es ihm beim Fernsehschauen nach Softdrinks, Chips oder Ähnlichem gelüsten sollte. Abseits auf einem Stuhl sitzend, fielen der Armen vor Müdigkeit schier die Augen zu – doch sie durfte sich nicht zurückziehen, für den Fall, dass es dem Knaben einfallen sollte, sie in die Küche zu scheuchen.

Auf meine diesbezügliche Zurechtweisung reagierte er mit der nicht zu leugnenden Feststellung: *»You are not my mother!«*

Wie gesagt, das Wochenende widmete der Vater dem Sohn. Sie fuhren stets Samstagmorgen los und kamen Sonntagabend zurück. Dieses eine Mal waren sie bereits am späten Samstag wieder da, und auf meine Frage »Warum?«, erklärte mir der gestresste Vater, dass sie sich einige Hotels in Palm Springs angeschaut hatten, seinem Sohn jedoch keiner der jeweils dazugehörigen Swimmingpools zugesagt und er sich daher laut protestierend geweigert habe, die Nacht in einem dieser Hotels zu verbringen. Weshalb sich der Vater gezwungen sah, wieder umzukehren, nicht ohne an irgendeiner Tankstelle zum Trost noch eine Handvoll Spielsachen zu kaufen, an denen der Kronprinz dann natürlich schnell wieder das Interesse verlor … Aber das nächste Wochenende würde ja kommen und mit ihm der neuerliche Versuch, sich zu amüsieren und Dinge anzuhäufen, die schnell ungeliebt in der Ecke landeten. Was der Junge in Wahrheit brauchte, war seine Mutter, aber die war offensichtlich verhindert.

In diesen kurzen Wochen lernte ich Julia kennen, so alt wie ich und Ururenkelin von Ulysses Grant – ehemals amerikanischer Präsident. Wenn sie auch dank der spartanischen Auflagen ihrer Mutter bis 65 warten sollte, bis sie ihr umfangreiches Erbe antreten konnte und bis dahin mit allen möglichen Jobs sich und ihren wesentlich älteren, selten beschäftigten, mexikanischen Jazzmusiker-Boyfriend über Wasser zu halten versuchte, war sie gut vernetzt. Durch sie fand ich Zugang zu dem erlesenen Kreis wohlbetuchter Ehefrauen, deren Männer als Wissenschaftler und Forscher im berühmten Scripps Institute in La Jolla tätig waren.

Nun hatten diese Frauen, wohl dank des Beispiels ihrer Nachbarin Francoise Gilot, vormalige Gefährtin Picassos und jetzt mit dem Nobelpreisträger Jonathan Salk verheiratet, ihr Talent für die feinen Künste entdeckt, denen sie in wöchentlichen Zusammenkünften durch Malen und Zeichnen frönten.

Diese Frauen suchten gerade ein Modell, und so bot man mir bei einem Fünf-Uhr-Tee (sie alle waren entweder britisch und konservativ, oder hatten sich dieses Verhalten angewöhnt) im Garten einer dieser herrlichen Villen über den Klippen von La Jolla in San Diego diesen Job an. Aber gerne – 10 Dollar für 2 Stunden Stillsitzen kamen mir sehr gelegen! Nicht bereit, nackt Modell zu sitzen, waren die Damen einverstanden, sich auf die zeichnerische Wiedergabe meines Gesichts zu beschränken. Anschließend wurde jedes Mal im Freien getafelt, immer mit Champagner (mittags!) und zuweilen in Gesellschaft der Ehemänner, die aus dem nahegelegenen Scripps Institute herüberkamen, ausnahmslos wie zerstreute Professoren aussahen und den Eindruck erweckten, als würden sie am liebsten gleich wieder in ihre Labors zurückkehren: unter anderem Jonathan Salk, Robert Watson und Francis Crick.

Eine der Malerinnen war mit einem reizenden britischen Ozeanologen fortgeschrittenen Alters verheiratet. Die beiden waren mehrere Jahre lang am Hof des thailändischen Königs tätig gewesen – ich erfuhr allerdings nie, in welcher Kapazität. Braucht ein thailändischer König die Dienste eines von der Queen zum Sir ernannten Ozean-Experten?

Vielleicht. Sicher ist jedoch, dass Sir Bullard 1977 in persönlichem Auftrag von Präsident Jimmy Carter Vorschläge zur zivilen Nutzung militärischer Nuklearvorrichtungen entwickeln sollte.

Diese beiden freundlichen Herrschaften hatten bald den Entschluss gefasst, mich meinen bescheidenen Umständen zu entheben und mir zu einem Mann zu verhelfen, der ihrer Meinung nach besser zu mir passte als irgendein begnadeter Habenichts, und der mir ein Leben in Wohlstand und Ansehen bieten konnte. Sie wussten auch schon, wer es sein sollte: Der Sohn des Principe di Venezia (so nannten sie ihn). Er wurde demnächst erwartet, um die bei einem befreundeten Wissenschaftler in Auftrag gegebenen Pläne zur Rettung Venedigs vor dem Versinken abzuholen. Ein großes Dinner war geplant, zu dem die Crème de la Crème von La Jolla eingeladen war – und ich.

Mrs. Bullard, der mein Wohlergehen ganz besonders am Herzen lag, hatte mich als Tischdame des nichtsahnenden Venezianers vorgesehen. Und wer weiß, was aus mir geworden wäre, hätte ich diese Gelegenheit wahrgenommen.

So weit kam es jedoch nicht, denn ein anderer war dem Prinzen zuvorgekommen: Paul, Maler aus New York und so unwiderstehlich, dass auch eine eventuelle Liaison mit einem venezianischen Prinzen keine Verlockung mehr darstellte. Die beiden lieben Herrschaften verziehen mir jedoch und überließen mir sogar ihr farbkoordiniertes Cottage über den Klippen von La Jolla, damit ich bei Bedarf dem chaotischen Studio meines Malers entfliehen konnte. Jeden Morgen um acht klopfte dann Sir B. an meine Tür: *»Breakfast is ready!«*

Um den pünktlichen Ablauf im Haushalt meiner Gönner wissend und bereits fertig zum Antreten – warte ich, bis sich die Schritte des alten Herrn entfernen, bevor ich hinübergehe und ihnen einen guten Morgen wünsche. Ein frisch gepflückter Blumenstrauß aus dem Garten prangt auf dem appetitlich gedeckten Tisch, das Sonnenlicht strömt durch die geöffneten Fenster, und jeder hat einen silbernen Toastständer mit drei halbierten Scheiben Toast vor sich stehen. Dazu gibt es Tee, hausgemachte Orangenmarmelade und ein Drei-Minuten-Ei. Zum Mittagessen bin ich in der Regel nicht da, doch wenn ich es einrichten kann – nicht zuletzt weil meine Gastgeber es gern sehen, wenn ich sie begleite –, finde ich mich gegen halb fünf wieder ein. Für die tägliche Cocktailparty, mit den stets gleichen Gesichtern, denselben Cocktails und immer gleichen Themen – ein Stück konservatives »Great Britain«, herübergerettet ins freizügige »kulturarme« Kalifornien …

✖ ✖ ✖

Ich bleibe fünf Monate, dann erleide ich einen unbezwingbaren (und bis heute einmaligen) Anfall von Heimweh und fliege zurück nach München. Der Grund: Ich bin schwanger, will aber den Vater meines Kindes nicht heiraten, sondern heim ins vertraute München und mir dort ein Nest bauen. Kurz nach der Geburt meines Sohnes löse ich dieses wieder auf und reise zurück nach Amerika – dieses Mal mit einem Baby vor den Bauch gebunden, das sich von Anfang an sehr vertrauensselig der Welt zuwendet.

## Der »falsche« Mann

In San Diego gibt es einen Pier aus den zwanziger Jahren, weit ins Meer hinausragend, mit einem nach allen Seiten offenen Seafood-Restaurant über den Wellen des Pazifik, und dorthin strebe ich eines Tages fröhlich, meinen kleinen Sohn im Buggy vor mir herschiebend, als ein verliebtes Pärchen uns überholt. Der Mann hat seinen Arm um die Schultern der Frau gelegt und redet lachend auf sie ein. Lange sonnenblonde Haare umrahmen auf höchst ansprechende Weise sein strahlendes Gesicht mit dem schönen Mund – und wenn er mich auch nicht wahrnimmt, sehe ich ihn umso deutlicher und verliebe mich auf der Stelle in ihn, ohne die leiseste Absicht, seine Aufmerksamkeit zu wecken – schließlich hat er offensichtlich eine Freundin, und das respektiere ich.

Ein paar Tage später spaziere ich wieder vergnügt mit Kind die Strandpromenade entlang (*fröhlich* und *vergnügt* sind Zustände, die im sonnigen Kalifornien vor allem Neuzugewanderte aus sonnenärmeren Regionen auszeichnen), als ein verknitterter Buick mitten auf der Straße mit laufendem Motor anhält. Der Fahrer springt heraus, rennt mit wehenden, sonnenblonden Haaren auf mich zu und strahlt mich an: »*You are the most beautiful woman I have seen today!*« Sagt's, sprintet zu seinem Auto zurück und fährt davon, wie mir scheint mit einem fröhlichen Aufheulen des Motors.

Ja, aber … das war doch der Mann vom Pier, so verliebt in seine Freundin, dass er nur Augen für sie hatte? Wie ist das möglich? Ich kriege Herzklopfen bei dem Gedanken – und muss lächeln. Sachen gibt's!

Zwei Tage vergehen, als mir der gleiche alte Buick erneut über den Weg fährt und der schöne Blonde lachend sagt: »*Next time we meet let's have coffee!*« Geistesgegenwärtig sage ich, »*Warum nicht jetzt?!*«. Gesagt, getan.

Im unbeschwerten achten Jahr der oft verfemten Siebziger (von denen, die zu jung, zu alt oder zu bürgerlich waren, um sie voll zu genießen) alles kein Problem, im Gegenteil: Duane ist leidenschaftlicher Surfer, hat ein schönes Häuschen am Strand, bequem ausreichend für zwei Erwachsene und ein Kind, und dort verbringen wir unbeschwert die nächsten Wochen.

Außer Surfen hatte dieser Sonnenschein zwei weitere Passionen:

Eine war Marihuana; die andere konnte man den Worten auf seinem Lieblings-T-Shirt entnehmen: »Keep your *heart* open!«, ein Slogan, der von mir bald in »Keep your *fly* open!« umgeändert wurde. Der Grund: Duane hatte seit langem eine verheiratete Geliebte, die er hin und wieder besuchte. Es dauerte ein Weilchen, bis mir diese Tatsache klarwurde, und weder gefiel sie mir, noch war ich bereit, sie unwidersprochen hinzunehmen. In der Regel fliege ich nicht auf Männer, die zu Vielweiberei neigen; ich vertraue stets meinem diesbezüglichen Instinkt und war daher sicher, dass der Mann vom Pier – mit dem ich gerade Tisch und Bett teilte – diese Neigung eigentlich nicht haben konnte oder auf jeden Fall baldigst ablegen musste. Also forschte ich nach dem Grund seines Verhaltens – oder konnte es wirklich sein, dass ich mich so geirrt hatte?

Drei Wochen lang teilen mein Surfer und ich Tisch und Bett – und den gelegentlichen Joint. Der mir eines schönen Nachmittags den Kopf klargefegt haben muss, denn plötzlich sehe ich Duane an und rufe in einem Moment blitzartiger Erkenntnis aus: »*It is not you!*«

Erstaunt fragt er: »*What do you mean?*« Ich erkläre es ihm, und wir müssen beide lachen! Er ist weder sauer noch gekränkt, sondern akzeptiert, dass unsere Zeit zu Ende und alles gut ist, so wie es ist. Ich hole eine Kamera und mache mein einziges Foto von Duane, lachend, mit seiner sonnengebleichten Surfer-Mähne, meinen süßen Sohn auf dem Schoß …

❈ ❈ ❈

## ...und der Richtige!

Nicht lange danach spüre ich eines späten Abends das un-
erklärlich dringende Bedürfnis, in den Supermarkt an der
Ecke zu gehen, um etwas einzukaufen, was eigentlich bis
zum nächsten Morgen hätte warten können. Alexander will
partout nicht einschlafen, soviel ich ihm auch vorsinge –
also nehme ich ihn kurzerhand mit. Packe ein paar Äpfel
und Bananen ein, gehe zur Kasse, um zu bezahlen – und
da steht er: der *richtige* Mann vom Pier! Mir stockt der
Atem: Es gibt keinen Zweifel, er ist es! Mein Herz klopft wie
wild, als ich herausplatze: *»Wenn du wüsstest, was ich
wegen dir drei Wochen lang erlebt habe!«*

Er schaut mich an, plötzliche Röte überzieht sein schönes Gesicht, und ich sehe sofort, dass es auch um ihn geschehen ist. Die Freundin, der Jeffrey an jenem Tag am Meer
seine ungeteilte Aufmerksamkeit geschenkt hatte, gehörte
der Vergangenheit an, und so gibt es nichts, was einer wunderbaren gemeinsamen Zeit im Wege steht ...

※ ※ ※

Doch irgendwann kommt der Tag, an dem mein Charter-
flugticket zurück nach Deutschland fällig wird. Jeffrey will
am liebsten gleich mit, doch hat er – wie so viele Amerikaner – keinen Pass. Er verspricht, so bald wie möglich nach-
zukommen.

Gemeinsam fahren wir am frühen Morgen zum Flughafen, wo wir uns schweren Herzens verabschieden und Jeffrey mir erneut verspricht, so schnell wie möglich wieder
bei uns zu sein.

Der Flug nach München geht um neun Uhr in Los Angeles ab, und jetzt ist es kurz vor sieben in San Diego; in einer
knappen Stunde müssten wir in Los Angeles sein, und
dann schnell zum Einchecken in den internationalen Ter-

minal. Was kaum zu schaffen ist. Doch ich mache mir keine Sorgen, wird schon alles klappen.

Die Maschine ist trotz der frühen Stunde bis auf den letzten Platz besetzt, lauter Geschäftsleute, an ihren dunklen Anzügen unschwer zu erkennen. Die Türen werden geschlossen, wir rollen auf die Startbahn, der Kapitän beschleunigt, gleich heben wir ab – doch dann wird das Tempo gedrosselt, die Maschine rollt aus und kommt zum Stehen.

Die Passagiere sind irritiert, wollen wissen, was los ist – manche befürchten, ihren Anschlussflug nicht mehr zu kriegen –, während ich mich umschaue und mich verwundert frage: *Gibt es hier vielleicht noch jemanden, der nicht fliegen will?* Dass ich alleine vor lauter Sehnsucht nach Jeffrey den Flug angehalten haben könnte, kann ich nun wirklich nicht glauben!

Die Möglichkeit, heute noch nach München zu kommen, schrumpft mit jeder Minute, und ich stelle fest, dass dieser Gedanke mich nicht in Panik stürzt, im Gegenteil – wenn ich auch weiß, dass ich jetzt weder über ein gültiges Rückflugticket noch die Mittel verfüge, ein neues zu kaufen.

Nach einer Ewigkeit ertönt erneut die Stimme des Kapitäns aus dem Cockpit. Er informiert uns, dass ein irreparables technisches Problem aufgetreten ist und wir zum Gate zurückrollen werden; ein anderes Flugzeug stehe für den Flug nach L.A. bereit.

Inzwischen sind 45 Minuten vergangen. Es ist zu spät, um die Maschine nach München noch zu kriegen. Zurück in der Abflughalle rufe ich bei Jeffrey an. Er wird Augen machen, wenn er hört, dass ich noch in San Diego bin! Seine Mutter sagt mir, dass er noch nicht wieder zu Hause ist.

Ich warte eine Weile; außer mir und Alexander ist niemand mehr da: Meine verhinderten Mitpassagiere sind schon längst wieder auf dem Weg nach Los Angeles. Endlich erreiche ich Jeffrey. Er kann es nicht fassen, dass wir tatsächlich noch da sind. Seine Freude ist groß, und eine Stunde später sitzen wir im Auto auf dem Weg zum Haus seiner Eltern im schönen La Jolla. Sie haben sich nicht nur ohne Zögern bereit erklärt, Alexander und mich aufzunehmen, sondern werden auch die Tickets für uns drei bezahlen. Sobald Jeffrey seinen Pass hat, wollen wir zusammen nach München fliegen. Was wir auch tun.

Eine Weile läuft alles wunderbar, doch in Deutschland ist es kalt und regnerisch; Jeffrey, der nur Sonne, Meer und Surfen gewohnt ist, klagt nicht und versucht sich zu akklimatisieren. Doch hat er weder einen Job, noch spricht er deutsch, und ich merke bald, dass nach und nach aller Glanz aus seinen blonden Locken und dunklen Augen verschwindet. Es tut mir weh um ihn, und auch die Leidenschaft, die uns verband, verkümmert zusehends. Bis ich ihm eines Tages den Vorschlag mache, er solle nach Kalifornien zurückgehen, und sobald ich es mir leisten kann, würde ich mit Alexander nachkommen. Zunächst will er nicht, möchte bei uns bleiben, doch dann wird auch ihm klar, dass es so nicht weitergeht.

Ohne böse Worte oder Streit kommt der Tag, wo ich ihn zum Flughafen bringe und er mit bittersüßen Gefühlen nach Amerika zurückfliegt …

Wir bleiben in Kontakt, und als ich ihn im Sommer in San Diego wiedersehe, blüht unsere Liebe noch einmal kurz auf, doch wir spüren mit leisem Schmerz, dass es vorbei ist.

Ich habe ihn nie wiedergesehen.

Doch hin und wieder denke ich an meine beiden kurzzeitigen Gefährten und muss kopfschüttelnd über diese kuriose Erfahrung lächeln: mit einem Mann Tisch und Bett zu teilen, den man für einen anderen hält (ungewöhnlich) – und dann den »Richtigen« zu treffen und sich tatsächlich ineinander zu verlieben, auch wenn es nicht für immer ist (unbezahlbar)!

# *F*estgehalten

Es ist Anfang September, zehn Jahre später.

Wieder einmal bin ich mit meinem Sohn in Kalifornien, und obwohl mein Visum seit einigen Monaten abgelaufen ist, wir also illegal im Land sind, belaste ich mich eher selten mit Gedanken an etwaige Folgen und möchte unbedingt noch nach Arizona – die Wüste lockt! Und eine Weile dort bleiben, sofern es mir gefällt. Zwar hatte ich zwischen San Diego und Los Angeles schon des Öfteren kalte Füße und rasendes Herzklopfen bekommen – wenn ich mich wieder mal ohne gültiges Visum der *border control station* auf dem Freeway näherte. Diese Station war eingerichtet worden, um *wetbacks* abzufangen, illegale Einwanderer, die trotz scharfer Bewachung und oft unter Lebensgefahr über die strauchigen Hügel von Mexiko ins gelobte Land kommen. Und dabei mitunter Flüsse durchqueren und bei Wind und Wetter im Freien übernachten mussten – ergo *wetbacks*.

Auch wenn man – wie ich – weder mexikanisch aussieht noch hastig über den Freeway unerlaubt ins Schlaraffenland sprintet, sondern einen silberblauen, alten Cadillac mit Weißwandreifen und amerikanischem Nummernschild fährt, kann es dennoch sein, dass man angehalten wird: Stichproben sind jederzeit möglich. Neben dem Grenzgebäude am Rande des Freeways stehen hinter meterhohem Stacheldraht verlassene Autos, einmal sogar ein verstaubter Bentley neuerer Bauart. Offensichtlich hatte für die Besitzer die Stunde der Wahrheit geschlagen. Die Fahrer waren angehalten, geprüft, und aufgrund irgendwelcher Unregelmäßigkeiten wie abgelaufenem Visum oder Schlimmerem ihres materiellen Besitzes entledigt, verhaftet und in Abschiebelagern untergebracht worden. Sollte der Betreffende des Landes verwiesen werden, dann kann er seinem teuren, nagelneuen Bentley Lebewohl sagen, den sieht er nicht mehr wieder. Ein staatlich sanktioniertes Vorgehen, das Eingeweihten auch unter dem Begriff *legal robbery* bekannt ist.

Wie dem auch sei, wann immer ich nach Ablauf meines Visums an dieser gefährlichen Stelle vorbeikam, geriet ich schier in Panik.

Was mich das eine Mal, als der uniformierte Grenzer mich mit erhobener Hand zum Anhalten aufforderte, dazu veranlasste, das Gaspedal durchzudrücken. Ich sah im Rückspiegel, wie er sich kopfschüttelnd nach mir umdrehte, doch zum Glück schickte er mir keine hetzende Meute hinterher. Meine Stunde der Wahrheit war (noch) nicht gekommen, wenn mir auch das Herz ob meiner Tollkühnheit bis zum Halse geklopft hatte.

An jenem frühen Septemberabend des Jahres 1988 bin ich mit meinem Sohn unterwegs nach Tucson, Arizona, auf dem landschaftlich schönen Highway 8, der nahe an der Grenze zu Mexiko verläuft und wenig befahren ist. Im Westen glüht der Himmel im Licht der untergehenden Sonne, während über uns bereits unzählige Sterne wie hingestreute Brillanten funkeln.

Plötzlich sehe ich voller Entsetzen ein großes Schild auf einem Bogen über dem Highway, mit blinkendem Rotlicht und dem warnenden Hinweis: »*Border control 2 miles. All vehicles must stop.*« Das darf doch nicht wahr sein! Hier, in dieser einsamen Gegend am Rande der Wüste, eine Grenzstation?

In Wahrheit ist die Gegend gar nicht so einsam, wie es den Anschein hat: Durch nichts abzuschrecken, versuchen illegal ins Land kommende Mexikaner, angesteckt vom »American Dream« und die meisten von ihnen auch bereit, hart dafür zu arbeiten, hier ihr Glück zu finden. Das reicht den Behörden jedoch nicht als Grund, also versucht man mit allen Mitteln, die Männer und Frauen nahe der Grenze einzufangen und abzuschieben – was jedoch nur mäßig gelingt: Man denke nur an die florierende kalifornische Landwirtschaft, die ohne zumeist illegal eingewanderte Mexikaner und andere Lateinamerikaner nicht denkbar wäre.

Die rot blinkenden Warnlichter über dem Highway zeigen an, dass die Grenzstation besetzt ist. Das Herz will mir schier in der Brust zerspringen; ich weiß, jetzt bin ich dran – auf's Gaspedal drücken und davonbrausen ist heute keine Option. Ich halte an, kaum in der Lage, einen klaren Gedanken zu fassen. Eine uniformierte Grenzbeamtin tritt aus dem kleinen Gebäude auf den Mittelstreifen und kommt auf uns zu. Sie begrüßt mich höflich und fragt: *»Are you an American citizen?«*, worauf ich der Wahrheit entsprechend spontan mit »No« antworte. Zum Glück. Gibt man sich fälschlich als Amerikaner aus, gilt das als kriminelle Handlung, die mit Gefängnis bestraft wird. Sie möchte meinen Pass sehen; in einem letzten Versuch, zu retten, was (nicht) zu retten ist, behaupte ich, alles sei in Ordnung, mein Visum gültig und der Pass in San Diego, wohin ich in den nächsten Tagen zurückzukehren gedenke, bevor ich Amerika wieder verlasse.

Als Antwort fordert die Grenzerin mich auf, den Wagen zu parken, auszusteigen, Fenster und Türen zu schließen und ihr die Autoschlüssel auszuhändigen.

Einen Moment lang sitze ich wie betäubt hinter dem Steuer, bevor ich meinem zehnjährigen Sohn zuraune: *»We are in deep sh..t!«* Seinem erstaunten Blick entnehme ich, dass er zwar nicht begreift, was hier gerade gespielt wird, aber volles Vertrauen hat, dass ich mit der Situation umgehen kann.

Wir folgen der Frau in die eiskalt klimatisierte Grenzhütte.

Sicherheitshalber schlingt Alexander sofort nach Betreten der Eisbox die Arme um mich und stellt fest: »*Niemand trennt mich von meiner Mutter!*«

Mit der Antwort: »Keine Angst, das haben wir nicht vor«, war für meinen Sohn der unangenehme Teil unserer Situation erledigt und alles Weitere bestenfalls ein interessantes Abenteuer in seinem an ungewöhnlichen Situationen schon jetzt reichen Leben.

Ich übergebe der Grenzerin den Autoschlüssel und treffe im gleichen Moment die Entscheidung, über den Dingen zu stehen, mich weder zu verteidigen noch zu entschuldigen: Schließlich habe ich nur mein Visum überschritten und mich keines moralischen Vergehens schuldig gemacht. Sie will wissen, warum wir noch nicht ausgereist sind – und augenblicklich fällt mir ein Grund ein, an dem ich während der nächsten Tage eisern festhalte: Alexanders Vater ist Amerikaner (stimmt); wir hatten lange keinen Kontakt (stimmt auch); ich habe bis jetzt gebraucht, um herauszufinden, wo er lebt (stimmt nicht), und jetzt sind wir auf dem Weg zu ihm (stimmt ebenso wenig).

Sie scheint unentschlossen zu sein, was ihr weiteres Vorgehen betrifft. Schließlich fragt sie mich, ob ich bereit sei, die USA in den nächsten drei Wochen zu verlassen, dann wäre ich frei zu gehen. Ich glaubte bereits ihr erleichtertes Aufatmen zu hören, würde ich mich mit ihrem Vorschlag einverstanden erklären.

Stattdessen höre ich mich sagen: »Nein, dazu bin ich nicht bereit.« Eine ehrliche, manche würden sagen »unkluge« Antwort, die der Grenzerin keine andere Wahl lässt, als mich festzuhalten. Sie greift zum Telefon und ruft einen Vorgesetzten an, um zu besprechen, was mit dem »*subject*« – einen Ausdruck, den ich als kränkend empfinde – geschehen soll.

Während sie telefoniert, wird eine Frau mittleren Alters mit ihrem 15-jährigen Sohn hereingebracht. Von hysterischen Schluchzern unterbrochen, versichert die Iranerin, ihre Greencard zu Hause vergessen zu haben; man solle bitte ihren Mann anrufen, der würde dann sofort kommen und das Dokument mitbringen. So einfach ist das aber offenbar nicht. Die Grenzer wollen mehr wissen, und den Antworten der Frau entnehme ich, dass sie seit mehreren Jahren mit einem Amerikaner verheiratet ist und in der Nähe von Los Angeles wohnt – daher die Greencard –, zuvor aber viele Jahre mit ihrem ersten Mann, einem Deutschen, in Frankfurt gelebt hat. Diese Information scheint die Staatsdiener ernsthaft zu beunruhigen, und anstatt der verzweifelten Frau zu erlauben, ihren Mann in Los Angeles anzurufen, teilt man ihr mit, dass sie und ihr Sohn verhaftet seien.

Die blonde Zöllnerin hat inzwischen den Hörer aufgelegt. Als sie sich mir erneut zuwendet und in Aussicht stellt, mich gegen Zahlung von 6000 Dollar gehen zu lassen, und ich dabei ihrem Gesichtsausdruck entnehmen kann, dass sie dies als große Erleichterung empfinden würde, muss ich ihr leider sagen, dass ich keine 6000 Dollar habe, sondern nur 300. Was offensichtlich nicht nur ich bedaure (abgesehen davon, dass auch mit Zahlung einer Kaution unsere Situation nicht geklärt, sondern nur aufgeschoben – und das Geld so oder so weg – wäre).

Zehn Stunden später, die wir ohne Speis und Trank in dem eiskalten Raum verbringen müssen, während sich draußen die duftende Wüstennacht niedersenkt und ich mir in dem Moment nichts sehnlicher wünsche, als wenigstens einmal hinausgehen zu können, fällt die Entscheidung, dass wir mit unseren Kindern ins Gefängnis (!) müssen, bevor wir am nächsten Tag ins Abschiebelager nach El Centro gebracht werden.

Um vier Uhr früh werden Mutter und Kind in eine Zelle geführt – eine völlig neue und wenig angenehme Erfahrung: Der kleine Raum mit allem darin Befindlichen (Bett und Klo) ist aus einem Stück Beton gegossen, mit einer Gittertür, die nichts verbirgt. Auch hier ist es eiskalt – zum Glück haben Alexander und ich warme Jacken und Decken dabei, die wir mitnehmen durften. Anders als die Iranerin und ihr Sohn, die in der Zelle neben uns vor Kälte bibbern. Die Bitte der Frau nach einer Decke wird von den genervten Wärtern ungeduldig abgeschlagen. Wir wollen den beiden eine von unseren geben, doch die Beamten verbieten es – woraufhin Alexander eine Decke soweit er kann unter unserer Gittertür hindurchschiebt. Sie bleibt in einiger Entfernung vor der anderen Zelle liegen. Die Frau legt sich der Länge nach auf den Zellenboden, streckt unter dem Gitter ihre Hände aus und greift mit den Fingerspitzen die Decke, während die beiden Wärter mit finsteren Gesichtern zuschauen, ohne ihr zu helfen.

Übrigens eine sichere Art, überflüssige Pfunde zu verlieren, wenn einem nicht schon aus lauter Verzweiflung über die Festnahme der Appetit längst vergangen ist. Nun wird er vergehen müssen, besonders wenn unsere Situation beispielhaft für das übliche Vorgehen amerikanischer Grenzer ist. Als wir am frühen Morgen des nächsten Tages – nach mehr als zwölf Stunden Haft – Essen und Trinken verlangen, werden uns schlecht gelaunt zwei Scheiben Gummitoast und eine Scheibe verdächtig aussehende Fleischwurst, *baloney* genannt, rübergeschoben – nein danke, lieber essen wir nichts. Der Vormittag vergeht endlos langsam. Es gibt nichts zu tun, und wir haben keine Ahnung, wie lange man uns hier festhalten wird. Die Frau mit der Greencard bittet immer wieder verzweifelt, man möge ihren Mann anrufen, damit er die Papiere bringt und man einsieht, dass das Ganze ein Irrtum ist und sie gehen lässt. Ohne Erfolg.

❈ ❈ ❈

Am frühen Nachmittag kommt Leben in die Bude. Die Zellentür wird aufgeschlossen, und wir werden in den heißen, grellen Tag entlassen – allerdings nicht in die Freiheit, sondern samt unserem Gepäck in einen Gefängniswagen mit Gittern vor den Fenstern verfrachtet, der uns ins zwei Stunden entfernte Abschiebelager bringen soll.

Auf dem Weg dorthin geschehen zwei Dinge, die mich trotz der wenig erfreulichen Situation immer wieder zum Grinsen bringen, wenn ich daran denke: Als Erstes ertönt plötzlich die Sirene auf dem Dach unseres rollenden Gefängnisses. Im selben Moment sehe ich zwei Gestalten, die versuchen, den Freeway im Laufschritt zu überqueren: *Wetbacks!* Die haben sich den denkbar schlechtesten Moment für ihren Übertritt ins gelobte Land ausgesucht!

Der Fahrer fordert die Männer per Lautsprecher auf, stehen zu bleiben, was sie auch tun. Dann fährt er rechts ran, steigt mit seinem Kollegen aus, Pistolen im Anschlag und legt den Mexikanern Handschellen an. Sowohl die Beamten als auch ihre Opfer sind offensichtlich mexikanischer Herkunft; die einen legal, die anderen noch nicht, aber vielleicht irgendwann, und so lange werden sie es immer wieder versuchen. Die Männer reden Spanisch miteinander, unterbrochen von Lachen und zweifellos gegenseitigem Verständnis à la: »Ich muss euch festnehmen, weiß aber, dass ihr es wieder versuchen werdet.« »Worauf du dich verlassen kannst.« Grinsen.

Jetzt sind wir zu sechst an Bord. Nach einer Weile fragt uns der gutmütige Officer am Steuer, ob wir Hunger auf einen Hamburger mit Pommes frites und Cola haben, worauf die beiden Jungen mit einem lauten »*Oh yes!*« antworten und auch die Mexikaner nicht abgeneigt sind. Beim nächsten McDonald's steigt der Fahrer aus, nicht ohne sich zu vergewissern, dass alle Türen des Wagens verriegelt sind, und kommt ein paar Minuten später mit sechs Riesentüten Hamburger, Fritten und Coca-Cola zurück. Er reicht sie durch eine Öffnung im Gitter nach hinten, wünscht allseits guten Appetit, verschließt das Gitter sorgfältig und fährt wieder los.

Das Ungewisse unserer Situation hat mir jeglichen Appetit genommen, und ich hebe die Tüte mit den Hamburgern für Alexander auf – wer weiß, wann es wieder was zu essen gibt.

❊ ❊ ❊

Es ist früher Abend, als die beiden Mexikaner am Eingang zum Männer-Lager den dortigen Wärtern übergeben werden. Einige Kilometer entfernt befindet sich das von meterhohen Drahtzäunen umgebene und mit Flutlicht erhellte Auffanglager für Frauen, Kinder und Jugendliche. Und dort endet unsere Reise fürs Erste.

Wir steigen aus und werden von den Wärterinnen in ein kleines Zimmer geführt, das bereits voll ist mit zerknirschten Frauen und nörgelnden Kindern, allesamt aus Lateinamerika, heute eingeliefert und auf Überprüfung wartend. Ich werde aufgefordert, Platz zu nehmen; gleich will man meine Personalien notieren, danach wird eine Beamtin gründlich mein Gepäck durchsuchen.

Bis zu diesem Zeitpunkt war die Situation unangenehm, irritierend, besorgniserregend und ungewiss – doch angesichts der drohenden Durchsuchung meines Gepäcks gerate ich vollends in Panik. Darin befindet sich nämlich etwas, von dem ich nicht möchte, dass jemand hier es sieht – allein der Gedanke daran ist mir schlichtweg unvorstellbar; anderenfalls fürchte ich, aus Scham auf Nimmerwiedersehen im Boden versinken zu müssen.

Das Ding muss weg, egal wie! Doch der Raum ist voller Menschen, überall Augen, die alles sehen – es gibt keine Möglichkeit, mich kurz zu verstecken, abzuwenden, etwas loszuwerden, was man unmöglich bei mir finden darf.

Gleich wird meine Tasche geöffnet, ich muss es schaffen, dieses verfluchte Ding zu entsorgen – ich muss! Hätte ich es doch nur nicht mitgenommen!

Die Tüte mit dem Hamburger! Das ist meine einzige Rettung – ich muss das Ding irgendwie aus meiner Reisetasche heraus und in die Tüte hinein befördern und dieselbe dann in den übervollen Papierkorb stopfen. Und *Venus* sei Dank, es gelingt mir. Aus Not bin ich offenbar unsichtbar geworden – das Ding verschwindet tatsächlich ungesehen (?!) in der Tüte und dieselbe im Papierkorb! Gerettet! Jetzt mag kommen, was will – so schlimm kann es gar nicht mehr werden! Beinahe fröhlich bin ich bereit, alle Fragen zu meiner Person zu beantworten. Und ich helfe auch gern beim Durchsuchen meines Gepäcks.

Das Ding? Nun – die naturgetreue Nachempfindung eines stattlichen Instrumentes zur Lustgewinnung: ein prachtvoller *Dildo*, in dieser wenig privaten Umgebung jedoch völlig fehl am Platz. Die Vorstellung, eine der mürrischen Wärterinnen könnte das Spielzeug entdecken und schadenfroh grinsend – wenn vielleicht auch vorsichtshalber nur mit zwei Fingern und gerümpfter Nase – in die Höhe halten, auf dass jeder in dem überfüllten Raum es sehen und wissen kann, dass es mir gehört – unerträglich! (Anderseits hätte es vielleicht zu einem Moment der Heiterkeit unter den anwesenden Frauen geführt und sie ihre beängstigende Situation kurz vergessen lassen …) Wenn ich mir auch trotz Panik für alle Fälle eine total coole, freche Antwort ausgedacht hatte, war ich doch ungemein erleichtert, dass sie mir erspart blieb.

Als alle Formalitäten und Gepäckdurchsuchungen erledigt sind, werden wir in einen großen Raum gebracht, eine riesige Zelle, die mehr als hundert Frauen als Wohn- und Schlafraum dient. Kinder bis zu zehn Jahren dürfen bei ihren Müttern bleiben, die älteren müssen in einen getrennten Bereich. Man weist Alexander und mir zwei schmale Pritschen zu, inklusive Handtücher und Bettzeug. Laut Auskunft der Uniformierten ist einmal am Tag eine Stunde Hofgang in brütender Hitze vorgesehen, auf einem zementierten Hof ohne Baum oder Strauch; derweil dürfen die Kinder in einem schmuddeligen Sandkasten spielen oder auf einem Geräteturm herumklettern, dessen Farbe schon lange abgeblättert ist. An der Decke des Schlafsaales ist ein Fernseher angebracht, der von sechs Uhr früh bis Mitternacht ununterbrochen mit nie nachlassender Lautstärke mexikanische Soap-Operas herunterleiert, von den Frauen mit nie nachlassender Begeisterung konsumiert. Und genau diese Frauen sind es, denen ich es verdanke, diese Tage ohne Depressionen überstanden zu haben. Wann immer ich mich auf meiner schmalen Liege vor Verzweiflung und nicht wissend, wie es weitergehen wird, zusammenrollte, haben sie sich zu mir gesetzt, mich getröstet, aufgeheitert und mehr als einmal zum Lachen gebracht.

Man informiert mich, dass ich von neun bis achtzehn Uhr in einer der beiden Telefonzellen telefonieren kann, um die 6000 Dollar Kaution herbeizuschaffen oder einen Anwalt mit meinem Fall zu beauftragen. Ersteres gelingt mir nicht, für Letzteres fehlen mir die Mittel.

Die meisten meiner Schicksalsgenossinnen kommen aus Lateinamerika, außer einer Handvoll Europäerinnen, unter ihnen eine Deutsche mit einer besonders traurigen Geschichte. Seit 15 Jahren illegal in Amerika, ist sie mit dem amerikanischen Vater ihres 13-jährigen Sohnes verheiratet, hat jedoch versäumt, ihren Status legalisieren zu lassen und ging – so ihre Version – einem Undercover-Agenten auf den Leim, als sie ihm für 10 Dollar Amphetamine verkaufen wollte. Die Polizei rammte daraufhin im Morgengrauen die Tür ihrer Wohnung im Erdgeschoss ein, der Ehemann sprang aus dem Schlafzimmerfenster und ward nie wieder gesehen. Der sich mit Händen und Füßen wehrende Sohn wurde ihr weggenommen und zwangsweise zu Pflegeeltern gebracht. Sie selbst wurde verhaftet und landete nach kurzem Prozess im Deportationslager, bevor man sie innerhalb von sechs Monaten nach Deutschland abschieben würde und sie offiziell weder jemals wieder in die USA einreisen noch ihren Sohn wiedersehen darf. Ihr Sinnen war einzig darauf ausgerichtet, mit allen Mitteln um ihren Sohn zu kämpfen, sobald sie in Deutschland sein wird. Inzwischen war sie der Willkür des Staatsapparates ausgeliefert. So saß sie den ganzen Tag deprimiert herum, wartete zwischen Zweifeln und Hoffen und quälte sich mit Gedanken an ihren Sohn.

※ ※ ※

Gleich am ersten Tag wurde mir gesagt, dass man uns bis zu einem halben Jahr ohne Prozess oder weitere Befragungen in diesem Lager festhalten könnte, bevor man uns abschiebt. Das heißt, 180 Tage warten und bangen, nie wissend, wann der entscheidende Moment kommt. Für mich kam er aber bereits am siebten Tag, doch keine Minute zu früh. Es ist noch dunkel draußen, als ich mit barscher Stimme aus dem Schlaf gerissen werde: *»Get ready! Your trial starts at 7am!«*

Eine Viertelstunde später sind Alexander und ich bereit. Ohne Frühstück werden wir in dem vergitterten Wagen ins nahe El Centro gebracht, wo die Verhandlung stattfinden soll.

Man schließt uns in einen winzigen Raum, wo es dank auf Hochtouren laufender Klimaanlage eiskalt ist. Die Bitte um ein Herunterschalten der Anlage wird nicht erhört, auch der Wunsch nach Ess- und Trinkbarem fällt auf taube Ohren.

Sieben Uhr. Nichts passiert. Die Stunden verrinnen quälend langsam in dieser Eiseskälte – erst um ein Uhr mittags kommt ein Uniformierter, um Alexander und mich in den Gerichtssaal zu bringen, dessen Wände und Decke eindrucksvoll mit dunklem Holz getäfelt sind.

Wir nehmen in der hintersten Reihe Platz. Mutter und Sohn sind die einzigen »Weißen« in diesem Raum; einige Reihen vor uns warten Männer in schwarzweiß gestreiften Gefängnisanzügen mit Nummern auf dem Rücken – »wie die Panzerknackerbande«, stellt mein Sohn grinsend fest – auf ihr Urteil. Im vorderen Teil des Raumes sitzt auf einer Empore der Richter; ich kann sein Gesicht kaum erkennen, so weit weg ist er. Zwischen den Panzerknackern und dem Richter steht, mit dem Rücken zu uns Missetätern, der Staatsanwalt hinter seinem Pult.

Nachdem dieser die immer gleichen Missetaten der Männer heruntergerasselt hat, der Richter sie nach einigen Minuten ausnahmslos auf ein späteres Prozessdatum vertröstet und sie von Uniformierten aus dem Saal geführt werden, ist die Reihe endlich an mir.

Als Erstes reduziert der Richter die Kaution um die Hälfte – was mir nicht viel nützt –, woraufhin der Vertreter der Staatsgewalt eifrig auf den Wahrer des Rechts einredet. Aufgrund der Entfernung verstehe ich nur wenig – bis ich deutlich die Worte »a history of unanswered questions« höre. In dem Moment geht in meinem Kopf buchstäblich ein Licht an, und ich weiß sofort, worauf diese Befürchtung einer »Geschichte voller unbeantworteter Fragen« beruht: Die Iranerin, die zur gleichen Zeit wie ich an dieser vermaledeiten und nur wenige Stunden in der Woche bemannten Grenzstation verhaftet wurde, hatte zuvor jahrelang in Deutschland gelebt. Ich war auch Deutsche – da musste doch sicher ein perfider, der Sicherheit der USA abträglicher Zusammenhang bestehen? Schließlich gab es (wir schreiben 1988) Terroristen in Deutschland, und vielleicht gehörten wir zur Vorhut zukünftiger verwerflicher Aktionen dieser Art in Amerika?

Der Richter gab den Bedenken seines Kollegen statt und erteilte seine Einwilligung zu einem Kreuzverhör. Man forderte mich auf, so lange sitzen zu bleiben, bis wir abgeholt und einem anderen Staatsanwalt vorgeführt worden waren, der mich verschärft in die Mangel nehmen würde.

❈ ❈ ❈

In dem winzigen Raum neben dem Gerichtssaal wird die Tür erneut hinter uns verriegelt. Doch dieses Mal müssen wir nicht lange warten, bis sie wieder aufgeschlossen wird. Ein Mann kommt herein, Anfang vierzig, rothaarig und mit Brille, eine Mappe in der Hand. Er begrüßt mich und fragt nach einem Blick in meine Akte freundlich auf Deutsch: »Sie kommen aus München? Da bin ich geboren!«, bevor er dem ihn begleitenden Officer mit dem Schlüsselbund den Auftrag erteilt, die Tür unverschlossen zu lassen und meinem Sohn und mir als Erstes ein Mittagessen zu bringen. Eine gute Idee: Es war früher Nachmittag, und seit gestern Abend hatten wir nichts zu uns genommen.

Dieser freundliche Mensch war der Staatsanwalt, der mittels eines Kreuzverhörs meine geheimen schändlichen Absichten in Erfahrung bringen sollte. Doch es findet gar kein Kreuzverhör statt. Nach aufmerksamem Lesen meiner Akte und mit den Worten *»Lady, you don't belong here. I'll get you out of here!«* – wünscht er uns einen guten Appetit und verspricht, bald mit einer Entscheidung zurückzukommen. *»Don't worry, you'll be fine.«*

Um fünf Uhr klopft er höflich an die unverriegelte Tür, grinst mich verschwörerisch an und überreicht mir meine Autoschlüssel:

»Alles in Ordnung, Sie können gehen. Am 15. Dezember haben Sie beim Immigrationsgericht in San Diego Ihren Termin, eine reine Formalität, keine Sorge. Allerdings muss ich Ihren Pass einbehalten, wegen des Visums – müssen wir leider ungültig machen –, Sie bekommen ihn dann in San Diego zurück.«

Mein blauer Toyota steht einladend vor der Tür, der Vertreter des Staates verfrachtet eigenhändig unser Gepäck in den Kofferraum, und mit zum »V«-Zeichen erhobener Hand grinst er uns verschwörerisch an und wünscht uns weiterhin eine gute Zeit im Land der unbegrenzten Möglichkeiten.

Was ich auch sofort in Erwägung ziehe: Bis Dezember sind es noch drei Monate; das Land ist groß und wird Mutter und Sohn bestimmt eine sichere Bleibe bieten, bis sich die Wogen glätten und ich eine Möglichkeit finde, irgendwie im Land zu bleiben. Doch im nächsten Moment verwerfe ich diese Überlegungen, froh, wieder frei zu sein und fest entschlossen, nie mehr in eine solch »illegale« Situation zu geraten. Erst jetzt merke ich, wie sehr mich diese sieben Tage belastet haben. Ich rufe Freunde in Washington an, die uns nach Seattle einladen, damit wir uns von dieser Strapaze erholen können.

❈ ❈ ❈

Anfang Dezember fahre ich mit Kind und Kegel nach San Diego zurück, um den Termin beim Imigrationsgericht wahrzunehmen. Zur festgesetzten Stunde betrete ich das Gerichtsgebäude, finde den entsprechenden Saal – und entnehme dem Zettel an der Tür, dass der Richter erkrankt ist und somit alle heutigen Termine auf *Februar* verschoben wurden!

Damit habe ich nun gar nicht gerechnet, bin dann aber froh, noch ein Weilchen unbehelligt in Amerika bleiben zu können. Interessanterweise hatte mich der rothaarige Staatsanwalt in El Centro drei Monate vorher nicht gefragt, ob oder wie ich unseren Lebensunterhalt bis Dezember bestreiten konnte. Doch zum Glück stellte das Geldverdienen kein Problem dar: Ich saß wieder Modell und bediente in einem vegetarischen Restaurant, dessen Besitzer sich offensichtlich nicht um Imigrationsgesetze scherte. Einmal bot man mir sogar eine kleine Rolle plus Gage in einem unbedeutenden Film an, der wohl auf dem Schneidetisch sein schnelles Ende fand – jedenfalls habe weder ich noch irgendjemand anderes ihn je gesehen.

Als dann im Februar tatsächlich mein anberaumter Termin stattfindet, betrete ich zum zweiten Mal einen holzgetäfelten Gerichtssaal. Sind Decken und Wände aller Gerichtssäle eigentlich mit dunklem Holz getäfelt und daher irgendwie ehrfurchtgebietend – gleich einer geweihten Halle, in der nichts anderes als wahres Recht gesprochen werden kann?

Leicht erhöht zu meiner Linken sitzt der Richter hinter seinem Pult, ein stoppelbärtiger Afroamerikaner, jung, cool, mir freundlich zunickend und mich bittend, meine Geschichte zu erzählen.

»Warum sind Sie nicht rechtzeitig ausgereist?«

Ohne Anwalt, da zu teuer und meiner Meinung nach nicht notwendig – schließlich habe ich mir nichts Ehrenrühriges zuschulden kommen lassen –, erhebe ich mich und sage sinngemäß: »Ich bin ein freier Mensch und sollte überall dort leben dürfen, wo es mir gefällt, solange ich anderen keinen Schaden zufüge. Und das habe ich nicht!«

Der Staatsanwalt streicht sich über seinen Bart, wirft mir ein blitzendes Lächeln zu und sagt heiter: »Sie sollten einen Brief an den Kongress in Washington schreiben, die müssten so was mal hören!« Die Staatsanwältin, eine junge Frau mit hochgeschlossener, weißer Bluse und zusammengekniffenen Lippen, findet unseren Dialog offensichtlich weniger erheiternd, enthält sich aber jeden Kommentars, als der Richter fortfährt:

»Sie wissen aber schon, dass Sie die USA demnächst verlassen müssen?! Wann wäre es Ihnen denn recht?«

Ich überlege kurz und sage dann: »Mein Sohn geht hier in die Schule. Mitte Juni beginnen die Ferien, das wäre ein guter Zeitpunkt.«

»Ist Ihnen der 01. Juli recht? Sie müssen dann aber bitte noch mal hierherkommen und Ihren Pass abholen, den müssen wir bis zu Ihrer Abreise leider einbehalten.«

Ich bedanke mich, erstaunt darüber, wie schnell und problemlos dieser Gerichtstermin über die Bühne gegangen ist. Auch jetzt werde ich nicht gefragt, ob und wie ich die vier Monate bis dahin über die Runden komme – schließlich darf ich offiziell keine Arbeit annehmen. Doch bereitet mir diese Tatsache kein Kopfzerbrechen. Ich bin gerne noch ein paar Monate in Kalifornien. Jobs gibt es genug, und wenn man mangels Konto keinen Scheck annehmen kann, dann wird eben bar bezahlt, »*under the table*«. Dank des festgelegten Ausreisetermins fühle ich mich wie ein staatlich sanktionierter *Wetback*!

Als ich bereits im Mai beschließe, nach Deutschland zurückzugehen, sehe ich mich allerdings mit einem unverhofften Problem konfrontiert: Der Beamte bei der Immigration in San Diego will mir meinen Pass nicht geben, schließlich werde ich laut Gerichtsbeschluss erst am 1. Juli ausreisen!

Das soll doch wohl ein Scherz sein! Was ist dagegen einzuwenden, wenn ich Amerika schon früher verlasse? Das müsste denen doch eigentlich recht sein?

»Sorry, geht leider nicht«, ist alles, was der Herr zu sagen hat.

Ich will aber *jetzt* weg und wenn er mir meinen Pass nicht gibt, dann kann er sich denselben woanders hinstecken. Zornig rufe ich: »Ob mit oder ohne Pass, *I am leaving! NOW!*«

Einen Moment lang betrachtet der Mann mich überrascht und sagt dann: »Bitte warten Sie einen Augenblick«, bevor er in den angrenzenden Raum entschwindet. Er kommt zurück, meinen Pass in der Hand, händigt ihn mir aus, entschuldigt sich, dass er mein Visum ungültig machen muss: »*It's the law*« – und mit der wohlmeinenden Aufforderung: *»Come talk to me next time you are in the country!*«, wünscht er mir eine gute Reise, bevor er mir freundlich lächelnd die Tür öffnet.

Nun bin ich zwar viele Male wieder im Land gewesen, aber nie mehr bei der Imigrationsbehörde in San Diego, wo ich dem verständnisvollen Beamten hätte Bericht erstatten können. War seinerzeit zum Glück auch alles glimpflich für mich verlaufen, verspürte ich dennoch kein Bedürfnis, diesen Ort des Zitterns noch einmal aufzusuchen.

## » $K$ riegstribunal«

Unsere Visite im Deportationslager am Rande der Wüste sollte nicht meine einzige Begegnung mit grollender »Autorität« im wilden Westen bleiben. Die zweite Gelegenheit bot sich Jahre später in der Nähe von Reno, Nevada. Und dieses Mal war es ein alter Indianer mit blauen Augen, seines Zeichens berühmter Medizinmann, der die besten Zeiten seines Ruhmes (und seiner Macht?) hinter sich hatte und noch einmal zeigen wollte, wie er mit »respektlosen« Weißen umgeht.

Sein Name war Rolling Thunder. Ich hatte in den späten Achtzigern Doug Boyds Buch über ihn gelesen, welches in mir den Wunsch weckte, diesen Medizinmann kennenzulernen.

Jahre vergingen, doch verschwand dieser Wunsch nie ganz, bis ich eines Tages hörte, Rolling Thunder sei gestorben. Doch bei einem Treffen von Medizinleuten aus aller Welt 1993 in San Antonio, Texas, sagte mir einer der

Teilnehmer, er habe Rolling Thunder vier Jahre zuvor in der Nähe von Reno getroffen: zwar nicht bei bester Gesundheit, aber lebendig.

Vor vier Jahren war er noch am Leben? Da stehen die Chancen nicht schlecht, dass er es heute auch noch ist, dachte ich zuversichtlich und beschloss, ihn zu finden.

Wenig später machte ich mich in meinem alten Cadillac, ohne funktionierende Heizung, dafür eingehüllt in einen alten Fuchspelz aus den Pfründen der Heilsarmee, vom warmen San Diego auf den Weg ins winterlich kalte Nevada, mit nichts als der vagen Information, dass sich Rolling Thunder Ende der Achtzigerjahre irgendwo in der Nähe von Reno aufgehalten hatte …

In jeder Hinsicht anders als Las Vegas – vor allem was neonleuchtende Nächte und Horden fülliger Glücksspieler betrifft – ist Reno ein wenig einladender Ort in der Wüste, wo die Überlandzüge rangiert werden. So weit das Auge reicht, flaches baumloses Land, in der Ferne eingerahmt von niedrigen Bergen, durchzogen von Schienensträngen, mit riesigen Rangierbahnhöfen und kilometerlang abgestellten Waggons. Da Rolling Thunder bis zu seiner Inkarnation als Medizinmann als Rangierer gearbeitet hatte, schien ich tatsächlich auf der richtigen Spur zu sein.

Die lange Fahrt im heizungsdefekten, metallicblauen Cadillac führt über Highways, an deren Seiten meterhohe Schneewehen unter tiefblauem Himmel glitzern. Mir ist kalt, ich bin hundemüde, und auf meine Fragen nach Rolling Thunders Aufenthaltsort kommen nur sehr ungefähre, unbefriedigende Antworten. Doch irgendwann stehe ich vor einem baufälligen, alten Haus mit diversen, laubenartigen Anbauten, umgeben von einem brüchigen Holzzaun, dessen morsche Latten mit Hauben von Schnee bedeckt sind.

Ein wenig abseits davon befindet sich ein schäbiger Wohnwagen, aus dem im nächsten Moment eine blasse, strubbelige Frau, nicht älter als 20, heraustritt und mich misstrauisch fragt, was mein Begehr sei.

Ich sage ihr, dass ich aus San Diego komme und Rolling Thunder sprechen möchte: »Ist er da?«

Weder will sie zunächst meinen Namen noch den Grund meines Kommens wissen, sondern nur, *ob ich meine Tage habe!*

Wie bitte? Ich bin seit vielen Stunden in der Kälte unterwegs, würde gerne etwas Warmes zu mir nehmen und möchte Rolling Thunder meine Aufwartung machen – und sie will wissen, ob ich meine Tage habe?!

Ich reiße mich zusammen und antworte: »Fast vorbei.«

»Dann bist du noch nicht rein und musst sicherheitshalber die nächsten zwei Tage hier im Wohnwagen bleiben, erst dann wird Rolling Thunder dich empfangen.«

Bin ich etwa hergekommen, um mich von einer Unbekannten in einen unbeheizten Wohnwagen verbannen zu lassen, nur weil ich gerade *nicht rein* bin?

Wohl kaum. In welchem Jahrhundert leben wir denn eigentlich? Eine menstruierende Frau ist nicht rein? Alte, chauvinistische Sitten, und ich bin nicht bereit, mich danach zu richten.

*»I'll think about it«*, sage ich und betrete den Wohnwagen.

Auf einem Bett liegt eine zweite Frau, offensichtlich ebenso »unrein« wie ich, und schaut mich mit leerem Blick an.

*»Warum bist du hier?«* frage ich. Sie erzählt mir, dass auch sie gekommen war, um Rolling Thunder zu sehen, von dem sie so viel Wunderbares gehört hatte. Dass sie lesbisch und schon seit zwei Wochen hier sei und den Medizinmann erst einmal gesehen hat – anlässlich eines flotten Dreiers, von ihm arrangiert.

Hab ich richtig gehört: sexuelle Eskapaden mit einem Medizinmann?

»Aber du stehst doch auf Frauen, warum hast du dich dann darauf eingelassen?«

»Er hat noch eine andere Frau dazu geholt, damit ich mich besser fühle«, war ihre kleinlaute Antwort.

So lief das hier also. Dennoch wollte ich diesen Mann kennenlernen und mir ein eigenes Bild machen. Dass ich auf eventuelle sexuelle Annäherungsversuche nicht eingehen würde, war mir völlig klar.

Ich gehe erneut hinüber zu dem kleinen Haus und klopfe an die Tür.

Auch hier öffnet mir eine junge Frau, den Blick zum Boden gesenkt.

Ich wiederhole mein Anliegen, Rolling Thunder zu sprechen und tue dies auf eine Weise, die keinen Widerspruch duldet. Sie verschwindet im hinteren Teil des Hauses und kommt wenig später mit den Worten zurück: »Du darfst hereinkommen.«

Ich nehme auf einem Stuhl Platz und warte.

Dann wird der Vorhang zum Nebenraum beiseitegeschoben, und ein japanisch aussehender Jüngling, dessen Anwesenheit ich bisher nicht bemerkt hatte, schiebt einen alten Mann, in eine dunkle Decke gewickelt, mit einen Cowboyhut auf den kurzen, grauen Haaren, im Rollstuhl ins Zimmer und stellt ihn mir gegenüber ab.

Ich erhebe mich, begrüße Rolling Thunder und stelle mich vor. Er betrachtet mich mit zusammengekniffenen Augen, dann entspannt sich sein Ausdruck, und er nimmt meine Hand: »*Welcome.*« Er will wissen, warum ich hier bin. »Ich habe Doug Boyds Buch gelesen und wollte Sie gerne kennenlernen. Anmelden konnte ich mich nicht, da niemand wusste, wo Sie wohnen. Also bin ich einfach losgefahren – und hier bin ich!«

Das scheint ihm als Antwort zu genügen. Er befiehlt der bereitstehenden jungen Frau, die mir die Tür geöffnet hat, uns einen Kaffee zu kochen.

Ohne meine »Unreinheit« zu erwähnen, beginnt er ausführlich aus seinem Leben zu erzählen und dass immer noch viele Menschen aus aller Welt zu ihm kommen (der Japaner galt als Beweis). Er erwähnt, dass unter anderem Bob Dylan und The Grateful Dead zu seinen ergebenen Jüngern zählten. Außerdem wünscht er sich, dass noch einmal ein Buch über ihn geschrieben wird und fragt mich, ob ich eventuell dazu bereit wäre. Interessantes Timing: In Los Angeles hatte mir ein Literaturagent mit ausgezeichneten Connections den Vorschlag gemacht, ein Buch über meine Begegnung mit Rolling Thunder zu schreiben – es würde mein erstes Buch sein. Nicht wenig überrascht ob dieses unerwarteten Angebotes, nahm ich es dennoch sofort an.

Erfreut sage ich Rolling Thunder also, dass es mir ein Vergnügen sein wird.

❊ ❊ ❊

Ich richte mir einen der beiden alten Wohnwagen ein wenig her und bleibe zwei Wochen in Reno. Während dieser Zeit habe ich Gelegenheit, Rolling Thunder – der angeblich Cherokee ist und mit seinen blauen Augen und kaukasischen Gesichtszügen nichts Indianisches an sich hat – sowie die wenigen, ihm treu ergebenen Besucher näher kennenzulernen. Seine donnernden Wutausbrüche, begleitet von derben Flüchen und verletzenden Bemerkungen, vor allem Frauen gegenüber (wobei er mich allerdings davon verschont), sind abstoßend. Doch dann wieder erzählt er mir, wie viele Länder er bereist hat und wie sehr er verehrt wurde. Mir wird allmählich klar, wie einsam, krank und verlassen dieser Mann ist – vor allem nach dem Tod seiner Frau und einer Beinamputation. Er sehnt sich verzweifelt nach den Zeiten seiner Macht und Berühmtheit zurück – und ich bemühe mich, ihm wohlgesinnt zu sein und ihm bei der Erledigung von Anfragen aus aller Welt zu helfen, denen er sich nicht mehr gewachsen fühlt.

Irgendwann erwähnt er sein geheimnisvolles »Camp« in der Wüste, nicht weit von hier, und erzählt, dass er in den Siebzigern eine »neue Gesellschaft« gründen wollte, mit ihm als Oberhaupt und Führer. Er war davon überzeugt, dass die Welt in kürzester Zeit zugrunde gehen und nur seine Getreuen überleben würden – eine sehr amerikanische Doomsday-Variante, unter Indianern aber eher weniger verbreitet.

Er beschreibt mir den Weg, und ich fahre hin.

Das »Camp« ist ein riesiges Areal desolater Wüste, umgeben von Resten eines hohen Stacheldrahtzaunes. Keine Menschenseele weit und breit, nur das Heulen des warmen Wüstenwindes und die noch immer spürbare, beunruhigende Energie von Paranoia und blinder Gefolgschaft.

Ein Tor hängt lose in seinem Scharnier, und ich betrete das Camp. Ein Anblick der Verwüstung und Verlassenheit empfängt mich: demolierte Bettgestelle, aufgeschlitzte Matratzen, Fetzen von Kleidung. Ein paar einsturzgefährdete Gebäude ohne Dach, unter anderem die Schule des Camps. Vorsichtig setze ich einen Fuß hinein und finde neben den umgestürzten Pulten verstaubte Tintenfässer und zerfledderte Schulbücher aus einer vergangenen Zeit, die trockenen gelben Seiten vom Wind umgeblättert. Ein paar Schritte weiter stehen noch die einsturzgefährdeten Reste einer Autowerkstatt, samt brüchigen Reifen und rostigem Werkzeug; im Regal liegt ein altes Gewehr, auf dem Boden die Hülsen verschossener Munition.

Laut Rolling Thunder lebten hier in den frühen Siebzigern mehr als 2000 Menschen, Erwachsene und Kinder, in dem Versuch, unter Rolling Thunders Diktat eine alternative Gesellschaft aufzubauen und das Ende der Welt zu überstehen, um dann als Auserwählte die Erde – oder zumindest diesen Teil der Wüste in Nevada – neu zu bevölkern. Mit »bewussten« Menschen indianische Traditionen befolgend, wie Rolling Thunder sie interpretierte; bereit zum Kampf gegen feindliche Autoritäten, ausgerüstet mit jeder Menge Waffen, die jedoch laut ihm nie zum Einsatz kamen.

Wo sind sie heute, all diese Menschen? Wahrscheinlich da, wo die meisten von uns sind: im normalen Leben angekommen in einer Welt, die immer noch nicht untergegangen ist.

✖ ✖ ✖

Ein halbes Jahr später fahre ich nach Absprache mit Rolling Thunder noch einmal nach Reno, dieses Mal mit einem Buchvertrag in der Tasche, um mit dem Interview für das Buch zu beginnen, das er sich gewünscht und zu dem ich den Auftrag erhalten hatte.

Auch dieses Mal öffnet eine junge Frau mit gesenktem Blick und fragt nach meinem Begehr.

»Ich möchte Rolling Thunder sprechen«, antworte ich.

*»One moment please, I have to ask him.«*

Augenblicke später werde ich hereingebeten. Die junge Frau verschwindet im hinteren Teil des Hauses, und ich bin alleine im Zimmer. Ich setze mich. Nach einer Weile höre ich vielstimmiges, aufgeregtes Flüstern und frage mich, was das wohl zu bedeuten hat.

Im nächsten Moment erfahre ich es. Vier Personen betreten das Zimmer und nehmen auf den Stühlen um den Tisch herum Platz, ohne mich eines Blickes zu würdigen. Ich kenne keinen von ihnen und hätte zudem sowieso Schwierigkeiten, jemanden zu erkennen, da sie alle *Kriegsbemalung* aufgetragen haben!

Dann wird Rolling Thunder hereingeschoben, den Cowboyhut mit Feder auf dem Kopf, schwarze Balken quer über sein Gesicht gemalt.

Einer der Kriegstribune, mittlerweile als der Japaner von meinem ersten Besuch erkenntlich, richtet das Wort gegen mich:

»Du hast das Gebot der Reinheit nicht befolgt ...«

Wie bitte? Das ist doch Monate her, und Rolling Thunder hatte damals kein Wort davon erwähnt!

»Was beweist, dass du keinen Respekt vor indianischen Traditionen hast!«

Mir bleibt keine Zeit, etwas zu erwidern, denn schon donnert Rolling Thunder los – meinem Blick ausweichend: »Du bist einfach nur die nächste skrupellose Weiße, die sich auf meine Kosten bereichern will! Du bist genau wie dieser Boyd!«

Höre ich richtig? Er bezichtigt den Mann, der nicht respektvoller und ehrerbietiger über Rolling Thunder hätte schreiben können, der schnöden Gewinnsucht? Und hatte ich darüber hinaus ihm nicht bereits zugesagt, alle eventuellen Royalties mit ihm zu teilen?

Er poltert und schimpft weiter: »Erst will ich Geld sehen, bevor du ein Wort über mich schreiben darfst!«

Die vier um den Tisch versammelten, buntbemalten Fremdlinge nicken bestätigend zu den Worten des Alten und murmeln Abschätziges in meine Richtung. Ahnung haben diese Leute nicht, weder von den Stipulationen eines Buchvertrages noch von differenziertem, intelligentem Verhalten oder der so viel beschworenen indianischen Kultur – sie sind einfach nur Mitläufer, verirrte Romantiker, Anhänger eines alten Mannes, von dem sie glauben, er sei Indianer (ich bin mir da nicht mehr so sicher) und verfüge über ungeahnte Macht, die zur Schau zu stellen er sich in diesem Moment berufen fühlt.

»So geht das nicht, Rolling Thunder«, erkläre ich ihm, mühsam meine Beherrschung wahrend ob dieser Maskerade. »Das Honorar ist mein Entgelt, davon bezahle ich meinen Lebensunterhalt während des Schreibens und alle

Unkosten, die damit einhergehen. Wie gesagt, eventuelle Royalties teile ich gerne mit Ihnen. Was meine Achtung vor der indianischen Kultur betrifft: Ich gebe zu, manche Traditionen halte ich für überholt, doch grundsätzlich ehre und schätze ich die Indianer aus vielen Gründen. Schließlich hat mir einer vor Jahren ein neues Leben geschenkt. Wie könnte ich da nicht voller Dankbarkeit und Achtung sein?«

Mein Argument scheint nicht anzukommen. Weder Rolling Thunder noch seine ergebenen Jünger sind an diesem Morgen fähig, zu reflektieren und ein wirkliches Gespräch zu führen. Ihnen steht der Sinn einzig nach Bestrafung, Ausschließung, sie wollen mich in die Knie zwingen.

Ich spüre, wie mir die Tränen kommen – Tränen der Entrüstung und Frustration. Ich schaue Rolling Thunder voll in die Augen, doch er wendet den Blick ab. Vor mir sitzt ein alter Mann im Rollstuhl, gebrechlich, hasserfüllt, ein schwacher Mann. Ich bin zwar wütend, empfinde aber gleichzeitig Mitleid mit ihm. Verstehe einerseits sein Spiel als den Versuch eines alten Mannes, verlorene Macht auszuüben, indem er die Leier von den bösen Weißen wieder aufnimmt. Ich bin allerdings nicht bereit, dieses Spielchen mitzuspielen.

Meine Versuche, die Situation zu entschärfen und einen vernünftigen Dialog zu führen, verlaufen im (Wüsten-) Sand.

*»Go now and never come back here!«*, brauster mich schließlich noch an.

Es tut mir weh, so behandelt zu werden, dennoch starte ich einen letzten Versuch: »Ich fühle mich völlig schuldlos, und ich werde es beweisen. Ich suche mir in Reno ein Hotel und werde Ihnen alles schriftlich erklären. Dann werden Sie sehen, dass ich nichts zu verbergen habe.«

»Komm nicht zurück. Niemand wird dir die Tür aufmachen!«, fährt er mich an, den Blick wieder abgewendet, irgendwie kann er mir nicht in die Augen schauen. Eifriges

Nicken der Jasager am Tisch; auch ihre Blicke weichen mir aus.

Ohne weiteren Kommentar stehe ich auf und gehe.

Ich finde ein Zimmer in Reno und schütte Rolling Thunder auf Papier bis tief in die Nacht mein Herz aus. Ich habe nichts zu verbergen, schreibe alles nieder. Erkläre, verstehe, leide mit und lege meine Seele bloß.

Am nächsten Morgen klopfe ich erneut an seine Tür. Die verunsicherte Frau von gestern öffnet und ist überrascht, mich zu sehen. Hatte mir Rolling Thunder nicht ausdrücklich von jedem weiteren Besuch abgeraten? Ich verlange, ihn zu sprechen: »Bitte gib ihm meinen Brief. Ich warte eine Viertelstunde, dann fahre ich.«

Zehn Minuten später werde ich hereingebeten. Wieder schiebt man mir einen Stuhl an den runden Tisch mit der Aufforderung, mich zu setzen und zu warten, und wieder ist außer mir niemand im Zimmer.

Das darf doch wohl nicht wahr sein – sollte sich die Maskerade von gestern vielleicht wiederholen?!

Auch dieses Mal höre ich Raunen aus dem Nebenraum – und das irritierende Schauspiel wiederholt sich tatsächlich! Vier Gestalten und wenig später auch Rolling Thunder selbst – seinen Auftritt offensichtlich genießend – kommen ins Zimmer. Kriegsbemalung wie gehabt, nehmen sie ihre Plätze am Tisch ein.

Ein zweites Kriegstribunal – langsam wird die Sache lächerlich.

Ich fühle, wie es in mir zu brodeln beginnt.

Ohne auf meine Zeilen einzugehen, erklärt Rolling Thunder:

»Wir wollen dich hier nicht. In einem Jahr kannst du wiederkommen, nicht eher. Inzwischen beschäftige dich mit der indianischen Kultur, lerne den nötigen Respekt. Dann kannst du vielleicht über mich schreiben, und zwar hier, wo ich dir immer über die Schulter schauen und alles überprüfen kann. Aber ich kriege das Honorar für das Buch, und du darfst nur schreiben, was ich dir erlaube.«

Jetzt reicht es mir! Ich stehe auf, schaue dem alten Mann empört ins Gesicht und sage: »Ich habe kein Interesse mehr an einer Zusammenarbeit. *I'm leaving.*«

Ich spüre Bestürzung bei den Jüngern ob meiner Unverfrorenheit (statt gesenkten Kopfes kleinlautes Einverständnisses und *mea culpa* zu murmeln) – und Überraschung bei Rolling Thunder. Ich bin eigenartig berührt, als er sich noch einmal zu voller Größe aufrichtet und tönt: »Die ersten 100 Meilen bist du in Sicherheit. Dann musst du alleine sehen, wie du weiterkommst!« Schon an der Schwelle zur Tür, halte ich einen Moment inne und verstehe dann, was er mit seiner ominösen Warnung meint: Laut Doug Boyd kann Rolling Thunder das Wetter beeinflussen – ich nehme an, dass er dies während der ersten 100 Meilen in meinem Sinne zu tun gedenkt. Doch dann – der Himmel helfe mir – bin ich allein auf weiter Flur, den Elementen und sonstigen Kräften hilflos ausgesetzt.

Mir wird sekundenlang ein wenig mulmig bei dem Gedanken, was aber schnell wieder vergeht.

Ich wende mich noch einmal um und antworte kühn: »Deine 100 Meilen kannst du behalten, ich brauche deinen Schutz nicht!«

Dann trete ich ins morgendliche Sonnenlicht hinaus.

Ein paar Monate später stirbt Rolling Thunder. So sehr ich einen harmonischen Abschied vorgezogen hätte, war es mir nicht möglich gewesen, gegen meine Überzeugung zu handeln und klein beizugeben, Buch hin oder her.

❈ ❈ ❈

Auf dem Weg zurück nach San Diego, den Kopf voller Gedanken über das Erlebte und das Herz voll widersprüchlicher Gefühle, wird mir plötzlich klar, dass ich entweder gezwungen bin, die Anzahlung für das zu schreibende Buch zurückzuerstatten und eine einmalige Chance ungenutzt verstreichen zu lassen – *völlig ausgeschlossen!* – oder ein anderes Buch zu schreiben, möglichst mit einem ähnlichen Thema.

Ich zerbreche mir den Kopf, was das wohl sein könnte – und schließlich kommt mir die rettende und einzig richtige Idee: Sobald ich zurück in San Diego bin, werde ich versuchen, Godfrey Chipps zu finden, der mich Jahre zuvor von höllischen Panikattacken geheilt und mit dem ich seither keinen Kontakt mehr hatte; der einzige Medizinmann, den ich wirklich aus eigener Erfahrung kenne – und dem ich ein neues Leben verdanke!

Wieso habe ich nicht gleich daran gedacht? Ich habe eine Deadline einzuhalten und muss alles daransetzen, ihn ausfindig zu machen – vielleicht ist Godfrey ja bereit, mit mir zusammenzuarbeiten!

Die Tatsache, dass ich ihn tatsächlich gefunden habe und er zu meiner großen Freude auch sofort sein Einverständnis gab, resultierte in meinem ersten Buch *Begegnung mit dem Schamane«*, gefolgt von *Sundance* (beide im Allegria-Verlag erschienen).

# Los Angeles ...

Es dauerte länger als erwartet, doch irgendwann war mein Buch fertig, mein Sohn mittlerweile 18 und zurück in Deutschland, was mir die Freiheit gab, meinen nächsten Lebensraum zu wählen.

Rio de Janeiro oder Los Angeles? Beides Städte, die meine Phantasie beflügelten.

Ich entschied mich für Los Angeles.

Man hat mich oft gefragt: »Wieso L. A.? Was gibt es denn da schon, außer Wahnsinnsverkehr?«

Vieles! Los Angeles ist eine Tagesstadt. Früh am Morgen werden die nächtlichen *Boulevards of Broken Dreams* aufgerollt, um neun ist die Stadt wieder voll auf den Beinen. Die Sonne strahlt zuverlässig, die Temperaturen sind angenehm, die Luft trotz (unsichtbarer) Umweltverschmutzung mild und leicht zu atmen – und Tausende von Menschen mit ihren unterschiedlichsten Träumen setzen erneut alles daran, diese auch zu realisieren. Vor allem im Showbusiness. Wenn das auch nicht mehr mein Business ist, liebe ich diese Anhäufung von Talent, die Energie und die relative Leichtigkeit der Menschen in dieser Stadt.

Die unbeschwerte Kommunikation in L. A., das Strahlende einer Hauptstadt des Entertainments, plus die Schönheit der Natur: weite sonnige Strände und einsame Canyons, in denen man sich verlaufen kann …

Und nicht zu vergessen:

# *L*adies and Gentlemen: The Oscars!

Die Academy Awards – eine ideale Gelegenheit, meine kostbare Zobeljacke auszuführen (Sommer-Sonderpreis bei *Sacks Fifth Avenue* in Beverly Hills: 24 000 Dollar! Bei *Do It Again, Sam* in Santa Monica, ein paar Mal getragen: genau ein Prozent davon – *»But you do look like a million!«* – so der Verkäufer). In einer Umgebung von Glamour, Glanz und Gloria würde sie mir den wunderbaren Anschein der Zugehörigkeit verleihen. Zwar war ich in einer früheren Inkarnation, von 1973 bis 1986, ja auch mal schauspielerisch tätig gewesen, hatte wie schon erwähnt zweimal mit Fellini gedreht und wesentlich öfter mit Nicht-Fellinis, mich dann aber, als mir die Rollen nicht mehr so ungefragt in den Schoß fielen, aus diesem Geschäft zurückgezogen. Doch nach wie vor schlägt ein Teil meines Herzens begeistert für alles, was mit der Filmerei zu tun hat.

Besonders diese Nacht der Nächte, die Oscar-Verleihung, macht mich ruhelos, gibt mir für ein paar Stunden das Gefühl, vielleicht doch an meiner Berufung vorbeigegangen zu sein … Zudem wohnte ich nun auch noch direkt in Los Angeles, und der Zauber passierte unmittelbar vor meiner Haustür. Dieses Mal gab es also kein Halten mehr, wenigstens einmal wollte ich dabei sein.

Aber wie? Ich hatte es unter Vorlage meines Presseausweises versucht, wurde aber nur müde belächelt – zugegeben, einen Tag vor dem Ereignis dort aufzutauchen, ohne eine namhafte Redaktion im Rücken, war wohl keine so glorreiche Idee. Sollte mir also nichts anderes übrigbleiben, als wieder mal nur per TV dabei zu sein?

Punkt sechs am Abend des großen Tages schalte ich den Fernseher ein, um nur ja nichts von der Übertragung zu verpassen. Die Stunde auf dem roten Teppich – eine perfekte Ouvertüre für das Haupt-œuvre.

Eine Freundin kommt vorbei, und gemeinsam sehen wir uns bei einem Glas Champagner die Show an. Sind von einem gefühlvollen Robin Williams gerührt, hören irritiert *Titanic*-Regisseur James Camerons sehr amerikanische Proklamation »*I am the king of the world!*« und sind überrascht, dass nicht Julie Christie, sondern Helen Hunt den Oscar bekommt. Den Oscar für sein Lebenswerk bekommt der 80-jährige Stanley Donen, Regisseur so legendärer Filme wie *Ein Amerikaner in Paris* oder *Funny Face*. Er bedankt sich mit einer quirligen Stepptanz-Einlage und dem exzentrischen, wenn auch kaum mehr realisierbaren Rat an seine Kollegen: »Nehmt euch immer nur die besten Schauspieler – *Sinatra, Loren, Bogart, Gable* – und wenn die erste Klappe fällt, tretet zurück und lasst sie machen!«

Billy Crystal als Conférencier ist wunderbar – understated, intelligent und witzig.

Viereinhalb Stunden später sind alle goldenen Statuen verteilt, und sowohl Mr. Crystal als auch meine Freundin verabschieden sich. Heißt das, ich muss allein in meinem plötzlich viel zu ruhigen, wenig glamourösen und einsamen Haus auf dem Hügel zurückbleiben, während einen Steinwurf entfernt die glanzvollen Feste und Partys der Oscar-Nacht gefeiert werden? Ausgeschlossen!

Eine dieser rauschenden Festivitäten findet im Beverly Hills Hotel statt, nur einen Steinwurf von der pfirsichfarbenen Luxusherberge des Sultans von Bahrain auf dem Sunset Boulevard entfernt.

Ich beschließe, Überraschungsgast zu sein.

Mittlerweile ist es kurz vor Mitternacht. Ein Blick in den Spiegel zeigt mir, dass ich noch recht frisch aussehe, was ich mit Rouge und Lippenstift unterstreiche. Dann streife ich mir etwas dezent Schwarzsamtenes über, tupfe mir ein wenig Jean Patou hinters Ohr, hülle mich in meine herrliche Zobeljacke, gleite elegant in meinen weißwandbereiften, edlen Cadillac Seville, Baujahr '82 – und fahre nach Beverly Hills.

Schon einen halben Kilometer vor dem Hotel sehe ich Stretch-Limousinen so weit das Auge reicht, finde aber auf Anhieb einen Parkplatz in unmittelbarer Nähe – was ich als gutes Omen für mein gewagtes Unterfangen betrachte!

Ich begebe mich zu der palmengesäumten Auffahrt des Hotels und sehe, dass es oben vor dem Haupteingang von Männern und Frauen in festlicher Kleidung nur so wimmelt. Bei näherem Hinsehen wird mir klar, dass es sich hierbei nicht um Gäste handelt, sondern um mehrreihig aufgestelltes, umfangreiches Sicherheitspersonal: Walkie-Talkies und Gästelisten in den Händen, passen sie mit Argusaugen auf, dass auch ja kein Unbefugter über den roten Teppich die heiligen Hallen betritt.

Den Versuch mache ich auch erst gar nicht, sondern begebe mich direkt auf die Suche nach einem Nebeneingang, den ich auch bald finde. Hinter einer Flügeltür aus Glas, fast verdeckt von riesigen Topfpalmen, macht sich gerade ein mexikanischer Hotelangestellter zu schaffen. Ich gehe in Marlene-Dietrich-Modus, klopfe leicht an die Scheibe, schenke dem Mann ein anmutiges Lächeln – und mit einer angedeuteten Verbeugung öffnet er die Tür, um mich hereinzulassen. Ich bedanke mich mit einem tiefen Blick und einem gehauchten »Merci« – schließlich ist Oscar-Nacht, und eine Prise wohlwollender Staralüre durchaus angebracht.

Aber wieso ist niemand hier? Ich befinde mich offensichtlich im Untergeschoss: Fitnessräume, Boutiquen, Saunen. Und keine Menschenseele weit und breit.

Mein Herz sinkt ein wenig – bis ich der breiten, gewundenen Treppe gewahr werde, die in die Lobby hinaufführt, aus der vielstimmiges Reden und Lachen gedämpft an mein Ohr dringt. Da muss ich also hinauf!

Kaum setze ich, allen Mut zusammennehmend, meinen Fuß auf die ersten Stufen, werde ich auch schon weiter oben einer Traube elegant gekleideter Menschen ansichtig – und wieder alles nur Sicherheitspersonal!

Komme, was da wolle, jetzt gibt es kein Zurück mehr.

Hoch erhobenen Hauptes und in entschlossener Haltung, den Blick fest geradeaus gerichtet, gehe ich durch die erste Riege der imposanten Türsteher und Selekteure hindurch. Der eine oder andere tritt gar zurück, um mich vorbeizulassen, ohne nach meiner Einladung zu fragen. Ich glaube, hier und da einen fragenden Blick zu spüren, aber niemand hält mich auf. Die Zobeljacke allein kann es doch wohl nicht gewesen sein?!

Schließlich will mich einer dieser nervösen Aufpasser doch noch abhalten, die letzte Absperrung siegreich zu umgehen, als ihm ein Kollege beruhigend die Hand auf die Schulter legt und sagt: »*She was here before. She is okay.*« Ein verständnisvoller Engel – oder eine segensreiche Verwechslung?

Die samtene Absperrung wird gelüftet, und im nächsten Augenblick bin ich mittendrin im Geschehen, im aufgeregten Hin und Her festlich gekleideter Menschen. Reporter und Kamerateams haben sich vor dem weit geöffneten Hauptportal versammelt, um ja keine Berühmtheit zu verpassen. Die Scheinwerfer strahlen in warmem Licht, der marmorne Springbrunnen in der Mitte plätschert fröhlich, und das zart pfirsichfarbene Interieur der sternenförmigen Lobby macht jede Frau noch schöner.

Jetzt merke ich, dass mein Herz so schnell klopft, als wolle es mir aus der Brust springen. Schließlich gehöre ich ja irgendwie nicht hierher – wie peinlich die Vorstellung, jemand könnte mich heraus komplimentieren, trotz Zobeljacke und Divapose. Meine Kehle ist wie ausgetrocknet, ich brauche sofort ein Glas Wasser. Kurz entschlossen zupfe ich einen eiligen Butler am Ärmel und bitte ihn, mir eins zu bringen. Er kredenzt mir eine Flasche Evian – und ich ihm 10 Dollar, die ich im letzten Moment noch eingesteckt hatte, woraufhin er freundlicherweise den Rest des Abends darauf achtet, dass mir nie das Wasser ausgeht.

Auf einer strategisch günstig positionierten, ebenfalls pfirsichfarbenen Chaiselongue nehme ich schließlich Platz und rühre mich, ganz gegen meine Natur, die nächsten zweieinhalb Stunden kaum vom Fleck.

Währenddessen defiliert Hollywoods Crème de la Crème vorüber: von einem strahlenden Robin Williams, der an der einen Hand sein hausbacken aussehendes Ehegespons und in der anderen seinen Oscar so festhält, als wolle er beide nie mehr loslassen; über eine etwas blasse Helen Hunt (beste Darstellerin); Hollywoods strahlende »Golden Boys« Matt Damon und Ben Affleck im jugendlichen Glanz ihrer 24 Jahre (bestes Drehbuch); James Ca-

meron – den Oscar wie eine Trophäe stolz vor sich her-
tragend – samt Entourage; die englische Schauspielerin
Minnie Driver in einem hautengen, blutroten Abendkleid
mit Fuchsstola in gleicher Farbe; eine himmelhohe Geena
Davis, die auf dem Absatz kehrtmacht, als sie ihren Ex-
mann, den Regisseur Rennie Harlin, am Arm einer anderen
Frau erblickt; bis zu einem etwas tattrigen Gregory Peck,
gestützt von seiner jungen Frau und einer blassen Demi
Moore, erstaunlich schmal und zart und ohne Bruce, dafür
aber in Begleitung eines weiblichen Bodyguards von be-
eindruckender Größe.

Ja, so gefällt mir das – wenn ich auch konkret nichts
mehr mit der Welt des Films zu tun habe und niemanden
hier kenne.

Letzteres sollte sich jedoch schnell ändern.

Eine schöne, blonde Frau schwer zu schätzenden Alters,
in wolkenähnlicher, schwarzer Abendrobe mit gefährlich
knapper Korsage, schwebt plötzlich von irgendwo herbei
und haucht mir lächelnd die Frage entgegen, ob sie sich
neben mich auf die Chaiselongue setzen dürfe. Aber
gerne. Alles an dieser blendenden Erscheinung war entweder total Hollywood oder auffallend groß – was oft dasselbe ist: ihr kollagenaufgeplusterter Schmollmund; die
kunstvoll aufgetürmten, goldblond gefärbten Locken; die
großen blauen, von keinem Fältchen umwölkten Augen
und das weite, hinten lange, vorne schenkelkurze Ballkleid
mit gewagtem Spitzenoberteil, das viel sehen lässt von
ihrem großen Busen und die Blicke der Männer magisch
anzieht.

Sie nimmt ihr Handy aus dem Abendtäschchen und telefoniert. Wobei ich intuitiv spüre, dass am anderen Ende
niemand abhebt, was sie aber nicht davon abhält, zu säu-
seln und mit zurückgeworfenem Haupt als Antwort auf
etwas gurrend zu lachen, was der nicht existente Anrufer
von sich gegeben hat – in Zeiten, wo man sich nicht mehr

ungestraft an einer Zigarette festhalten kann, erfüllt ein Handy den gleichen Zweck …

Kurz darauf wendet sie sich mit einem hoheitsvollen Lächeln zu mir und sagt: »Ich finde es unglaublich interessant, hier zu sitzen und die Leute zu beobachten.« Sie stellt sich vor als Lumière de Rothschild. Mag sein, dass der Name so falsch ist wie das perfekte süße Profil, aber er passt zu ihr. Sie will wissen, mit wem ich hier bin, und ich murmele was von einem »deutschem Team« und dass ich mich »abgeseilt« habe, weil ich eben auch so gerne »die Leute beobachte« – von denen sie viele kennt, wie sich herausstellt: Filmproduzenten, Schauspieler, deren Namen ich noch nie gehört habe, Musiker, Komponisten und Stuntmen. Jedem stellt sie mich vor, und ich erhalte eine Menge mehr oder weniger gekonnter Handküsse, Komplimente und Fragen: »*And what are YOU doing?*« Ich male meine »Team-und-abgeseilt«-Geschichte noch ein wenig aus und vergesse auch nicht, *en passant* mein soeben erschienenes englischsprachiges Buch zu erwähnen – in dieser kreativen Umgebung sehe auch ich mich veranlasst, auf meine diesbezüglichen Leistungen hinzuweisen. Glückwünsche und viele höfliche Worte werden gewechselt, Visitenkarten verteilt, Telefonnummern getauscht, wie das eben so üblich ist. Zu späterer Stunde regnet es dann verdächtige Einladungen zu privaten Parties, die bis zum Morgen dauern sollen und wo *jeder kommt* … Wie darf ich das verstehen, bitte? Das scheint mir alles ein bisschen *zu* privat zu sein, und danach steht mir nicht der Sinn.

Gegen drei Uhr früh bin ich satt vom Schauen, vom »Dabeisein«, vom Geplauder und den unaufhaltsam näher rückenden alleinstehenden, befrackten und mittlerweile alkoholseligen Herren. Ich verabschiede mich von der zauberhaften Lumière, die angeregt mit einem muskulösen, brasilianischen Stuntman plaudert, der ihr schon seit Stunden Avancen macht und den sie offensichtlich zu erhören bereit ist. Der rote Teppich vor dem Eingang, die Reporter mit ihren schussbereiten Kameras, taghell strahlende Scheinwerfer – alles ist noch da, bereit, dankbar ein letztes Glamour-Lächeln, ein letztes Schleifen der Pelzstola über den Teppich, eine letzte Starpose entgegenzunehmen.

Ich war durch eine Seitentür hereingekommen, doch jetzt verlasse ich das hell erleuchtete Hotel durch den Haupteingang. Die Scheinwerfer strahlen noch immer mit den Sternen am klaren nächtlichen Himmel über Beverly Hills um die Wette, der Teppich ist unverschämt rot, und die hungrigen Augen der Paparazzi tasten mein Gesicht ab: »Wer ist sie? Kennen wir sie? Müssen wir sie fotografieren?« Allein schreite ich den langen roten Teppich hinunter, in gerader Haltung, den Kopf anmutig geneigt, ein Lächeln auf den Lippen. Und kurz bevor mich nach ein paar Metern die Dunkelheit schluckt, strahlt mir das Blitzlicht einer Kamera entgegen …

❋ ❋ ❋

… wo wir schon mal beim Thema sind:

## Oscar-Nacht in Goa

Dieses Mal bin ich zwar 10 000 Kilometer vom Beverly Hills Hotel entfernt, doch will ich mir auch heuer die Oscar-Verleihung live ansehen! Mangels Fernsehanschluss in meinem 250 Jahre alten gemieteten Palazzo in Goa habe ich mir für den Vormittag ein Hotelzimmer mit »garantiert funktionierendem« Cable-TV reserviert.

Als ich um Viertel nach fünf morgens dort einlaufe, wach und bereit, mich die nächsten vier Stunden aus Indien wegzaubern zu lassen, scheint auch alles in Ordnung zu sein. Der zerknitterte Nachtwächter reibt sich den Schlaf aus den Augen, fischt nach dem Zimmerschlüssel und murmelt was von »zweiter Stock und einen schönen Tag« – bevor er, da bin ich mir sicher, auf seinem Stuhl wieder einschlummert.

Ich gehe nach oben. Die Luft im Raum ist stickig. Ich öffne alle Fenster, schalte Deckenventilator und Fernseher ein und zünde zu guter Letzt noch ein Räucherstäbchen an, um süßen Duft zu verbreiten, mache es mir auf der weißen Couch bequem und harre der Dinge, die da so wunderbar live ins Haus geflattert kommen sollen!

Was sie auch tun, ungefähr 45 Minuten lang – nämlich die Ouvertüre des Spektakels: der rote Teppich. Die Kommentatorin ist extrem geliftet, witzig, hektisch, brillant und hin und wieder ein wenig geschmacklos – alles in allem Glamour und köstliche Aufregung pur, ganz nach meinem Geschmack (ich habe verschiedene Geschmäcker, um eventuellen Schlussfolgerungen meine Person betreffend vorzubeugen). Und just in dem Moment, wo im Inneren des Kodak-Theaters in Hollywood die berühmte Oscar-Fanfare ertönt und die Verleihung beginnen soll – knistert es in meinem Fernseher, und das fröhliche Geschehen auf dem Bildschirm weicht zunächst einem rauschenden Schneegestöber und schließlich einem kräftigen, stummen Blauton.

Ich sitze da und starre fassungslos auf den Fernseher, wohl wissend, was das zu bedeuten hat: Entweder ist wieder mal der Satellit »schuld« – oder, was wahrscheinlicher ist, die Hotelleitung hat die Cable-Rechnung nicht bezahlt.

Das darf doch wohl nicht wahr sein! Aufgebracht renne ich die Treppen runter, verlange den Manager zu sprechen und höre: »He is taking a bath.« Mist! In der unsinnigen Hoffnung, dass der Fernseher wieder funktioniert, renne ich zurück ins Zimmer und starre erwartungsvoll auf den unverändert satten, wenn auch gänzlich unbefriedigenden Blauton – und erhalte bald darauf einen Anruf besagten Managers, der mir mitteilt, dass es sich bei dem Bildausfall um ein »allumfassendes, die ganze Umgebung in Mitleidenschaft ziehendes Problem« handelt – *Yeah right!*

Ein paar Minuten warte und hoffe ich noch auf ein Wunder, schalte den Apparat ein und wieder aus, bis ich schließlich frustriert aufgebe in dem Wissen, dass die Sache aussichtslos ist. Fluchend sammle ich meine Sachen ein und gehe in der Dunkelheit zurück nach Hause. Mach mir einen Tee, bausche die Kissen auf meinem Himmelbett auf, lümmle mich hinein und lese eine Kurzgeschichte von Tolstoi, wo es immerhin um die aufregenden Festlichkeiten einer alljährlich stattfindenden Kirmes geht, wo jeder aufgeputzt und in Begleitung hingeht und von der zu schwärmen die Leute bis zum nächsten Jahr nicht müde werden. Ich aber schon und so schlafe ich noch mal kurz ein und träume vom roten Teppich.

Kurz vor acht am Abend des gleichen Tages klopfe ich an die schwere Holztür der alten Villa nebenan, deren Hausherrin mich freundlicherweise zur Aufzeichnung der Oscar-Verleihung eingeladen hat. Und ich freue mich, sagen zu können, dass weder ihr Mann – ein alter Seebär im Ruhestand, der abends gerne einen Drink nimmt – noch der Bildschirm *blau* geworden sind und ich auch dieses Mal die Show bis zum letzten Moment genossen habe …

❊ ❊ ❊

## …und in Rajasthan

Wieder einmal ist März und wieder einmal bin ich in fernen Landen unterwegs. Dieses Mal in Jaipur, Rajasthan. Im Büro des Tourist Office stellen der Direktor und ich ein Programm für acht Tage Rajasthan zusammen, als mir klarwird, dass ich an besagtem Tag in Pushkar sein würde. Eine von Indiens sieben »heiligen« Städten – klein, ländlich und ganzjährig von ehrfürchtigen Pilgern frequentiert. An jeder

Ecke lädt ein Tempel zum Verweilen ein, und ständiges Chanting und Räucherstäbchenduft erfüllten die milde Luft. Doch what about TVs?

Ich bitte den Direktor, im entsprechenden *government guest house* anzurufen und in Erfahrung zu bringen, ob es dort einen funktionierenden Fernseher gibt mit einem Sender, der die Oscars live überträgt. Er schaut mich ein wenig irritiert an, besinnt sich dann aber seiner Aufgabe als allseits dienstbereiter Geist für blühenden Tourismus in Rajasthan, greift zum Hörer – und ja, es gibt einen Fernseher mit dem richtigen Sender.

An besagtem Tag um sechs Uhr morgens wickle ich mich in eine warme Decke und stolpere verschlafen in die riesige Lobby des *guest house*, wo ganz verloren mitten im Raum ein Fernseher steht, davor ein schwerer alter Plüschsessel, für den werten Gast bereits in die richtige Position gerückt. Der Manager erwartet mich in frisch gebügelter weißer Kurta. Nachdem er mir mit elegantem *Namaste*-Gruß einen guten Morgen gewünscht hat, begibt er sich zu dem alten Prachtstück von Fernseher und schaltet ihn ein. Alle Sender arbeiten erstaunlicherweise einwandfrei – bis auf den, der die Oscars live übertragen sollte! Verdutzt schaltet er den Apparat aus und wieder ein, doch es wird nicht besser. Nun macht er sich umständlich am Interieur des Gerätes zu schaffen, zieht hier an einem Kabel, dreht dort an einem Knopf, wird zunehmend entnervter, zieht den Stecker raus, steckt ihn wieder rein – doch nichts hilft, Channel 12 gibt nur flimmernden Schnee und lautes Knistern von sich.

Er entschuldigt sich, versucht es tapfer weiter, trotz der frühen Stunde stehen ihm Schweißperlen auf der geölten Stirn. Eine halbe Stunde vergeht, was bedeutet, eine halbe Stunde der Übertragung ist schon verpasst. Von Minute zu Minute werde ich ungeduldiger, man möge es mir verzeihen. Frustriert will ich wissen, ob es seines Wissens irgendwo in dieser heiligen Stadt, von Hollywood nicht nur Tausende von geografischen, sondern vor allem »spirituellen« Meilen entfernt, an diesem frühen Morgen noch einen Fernseher gibt, der hoffentlich funktioniert. Woraufhin er im einzigen Fünfsternehotel des Ortes anruft und man ihm sagt, kein Problem, sie haben Cable, es funktioniert, und ich dürfe gerne rüberkommen.

Schnell ziehe ich mich an und haste im Dunkeln zu dem Hotel in der Hoffnung, mich bald entspannt zurücklehnen und vorübergehend nach LaLaLand katapultieren zu können.

Im Hotel angekommen, informiert mich der junge Mann an der Rezeption, dass ich für die drei Stunden Fernsehen in einem der Zimmer bitte hundert Dollar rüberschieben möge. Was zu einer herzhaften Diskussion führt und damit endet, dass ich keine Dollarscheinchen hinblättere, aber ein reichliches Rupee-Trinkgeld in Aussicht stelle.

Im Zimmer schalte ich in freudiger Erwartung den Fernseher und Channel 12 ein – und da ist es wieder, nichts als flimmernder Schnee und lautes Knistern!

Verärgert, wie ich zu meiner Schande gestehen muss, verlange ich nach dem Hotel-Kabel-Spezialisten (als würde es einen solchen geben). Doch als dann ein verängstigter Jüngling kommt, geflissentlich und guten Willens, und an den diversen Knöpfen des Fernsehers herumdreht, wird mir klar, dass auch hier nichts läuft.

Nun könnte man mit einigem Recht sagen, dass es vielleicht an der Zeit gewesen wäre, aufzugeben und die Oscars für dieses Jahr zu vergessen. Doch dieser Gedanke wurde umgehend von der unerbittlichen Entscheidung verdrängt, dass ich die Oscars sehen würde, komme, was da wolle!

Also schnell zurück ins Hotel. Mittlerweile ist es kurz vor sieben, eine Stunde habe ich bereits verpasst. Atemlos frage ich den mit Mühe seine Fassung bewahrenden Manager (schließlich war ich »Gast der Regierung«, eine Tatsache, die in Indien nicht auf die leichte Schulter genommen wird): »Irgendwo in dieser Gegend muss es doch einen funktionierenden Fernseher geben. Bitte finden Sie heraus, wo!«

Er bringt es fertig, einen unhöflichen Seufzer des Zorns über meine Hartnäckigkeit zu unterdrücken und ruft in Ajmer an – und dort, in der alten indischen Hauptstadt mit dem legendären »Goldenen Zimmer« in einem der Paläste, gibt es noch ein *government guest house* aus der Kolonialzeit – ein besonders schönes Anwesen, wie sich herausstellt, auf einem Hügel gelegen, mit Blick über den breiten Fluss. Und dort gibt es nicht nur einen Fernseher, sondern einen, bei dem – so die Information – der richtige Kanal einwandfrei funktioniert: *»We just check. No problem!«* Wunderbar!

Jetzt muss nur noch mein Fahrer geweckt werden – es ist kurz vor sieben, und er ein wenig verwöhnt ob meiner Angewohnheit, erst im Laufe des späteren Vormittags loszufahren, und daher wenig erfreut über das frühe Wecken. Mürrisch, ungekämmt und in verknittertem Nachthemd lässt er den alten Ambassador an, der stockend und fauchend loszuheulen beginnt, bevor er sich schwerfällig in Bewegung setzt, und ab geht es nach Ajmer, achtzehn Kilometer entfernt.

Im Abendland wäre diese Entfernung ein Klacks; in Indien hingegen bedeutet sie eine langsame Fahrt durch enge Straßen kleiner Dörfer, in dem Versuch, Ochsenkarren zu überholen, frühe Fußgänger auf dem bürgersteiglosen Weg zum Tempel am Leben zu lassen und nicht selbst von rücksichtslosen Lastwagenfahrern von der Straße gedrückt zu werden.

Wie auch immer, um acht kommen wir im herrlich gelegenen *guesthouse* an, ich sinke in einen bequemen Sessel, den die Engländer mitsamt dem anderen Mobiliar vor lan-

ger Zeit zurückgelassen haben, sehe mir bei einem Glas
würzigen Chai die verbleibenden Stunden der Oscar-Verleihung an und genieße jeden Moment – während mein
Fahrer sich auf dem Rücksitz des Ambassadors ausschläft
und auf der Rückfahrt nach Pushkar angenehmerweise
wesentlich freundlicher ist.

✖ ✖ ✖

Genug des Showbusiness. Vorhang auf für ein paar Männer-
geschichten – *made in L. A.*

# IV

## Männergeschichten
in Los Angeles:
Es wäre so schön gewesen,
es hat nicht sollen sein ...

Meine lichtdurchflutete Wohnung auf dem Hügel, mit Blick auf die flammenden Sonnenuntergänge über dem Pazifik, hätte das perfekte Liebesnest sein können, doch während meiner sechs Jahre in Los Angeles war sie das nicht ein einziges Mal.

Nicht dass es an Gelegenheiten gemangelt hätte: vom (nach eigener Aussage) gut behangenen und gescheitelten Swing-Musiker (dabei stehe ich nicht mal auf Swing!); über den willigen, wenn auch gehemmten Mormonen; den Mann, der höllische Angst vor Bakterien und Dritte-Welt-Ländern hatte (*»You will die there!«*) bis hin zu einem Vertreter des »Wham-Bam, Thank You-Ma'am« (eine Subspezies Mann, die ich fälschlich für ausgestorben hielt) – packte *ich* sehr wohl diese Gelegenheiten *beim Schopfe*. Doch angesichts der häufig sexuell verunsicherten Amerikaner war vielleicht genau diese forsche Herangehensweise der Grund für die Erfolglosigkeit meiner lust- und liebevollen Bemühungen.

# No Swing

Was hatte ich mir bloß dabei gedacht??

Vor der Kasse im *Koo Koo Roo*, dem Schnellrestaurant der Extraklasse, stand er in einer Schlange zahlungswilliger Kunden hinter mir. Nichts schien voranzugehen, und langsam verlor ich die Geduld. Der Mann hinter mir musste meinen gemurmelten Unmut gehört haben. Entschlossen verlangte er lautstark nach zusätzlichen Kassiererinnen, um dann ein Gespräch mit mir zu beginnen, auf eine Weise, die mir gefiel. Beim Essen saßen wir am selben Tisch. Ziemlich ungewöhnlich für Los Angeles, wo die »Privatsphäre« heilig ist, vor allem bei einer so wichtigen Tätigkeit wie der Nahrungsaufnahme.

Ein durchaus realistisches Szenario in L. A.: Man betritt ein Restaurant mit zwanzig Tischen. An jedem Tisch mit vier Stühlen sitzt ein Gast; man hat nicht viel Zeit – Partner/Schule/Arbeit oder Ähnliches wartet –, dafür aber Hunger und möchte schnell was essen. Nun sollte man doch annehmen, dass die freundliche Frage, ob man sich dazusetzen könne, keine größeren Probleme aufwirft, da es sich nur um einen kurzen Aufenthalt an diesem meist eiskalt klimatisierten Ort handelt, bevor man wieder dem Ruf der Pflicht folgend leicht unterkühlt davoneilt. Doch diese Annahme täuscht. Es kam sogar schon vor, dass der Tisch, an dem ich mich bescheiden zuzugesellen wünschte, von dem speisenden Gast beleidigten Blickes wortlos geräumt wurde – und zwar nicht aus Höflichkeit, sondern aus Empörung.

Nun gut, andere Länder …

Der mutige Mann aus der Schlange und ich saßen jedenfalls am selben Tisch. Während des Essens griff er hin und wieder zärtlich nach meiner Hand, und wenn das Greifen nach meiner Hand auch ein wenig verfrüht schien, war es mir dennoch nicht unangenehm. Der Mann konnte reden, und mir gefiel, wie er mich ansah und mir dabei genau die richtige Dosierung »Du-bist-so-schön-ich-gehöre-dir« entgegenfunkelte, der ich mich bisweilen nur schwer widersetzen kann.

Später auf dem Parkplatz vor dem Restaurant bat er mich um meine Telefonnummer. Ich gab sie ihm. Obwohl er nicht wirklich mein Typ war: von eher gedrungener Statur, zur Fülligkeit und Haarverlust neigend, eine Tatsache, die er mit einem alten Strohhut nur mangelhaft zu verdecken suchte. Doch ein Gefühl war erwacht, eine erotische Verlockung, die mich neugierig machte.

Woher kommen nur diese Gefühle, diese lustvollen Ahnungen, die sich kühn über alle Vorstellungen von schön und begehrenswert hinwegsetzen und Aufmerksamkeit verlangen?

Es muss der Ausdruck in seinem Gesicht gewesen sein. Es gab einen Moment, da schaute er mich ernst und schweigend an, und ich sah, dass der Mann geliebt und begehrt und gelitten hatte. Sah seine Erfahrung von Lust, die immer Himmel und ein wenig Hölle ist. Da war es um mich geschehen, zumindest für den Augenblick – ein vertrautes, schmelzendes Gefühl breitete sich in meinem Bauch aus, oder nicht weit davon …

Dennoch hatte ich ihn beinahe vergessen, als er mich ein paar Tage später anrief und bat, ihn am Abend mit seiner Band im Freien spielen zu sehen. Das kurze Gespräch zwischen uns war perlend, anregend und machte mir Lust darauf, ihn wiederzusehen.

Und wie froh *er* erst war, mich zu sehen. Mit ausgebreiteten Armen kam er auf mich zu. Flehte mich an, nicht gleich wieder zu gehen, ich möge bitte in der Nähe bleiben und auf ihn warten, und die Art, wie er direkt in meine Augen »*I adore you*« hauchte, hatte etwas ungemein Überzeugendes und daher schon wieder beinahe Unwiderstehliches.

Er widmete mir den nächsten Song. Ich fühlte mich geschmeichelt, blieb noch ein wenig, doch dann ging ich davon mit dem Gedanken, eventuell noch mal zurückzukommen – Swing-Musik aus den Vierzigern ist nun mal gar nicht mein Ding. Und obwohl es nicht unbedingt meine Absicht war, fand ich mich einige Zeit später tatsächlich wieder ein, und wieder bat er mich, auf ihn zu warten: »Please, nur noch zehn Minuten, dann hören wir auf!«

Aus den zehn Minuten wurde eine Stunde.

Ich wartete, ständig auf dem Sprung, und fragte mich gereizt, was um alles in der Welt ich hier tat. Schließlich war es ein kalter Dezemberabend; herumzusitzen und auf jemanden zu warten, der in einem lächerlichen Vierziger-Jahre-Big-Band-Outfit Musik machte, die mir weder in die Beine ging noch ein Ende zu nehmen schien, war eigentlich völlig idiotisch. Zudem waren die eingangs erwähnten erotischen Regungen in der Kälte schnell eingefroren. Dennoch blieb ich. Zum Glück hatte ich mir meinen üppigen Vierziger-Jahre-Silberfuchs umgelegt, der mich kuschlig warm hielt.

Nun, alles geht vorbei und gegen Mitternacht endlich auch die Musik.

Wir beschlossen, etwas essen zu gehen. In der Nähe gab es ein Restaurant, das noch offen war. Los Angeles ist vieles. Und vieles aufregend gut und richtungsweisend wie an nur wenigen Orten der Welt – doch leider gar nicht weltstädtisch, was die Öffnungszeiten von Restaurants betrifft. Sie möchten halb elf abends noch essen gehen? Vergessen Sie es – es sei denn, der Hunger treibt Sie zu *Dennis* oder *Taco Bell*. Oder, wie die Amerikaner sagen – »*you don't GO there, you END UP there!*«

Wir teilten uns eine Pizza und einen Salat, und Randy wärmte meine kalten Hände, bis sie nicht mehr kalt waren.

Da er in der Nähe wohnte, erklärte ich mich bereit, ihn auf dem Rückweg dort abzusetzen. Seine Wohnung war keine fünf Minuten entfernt, doch brauchten wir fünfeinhalb Stunden, um tatsächlich dort anzukommen.

Was aber ganz in meinem Sinne war! Wir kuschelten uns unter dem Silberfuchs aneinander, redeten, und wieder gefiel mir, was er sagte und wie er es sagte.

Bald lagen wir uns in den Armen – auch in einem geräumigen, alten Cadillac kein leichtes Unterfangen –, wir küssten uns, zunächst vorsichtig, kostend, dann immer leidenschaftlicher. Das Crescendo bildete der (vielleicht) längste Kuss in der Geschichte Hollywoods, auch in meiner und ganz sicher in seiner; das beiderseitige Verlangen wuchs, bis die Fenster meines Autos völlig benebelt waren und ich ebenso …

Als der Morgen graute und die ersten Sonnenstrahlen den Nebel von den Fenstern tauten, kamen wir überein, dass es Zeit zum Schlafengehen war. Mit dem Versprechen, mich anzurufen, schaffte er es, sich von mir zu lösen, aus seinem Sitz zu schälen und mit einem letzten, hingehauchten Kuss die Tür sacht ins Schloss fallen zu lassen.

❈ ❈ ❈

Er rief nicht an. Zunächst gefiel mir das gar nicht, doch schnell merkte ich, dass es mir durchaus recht war – schließlich hatte ich mich von Anfang an nicht wirklich mit ihm einlassen wollen, trotz vielversprechender erotischer Möglichkeiten. Fand, dass wir zu verschieden waren: ich mit meiner Ungeduld gegenüber dem ganzen hanebüchenen Dating-Kult der Amerikaner; er mit seinem Bauch und dem komischen Strohhut, ganz zu schweigen von seinen Big-Band-Swing-Ambitionen.

Bis ich eines Abends auf dem Anrufbeantworter die Stimme eines Mannes höre, der irgendetwas von »Nummer verlegt« und »Tut mir sehr leid« murmelt. Er hatte keinen Namen hinterlassen – doch bin ich mir sofort sicher, dass es sich um den Swing-Liebhaber handelt, an dessen Küsse ich mich erinnere, dessen Name mir jedoch entfallen ist.

Und siehe da, eine Welle der Erregung erfasst mich, und ich will herausfinden, ob es sich bei dem Anrufer wirklich um ihn handelt. Da ich seine Nummer nicht habe, kann ich ihn nicht anrufen, doch weiß ich noch ungefähr, wo er wohnt. Am nächsten Tag fahre ich, kitzelnde Schmetterlinge im Bauch, in seine Gegend und versuche, mich zu erinnern, in welchem Haus er wohnt.

Es dauert eine Weile, doch dann stehe ich davor – just in dem Moment, als der neuerlich Begehrte aus seinem Auto steigt. Überrascht und sichtlich erfreut, mich zu sehen, bestätigt er, dass er es war, der mich angerufen hatte.

Wir plaudern ein bisschen. Küssen uns schamhaft – schließlich ist es helllichter Tag in L. A., nicht in Paris! Das Begehren und die schönen Gefühle jenes ersten Abends kommen mit Wucht zurück.

Kurz darauf, versehen mit seiner Telefonnummer und dem Versprechen, mich Sonntag oder spätestens Montag anzurufen, fahre ich wohlgemut davon.

Zwei Tage später, Samstag. Noch nicht *Sonntag* oder *Montag*, wie vereinbart, verspüre ich schon Lust, mit dem Mann zu reden, wenn auch nur am Telefon. Was wir auch tun, lange und ausgiebig. Mit den Worten, er müsse sich ein wenig ausruhen vor der Show am Abend, verabschiedet er sich schließlich: »Ich rufe dich morgen um sechs an.«

Der nächste Tag kommt, sechs Uhr kommt, aber kein Anruf.

Auch nicht um sieben, und ebenso wenig um acht.

Erfüllt von Ungeduld, Ärger und Unsicherheit in gleichem Maße – denn ich verabscheue es, auf einen Anruf zu warten, der nicht kommt –, überlege ich, was zu tun ist. Zu Beginn einer Beziehung neige ich manchmal zu Unsicherheit, wenn auch nie so sehr, dass mir die Situation aus der Hand gleitet. Anstatt mich in Geduld und Zurückhaltung zu üben, unternehme ich dann bisweilen sehr ungewöhnliche Schritte. Denn soweit es mich betrifft, hat ein wenig Drama noch niemandem geschadet. Im Gegenteil – oft hat dies die Dinge sogar aufs Angenehmste beflügelt.

Das Telefon bleibt weiterhin stumm.

Nicht bereit, dieses Verhalten einfach hinzunehmen, war mein Zorn dem Wunsch gewichen, noch heute ein paar schöne Stunden mit Randy zu erleben. Rasch ziehe ich etwas Aufregendes an – nietenbeschlagene schwarze Lederjacke, Seidenflatterndes und schenkelhohe Stiefel. Kurz darauf stehe ich – zu köstlichen Schandtaten bereit und ziemlich sicher, dass mein erotischer Elan jeglichen schwachen Protest schnell dahinschmelzen lassen wird – vor der Tür des Unzuverlässigen.

An dieser Stelle muss gesagt werden, dass der Amerikaner – wie bereits erwähnt –, seine Privatsphäre liebt. Ganz besonders liebt er sie aber, wenn es um *unangemeldete Besuche* geht. Eine solche Impertinenz würde höchstens jemandem einfallen, der böse Absichten hegt. In jedem Fall handelt es sich um ein streng zu ahnendes Vergehen, das im schlimmsten Fall zu sofortiger Aufkündigung der Freundschaft oder Ärgerem führt!

Noch weiß ich es nicht, aber das Fiasko kündigt sich bereits an. Pochenden Herzens und strahlenden Auges, überzeugt von meiner Unwiderstehlichkeit, klopfe ich an die Tür. Die Jalousie wird ein wenig beiseitegeschoben, und Randy blinzelt hinaus.

Bei meinem Anblick scheint er allerdings weder amüsiert noch unwiderstehlich hingerissen.

Nun, das wird sich gleich ändern!, denke ich selbstbewusst.

Zögernd und sichtlich irritiert, öffnet er schließlich die Tür so weit, dass ich hineinschlüpfen kann.

Das unbeschreibliche Chaos, das mich empfängt, entlockt mir spontan den lachenden Ausruf: »*Wow, what a dump!*«

Randy schaut mich entsetzt an, er findet diesen Ausspruch offenbar gar nicht lustig. War aber auch wirklich unhöflich von mir! Wenn schon eine Bemerkung, wäre ein politisch korrektes »*Oh, wie schön es hier ist!*« angebrachter gewesen.

Doch wie schlimm kann es sein? Auch wenn die physische Umgebung eines Mannes chaotisch ist, kann ich ihn dennoch begehren. Muss eine weibliche Fähigkeit sein, das Übersehenkönnen der Unfähigkeit manches Mannes, seine Umgebung schön zu gestalten. *Er braucht eben eine Frau* ... Zudem trug ich mich in dem Augenblick nicht mit beziehungsrelevanten Zukunftsplänen, und vom Bett aus würde ich das Tohuwabohu nicht sehen können.

Wir bleiben am Eingang zur Wohnung stehen. Randy scheint sich nicht von dem Schock erholen zu können, dass ich zu so später Stunde *ohne Vorankündigung* erschienen bin und dazu diese unpassende Bemerkung losgelassen habe.

Was den nicht erfolgten Anruf betrifft: Nein, vergessen hatte er es nicht. Er sei einfach irgendwie müde und erschöpft, müsse allein sein und sich von der Welt zurückziehen.

Hätte er nicht wie versprochen kurz durchgeben können: »Heute nicht. Bin zu müde«?

Und hätte ich nicht vielleicht ein bisschen mehr Vertrauen und Geduld aufbringen können?

Wie auch immer, er bläut mir ein, dass ich seine Privatsphäre verletzt habe und dass so etwas unverzeihlich sei.

Dennoch finden wir trotz seines schwächer werdenden Protestes und des unglaublichen Chaos den Weg zu seinem Bett. Wir setzen uns hin, der Abstand zwischen uns schrumpft. Mein leidenschaftlicher Musiker ist offensichtlich hin- und hergerissen zwischen dem aufkeimenden

Bedürfnis, mich lustvoll an sich zu ziehen, und der Tatsache, dass er noch immer sauer ist – was mich betrifft, bin ich zwar ein wenig verwundert über seine Reaktion, doch möchte ich ihm eigentlich nur nahe sein, ihn berühren und küssen.

Was wir schließlich auch tun. Irgendwann ist da kein Gedanke mehr an mein unangemeldetes Erscheinen, den nicht erfolgten Anruf und meine anfängliche Bemerkung.

Ohne ins Detail gehen zu wollen: Wir bringen es nach Stunden gerade noch fertig aufzuhören, bevor wir uns vollends unserer Kleidung entledigen. Es ist spät geworden, und der Mann ist wirklich müde (und hingerissen) – ich sehe es ihm an. Außerdem ist das Zimmer so heiß geworden, dass wir kaum noch atmen können! Und das liegt nicht an dem elektrischen Heizgerät!

Verschieben wir alles Köstlich-Weitere auf ein anderes Mal …

Randy begleitet mich zu meinem Auto. Wir umarmen uns liebevoll: »Bis Dienstag.« Ein letzter Kuss, ein letztes Winken und frohgemut und kein bisschen müde fahre ich in Richtung Malibu, stelle den besten Classic-Rock-Sender der Welt ein und rolle, laut mitsingend, in die herrliche, kalifornische Nacht hinaus.

Bereits am nächsten Tag gegen Mittag klingelt das Telefon. Er ist es. Seine Stimme klingt bedrohlich harsch. Was ist los? Mein Herz beginnt schneller zu schlagen, allerdings nicht vor Freude. Er fragt mich, was ich gerade tue und wo genau ich wohne.

»Wieso willst du das *jetzt* wissen?«, frage ich vorsichtig, einen Moment lang infiziert vom Paranoia-Virus, der in Los Angeles grassiert. Dann sage ich es ihm. Es folgt Schweigen, vielleicht schreibt er meine Adresse auf – bis er mich mit der fauchenden Bemerkung überrumpelt, wie wütend er noch immer über meine Störung seiner Privatsphäre und meine unhöfliche Bemerkung sei. Noch einmal entschuldige ich mich – halbherzig, wie ich zugeben muss – und füge hinzu: »Ich verstehe nicht. Als ich gestern Nacht ging, war doch alles wieder okay?!«

»Mag schon sein, aber trotzdem – dass du einfach so vorbeigekommen bist –, das war's, ich will dich nie wiedersehen!«

»Und warum wolltest du dann meine Adresse haben?«

»Damit du weißt, wie das ist.«

Weiß, wie was ist? Worüber redet der Mann?

Mit kalter Stimme fragt er mich, ob es mir was ausmachen würde, wenn er irgendwann ohne Voranmeldung vorbeikommt.

»Solange du keine unlauteren Absichten hast – nein, macht mir nichts aus«, antworte ich mit einem trockenen Gefühl im Mund.

»Was wäre, wenn ich unangemeldet mitten in der Nacht komme?«

Nun ja, gebe ich zu, das wäre vielleicht ein bisschen spät, aber halb elf – so wie ich gestern –, »kein Problem, you are welcome«, bringe ich heraus.

Ende dieses beunruhigenden Gesprächs.

Ich befinde mich in einer Art Schockzustand, mein Herz klopft wie wild. Was soll das alles? Wo bin ich hier? In welcher Art von Horrorfilm lebt dieser Mann? Und lässt mich daran teilhaben? Hat er vielleicht vor, mir auf eine Art auf die Pelle zu rücken, die ich nun gar nicht gutheißen kann?

Die Schmetterlinge im Bauch flattern wild, wenig angenehm dieses Mal. Mir wird klar, dass ich Randy tatsächlich vor den Kopf gestoßen und mit meiner Bemerkung verletzt habe. In der Absicht, mich noch einmal zu entschuldigen (und ihn von eventuellen dummen Ideen abzubringen), wähle ich seine Nummer, doch zu meiner Verwunderung höre ich die Ansage: »Kann vorübergehend nicht erreicht werden.«

Wie ist das möglich? Wie hat er das so schnell hingekriegt, schließlich haben wir doch eben erst miteinander gesprochen? Erstaunlich. Nun, ich setze mich hin, nehme einen Bogen Papier und schreibe, dass ich mein Verhalten bedaure. Dann rufe ich ein Taxi, gebe dem Fahrer das nötige Fahrgeld plus Adresse und bitte ihn, den Brief abzuliefern. Aus dem erbetenen Rückruf des Taxifahrers folgere ich, dass er entgegengenommen wurde.

Damit war die Geschichte für mich erledigt.

Es erübrigt sich zu sagen, dass wir uns nie wiedergesehen haben.

Und um das *Koo Koo Roo* machte ich seither stets einen großen Bogen – was mir nicht schwerfiel, da ich die Vorliebe der Amerikaner für Hühner (und die entsprechenden lachhaften Gackerbewegungen) noch nie nachvollziehen konnte.

## Der liebe Gott darf's nicht sehen

Randy war nicht der einzige Los Angelito, dem ich gerne auf die Pelle gerückt wäre, der aber bald Reißaus nahm – wobei ich mich auch dieses Mal fragen muss, was mich um Himmels willen dazu veranlasst hatte. Wohl wieder eine Mischung aus Erotik, Abenteuerlust und Neugier. Solange die »große Liebe« auf sich warten lässt, gebe ich zuweilen der »kleinen Liebe« eine Chance – schließlich ist nie ausgeschlossen, dass etwas Wunderbares daraus wird.

Dass es aber ausgerechnet ein »Fire-and-Brimstone-Mormone« sein musste – nicht dass es ihm auf der Stirn geschrieben stand …

Groß, gutaussehend, ein wenig schüchtern, mit dunklen Locken, blauen Augen und deutlich jünger als ich, gefiel mir

Jonathan auf den ersten Blick (wo sind nur all die älteren, lebensvollen Männer, interessiert an einer schönen Frau in reiferen Jahren?!)

Er hatte das Gesicht eines erfahrenen Mannes, im Gegensatz zu seinen Händen: erstaunlich schmal und blass, die Hände eines kleinen Jungen; Hände, die aktives Berühren noch nicht gelernt zu haben schienen, sondern ihrerseits berührt und geführt werden wollten.

Er sehnte sich nach einer Frau, und sei es nur für eine *verbotene* Nacht. Denn solch ersehnte Lustbarkeiten waren nur gestattet – wie ich bald herausfand –, wenn er die Frau heiratete und bis ans Ende seiner Tage mit ihr lebte, unter der *strengen Führung seiner Kirche*, amen.

Das könnte problematisch werden. Doch ich greife vor.

An jenem ersten Abend zog es uns intensiv zueinander. Er erzählte mir aus seinem Leben, dass er geschiedener Vater zweier kleiner Söhne sei, die bei ihm leben und ihre Mutter alle zwei Wochen für einen Tag sehen dürfen. Mann und Frau reden nur das Nötigste miteinander. Sie hatte ihn verlassen, und auch jetzt, vier Jahre später, weiß er immer noch nicht, warum. Sagt er. Sein Blick verfinstert sich, für einen Moment spüre ich seine Enttäuschung, Bitterkeit.

Der Moment geht vorbei, und ich erfahre, dass er bei der Air Force war, Pilot werden wollte, aber wegen einer Sehschwäche das Nächstbeste tat: Er studierte Flugzeugbau und arbeitet als Ingenieur bei Boeing.

Unser Gespräch war leicht und fließend, wenn auch mit einer Prise Unmut gewürzt: Ich kann nicht widerspruchslos eine Behauptung hinnehmen wie: »Freiheit gibt es nur in Amerika!«

Woher weiß er das? War er schon mal woanders? Nicht wirklich, bis auf die zwei Jahre in England, auf einem amerikanischen Air-Force-Stützpunkt. Hatte er wenigstens eine englische Freundin? Nein. Ist er in Europa herumgereist? Auch nicht. Zwei Jahre Air-Force-Basis in England, umgeben von seinesgleichen – da weiß man natürlich, wie viel Freiheit es im Rest der Welt gibt ...

Dennoch hatte dieser Mann etwas Sinnliches, Erotisches, was zu näherem Hinsehen verlockte und mich seinen ignoranten Chauvinismus kurzzeitig vergessen ließ. Der Vorgeschmack lustvoller Momente zwischen Mann und Frau, die Möglichkeit für Liebe und Wachstum (jawohl, auch das!) – all dies Dinge, um derentwillen ich gerne genauer hinsehe, so sie sich darbieten, was schließlich nicht jeden Tag der Fall ist.

Bevor wir uns verabschiedeten, umarmten wir uns und küssten uns leicht wie eine Brise. Und beides war süß, warm, erregend.

Drei Wochen später hatten wir unser erstes (und einziges) Rendezvous. Bei seinem Anblick erschrak ich – die prächtigen Locken waren einem Messerschnitt gewichen, der Mann war »bürgerlich« geworden. Kurzgeschoren, was ich noch nie mochte! Doch ich erholte mich schnell. Sein Gesicht war noch dasselbe, und da ich – wie Fellini – stets in erster Linie auf ein Gesicht achte, vergaß ich die Haare schnell. (Im Übrigen begreife ich nicht, wie Frauen behaupten können, ein Mann müsse einen knackigen Po haben – wie oft sieht man den schon? Wie oft *will* man ihn sehen, knackig hin oder her? Ein gutes Gesicht, Vertrauen erweckende Hände, ein schöner Penis – wunderbar nachvollziehbar. Aber ein knackiger Po? Wahrscheinlich wagen viele Frauen nicht, die Wahrheit zu sagen – wie so oft, wenn es um sexuelle Themen geht. Ein knackiger Po ist unverfänglicher, verführt zum Kichern und lässt seltener die Schamröte ins Gesicht steigen als die ehrlichere Aussage: Einen schönen großen Schwanz soll er haben – oder kleinen oder mittelgroßen, je nach Belieben. Nun, zumindest stimmt die ungefähre Richtung ...)

Also, die Locken waren weg, alles andere schien noch da zu sein. Er sah immer noch aus wie ein begehrenswerter

Mann, und er war sichtlich hocherfreut, mich zu sehen. Wir fuhren nach Malibu und aßen im Garten eines Restaurants unter funkelnden Sternen zu Abend, bei lebhafter, genüsslicher Konversation. Und ein Kuss während des Essens, von mir erbeten und bereitwillig dargebracht, war noch süßer und vielversprechender als die sanfte Brise des Kusses drei Wochen zuvor.

Um Mitternacht gingen wir an den Strand. Die Luft war mild, der Sand kalt und nass. Und da standen wir plötzlich, Lichtjahre getrennt voneinander – eine Pause zwischen den Worten, jeder allein in seiner eigenen Welt, den Körper vom anderen abgewandt. Von der fließenden Konversation am Tisch bis zu dieser fröstelnden Einsamkeit zweier fremder Menschen an einem nächtlichen Strand: ein großer, wehmütiger Schritt.

Plötzlich fühlte ich mich unsicher, als sei mir meine weibliche Kraft, mein Wissen um die Dinge zwischen Mann und Frau abhandengekommen.

Wir müssen es beide gespürt haben, denn im nächsten Moment wenden wir uns bewusst einander zu, Fragen ohne Antwort in den Augen, und umarmen uns vorsichtig. Wir wiegen uns sanft, und die Worte beginnen wieder zu fließen. Ich lade ihn ein, die Nacht bei mir zu verbringen, und er lächelt mich dankbar an.

※ ※ ※

Wir liegen angezogen auf meinem breiten, komfortablen Bett mit den weichen Kissen, plaudern ein wenig, nur unterbrochen von langen Küssen und zärtlichen Berührungen. Es kommt der Moment, wo ich mein Kleid gegen etwas aufregend Knappes eintausche – ganz ohne Verhüllung mag ich nicht sein. Beim ersten Zusammensein mit einem Mann fühle ich eine gewisse Scheu, mag nicht gleich alle Licht- und Schattenseiten meines Körpers zeigen. Wenn ich mich auch meistens wohl in meiner Haut fühle, gibt es Momente, in denen ich gerne makelloser wäre. Also muss vorübergehend etwas knapp Verhüllendes her.

Mein potentieller Liebhaber allerdings mag zu meinem Erstaunen lediglich seine Schuhe ausziehen. Mir entgeht nicht, wie begierig er auf zärtliche Berührungen ist, gewillt, sich in einen Taumel der Lust fallen zu lassen – doch Hemd und Hose bleiben an! Die Nacht mit mir verbringen und köstliche Dinge tun, ja – aber nicht unbekleidet.

Interessant. Woran mag das liegen?

Bald erfahre ich den Grund: Jonathan ist *Mormone*! Und als Mormone hat man keinen Sex vor der Ehe. Er sagt mir gleich, dass er jetzt, so verführerisch nahe bei mir, schwach ist. Dass er aufgrund unserer leidenschaftlichen Spielereien, und weil er so große Lust verspürt und sich seiner himmlischen Erektionen nicht erwehren kann, die sich hart und fordernd an meinen Körper drängen, bestimmter Segnungen im Jenseits verlustig gehen wird ...

Soll ich jetzt lachen oder weinen? Gott schütze uns vor Religionen, insbesondere solchen, die von machtbesessenen Männern zusammengeschustert wurden (sprich: *alle* Religionen, Sekten, etc.).

Wie auch immer, die Hose bleibt an. Weste, Hemd und Socken werden nach und nach abgelegt, die Jeans nicht. Auf diese Art versucht mein Beinahe-Geliebter, seinen Glauben zu würdigen und gleichzeitig die strengen Regeln so weit wie möglich zu umgehen, bereit, sich dafür ein wenig von Gott strafen zu lassen – aber nicht so sehr, dass sein Seelenheil ernsthaft gefährdet würde. Daher also bleiben die Jeans an, und sein perfektes Gottesgeschenk zur Lustgewinnung muss sich in einer sehr beengten Umgebung krümmen.

Was den Mann im Laufe der Nacht nicht davon abhält, dreimal zu kommen – wenn es auch schöner gewesen wäre, hätte ich direkt daran teilhaben können.

Stattdessen fängt er an, von seiner davongelaufenen Frau zu erzählen: »*Die einzige Frau, mit der ich je geschlafen habe!*« – und dass sie aufgrund eines Inzesterlebnisses »frigide« gewesen sei (ein bei Männern beliebter Ausdruck für ihre mangelnde Zuneigung oder die eigenen fehlenden Talente als Liebhaber). Dass sie nie einen Orgasmus bekommen und immer nur teilnahmslos und unbeweglich dagelegen habe. Sagt, er könne sich nicht an lustvolle, glückliche Zeiten mit ihr erinnern. Wieso er sie dann geheiratet habe, frage ich.

»Sie war auch Mormonin«, meint er.

Na, wenn das kein Grund ist!

Mir wird zusehends klarer, welche nicht zu unterschätzende Rolle der Glaube im Leben dieses Mannes spielt. Ich höre ihm eine Weile geduldig zu – was mir nicht leichtfällt – wie er seinen Glauben als den einzig wahren preist! Wie gesagt, ich habe nichts übrig für von Männern fabrizierte Religionen, egal, ob sie uralt oder brandneu sind; ob sie in Indien oder Utah praktiziert werden, in Europa oder am Nordpol. Und besonders dann nicht, wenn die Anhänger dieser Religionen deren Regeln als allein gültig ansehen und ihr Handeln danach ausrichten, anstatt dem eigenen Herzen zu folgen, das meist die besseren Regeln aufstellt.

Jonathan war jemand, der glühend an das glaubte, was ihm von Kindesbeinen an eingetrichtert worden war; er schwadronierte über seinen Glauben mit dem verächtlichen Lächeln der Überlegenheit auf den Lippen, nur unzureichend gedämpft von der »spirituellen Großzügigkeit« gegenüber den armen Seelen, denen es nicht vergönnt ist, im Licht der *einen und einzig gültigen Wahrheit* zu leben.

»Die eine Wahrheit« – wie sie natürlich in seinem Fall nur die Mormonen kennen! – »ist komplett austauschbar«, räume ich ein.

Man rede nur mit überzeugten Christen aller Konfessionen, wiedergeborenen oder traditionellen, mit Muslimen,

Juden, Anhängern von Gurus und sogenannten »Meistern« jeglicher Couleur. Doch meine Argumente erreichen den Mann nicht, verpuffen angesichts seines blinden Glaubens. Vielmehr geht er noch einen Schritt weiter und behauptet, dass er *Gott* gesehen hat, den einen und einzigen – *nein, nicht das Image Gottes* – wie er auf meine erstaunte Frage ungeduldig erklärt –, *den Mann selbst!* Denn genau das ist Gott für ihn, ein *Mann.*

Es fällt mir schwer, nicht zu lachen, nicht lauthals Protest anzumelden. Stattdessen appelliere ich an seine Intelligenz und seinen gesunden Menschenverstand, den er hoffentlich noch hat.

Umsonst.

Wo lebt dieser Typ? In welchem Jahrhundert?

Hoppla – offensichtlich im Zwanzigsten. Wo es Bücher gibt, in denen der Verfasser »mit Gott spricht« – nichts Neues, man denke nur an Moses hinterm Strauch und viele andere, deren höchst private »Gespräche mit dem Schöpfer« Generationen von Menschen ein wenig Segen und viel Leid gebracht haben – und den Verfassern Macht, Privilegien und sehr diesseitige Schätze.

Ich versuche es noch einmal, langsam und ausdrücklich: »Lass mich das mal klarstellen: Du hast ein *Image* der göttlichen Kraft gesehen, wie du es aufgrund deines Glaubens am ehesten wahrnehmen konntest?«

»Nein«, sagt er mit der Geduld eines Erwachsenen, der einem Kind etwas verständlich machen will. »Ich habe Gott gesehen. Er war es selbst, wie er leibt und lebt, und er sieht aus wie ein Mann. Punktum.«

Wir verbissen uns in eine heiße Auseinandersetzung – beinahe hätte ich ihn mitten in der Nacht rausgeschmissen wegen des Unsinns, den er verzapfte! Doch die Anziehung zwischen uns verschwand nie ganz, wenn wir uns auch den Rest der Nacht weitgehend jeglicher Unzüchtigkeiten enthielten, bevor er am nächsten Morgen ging.

Ich bezweifelte zwar, dass es zu einer erneuten Begegnung kommen würde – dennoch war ich durchaus bereit, ihn noch einmal zu sehen, doch dann bitte mit heruntergelassenen Hosen. Wäre das nicht eine *wahrhaft göttliche* Freude …?

P.S.: Sie wurde mir nicht zuteil. Amen.

## *A*uch das gibt's noch: Wham Bam! Thank you, Ma'am!

Ich traf ihn im Haus eines Bekannten, anlässlich einer Veranstaltung, wie es sie wohl nur in Kalifornien gibt – eine Gruppe von Leuten trifft sich, und jeder hat die Chance, im sogenannten »Loveseat« in der Mitte des Raumes Platz zu nehmen, wo die anderen dem Betreffenden Fragen stellen, die er nach Belieben ehrlich, kurz, ausführlich, mit einer Lüge beantworten oder durch Schweigen quittieren kann. Alle hören aufmerksam zu, diskutiert wird nicht. Tut gut, wenn man mal ausführlich und ohne unterbrochen zu werden gehört werden möchte – wobei ich schnell feststellte, dass sich die meisten Fragen um die sexuellen Eskapaden der Loveseater drehten. Die wenigen Male, wo ich um diesen heißen Sitz bat, gelang es mir schnell, das Thema Sex vom Tisch zu fegen. Ich rede durchaus gerne darüber, aber nur dann, wenn mir danach ist.

James war Ende dreißig, mäßig bekannter Schauspieler und der bestaussehende Mann an diesem Abend. Bis mir auffiel, dass seine Nase zu klein war, die Spitze leicht nach oben deutend. Eine solche Nase schien mir wenig vertrauenswürdig zu sein.

Zu Beginn des Abends hatte ich ein paar Worte mit ihm gewechselt – Small Talk, nichts Besonderes, aber auch nicht unangenehm. Doch als er später im *Loveseat* saß, war seine Stimme zu laut, sein Mund zu groß, der ganze Mann ein mittelmäßig begabter Poseur. Keine Sinnlichkeit, keine Tiefe, auch wenn er lange redete, besonders über die Tatsache, dass er alles »flachlegt, was ihm über den Weg läuft, und nicht an einer Beziehung interessiert« ist. An seinem Grinsen sah ich, dass er auch noch stolz darauf war. Und einige der Männer im Raum schienen ihn darum zu beneiden! Dabei ist der Mann nicht unreife 20, sondern mindestens erwachsene 40! Und übt sich mit Begeisterung im alten *»Wham Bam! Thank you, Ma'am«!* Und findet das auch noch gut?

Ich dagegen fand es abstoßend.

Doch die anderen liebten ihn dafür. Für sie war er das strahlendste Licht des Abends. Typisch Kalifornier – so viele von ihnen sind so verwirrt, wenn es um Sexualität geht und so leicht zum Narren zu halten. Meistens politisch korrekt (*überbewertet!*), selten kontrovers und immer bereit *to be nice*, besonders wenn der andere auch nur ein klein wenig berühmt ist, so wie es bei Mr. Easy-Fuck der Fall war.

Nach der Session fragte er *mich* – als wären nicht genug andere Frauen da gewesen –, ob er bei mir schlafen könne, da er nicht den weiten Weg zurückfahren wolle. Meine Wohnung, das hatte er meinen Worten zu Beginn des Abends entnommen, läge doch auf dem Weg.

Nicht wenig überrascht ob seines Anliegens, erklärte ich mich dennoch einverstanden. Warum sollte ich ihm nicht aushelfen, was konnte schon passieren, schließlich hatte ich keinerlei erotisches Interesse an ihm. Doch ich vergaß nicht hinzuzufügen:

»Falls du mit mir schlafen willst – vergiss es!«

Wir fuhren zu mir, und seine laute Stimme passte absolut nicht in meine friedliche Wohnung, schon gar nicht zu dieser späten Stunde. Mehr als einmal ermahnte ich ihn, leiser zu reden oder besser gleich den Mund zu halten. Er bemühte sich.

Irgendwie ergab es sich, dass wir eine Diskussion über Männer und Frauen und Sexualität begannen. Schonungslos erklärte ich ihm, wie ungeil ich sein Herumvögeln fand. Dass er Frauen nur benutzt und wie beschämend so was ist, nicht zuletzt für ihn selbst – auch wenn die Frauen nicht ganz unbeteiligt an der Sache sind, indem sie sich nämlich darauf einlassen!

*»I don't force them to go to bed with me!«* war seine gutgelaunte Antwort.

Nun, wahrscheinlich nicht, sonst hätte er wohl in L. A. längst eine Klage wegen sexueller Nötigung oder Schlimmerem am Hals. Sein ruppiger Charme schien alles zu sein, was er brauchte, damit die Damen reihenweise dahinsinken – nicht zu vergessen seine Tätigkeit im Showbusiness. Im celebritysüchtigen L. A. ist so was immer ein Garant, dass sich so manche Pforten bereitwillig öffnen …

Aus Decke, Laken und Kissen richtete ich ihm ein Lager auf dem Teppich und ging ins Bett. Doch ich konnte nicht schlafen. Er ebenso wenig. Man kennt das: Ein Mann und eine Frau in einem Raum, es ist Nacht, da entsteht schnell eine gewisse Spannung, eine Anziehung, ob man nun will oder nicht.

Und was tat ich, Närrin, die ich manchmal bin?

Lud ihn ein, zu mir ins Bett zu kommen – ich wusste nach wie vor, dass ich nicht mit ihm schlafen wollte, was konnte also schon passieren? Außerdem, so argumentierte ich innerlich, ist es hart auf dem Boden, und nur ein dünnes Laken als Decke – das muss ja nicht sein. Zwei zivilisierte Menschen können sich doch wohl ein Kingsize-Bett teilen, ohne dass es zu »Reibereien« kommt.

Freudig erklimmt der Mann mein Bett und beginnt schon bald, an mir herumzuknabbern in dem Versuch, mich zum Beischlaf zu verleiten.

»Vergiss es!«, fauche ich ihn an.

Wenig überzeugend, fürchte ich, denn irgendwie passiert »es« dann doch. Alles andere als ein talentierter Liebhaber, bereiten mir seine Bemühungen nur wenig Spaß. Er scheint nur ein Begehr zu haben: Fucking. Rein, raus, rein, raus. Das Herz bleibt unbeteiligt – ein Trauerspiel! Sicher, er hatte mich nicht gezwungen, um zu kriegen, was er wollte. Er erschlich es sich, indem er einfach nicht aufgab und alles daransetzte, mein deutliches »Nein!« in ein schwaches »Ja« zu verwandeln.

Wieso ich ihm nicht gleich die Tür gewiesen habe, ist mir schleierhaft. Dass ich noch einmal auf so jemanden reinfallen – *und ihm zu Willen sein würde*, hätte ich nie gedacht. Man gebe diesem Mann eine Gummipuppe, die dürfte für seine Bedürfnisse ausreichen.

Sicher, sollten die Frauen bei seinen unqualifizierten Anstrengungen Lust oder Wonne empfinden – nichts dagegen einzuwenden! Doch wenn nicht – wen kümmert's? Er kriegt, was er will, und nur darum geht es ihm. Sein eintöniges Rammeln und die kleinen ächzenden Erschütterungen beim sogenannten »Höhepunkt« sind alles, woran er interessiert ist.

Unglaublich, aber wahr: Am nächsten Morgen fand tatsächlich der zweite Akt dieses sinnlosen Vorganges statt, den ich nicht zu verhindern wusste! Danach liegt er ein paar wortlose Sekunden auf mir, bevor er aufsteht, mir vertraulich zuzwinkert, seine Kleidungsstücke zusammensucht, ein paar unverfängliche, nette Worte sagt, Paramahansa Yogananda, dessen Bild auf meinem Schreibtisch steht, als *»He, the man!«* bezeichnet und mich lustlos nach meiner Telefonnummer fragt, ohne mir die seine zu geben (nicht dass ich sie gewollt hätte!). Denn es könnte ja sein, dass mir die »ekstatischen« Momente mit ihm so wunderbar gefallen haben, dass ich ihn anrufen und um eine baldige Wiederholung bitten würde.

Dann ging er – zweifellos um bald nach der Nächsten Ausschau zu halten, die er herumkriegen kann, ohne sie »zwingen zu müssen«.

*Wham bam! Thank you, Ma'am!* So läuft es häufig immer noch – wer hätte das gedacht? Und was das Ärgste ist: *Ich bin gleich zweimal darauf hereingefallen!*

Ich hätte auf seine Nase hören sollen, anstatt nach all den Jahren sexueller Selbstbestimmung noch einmal in die Falle altmodischer »Weiblichkeit« zu tappen: *Sei bereit, dich benutzen zu lassen!* Der Gedanke, dass auch heute noch Frauen in allen Kulturen und aus allen Einkommens-, Bildungs- und Intelligenzschichten diese Art sexuellen Verhaltens nicht zu verhindern wissen und erdulden – mit den unterschiedlichsten Begründungen –, ist mehr als traurig. Frauen sollten nie mehr auf solche lieblosen, egoistischen Forderungen oder »Verführungen« eingehen und dem Mann als Behälter für seine Ejakulationen dienen. *»Paradise is closed!«*, sollten sie sagen und entsprechend handeln, bis der Mann – gerne unter Anleitung der Frau, so sie dazu fähig ist – seine Einstellung zur Sexualität ändert – was *beiden* zugute kommen würde.

In meinem Fall war es eine Ausnahme – und kaum war er gegangen, packte mich eine heiße Wut! Auf ihn, auf mich selbst und weil ich es ihm so leicht gemacht und nachgegeben hatte.

❊ ❊ ❊

Bei der nächsten Veranstaltung (der Rammler war nicht dabei) verlangte ich auf dem *Loveseat* zu sitzen und nutzte die Gelegenheit, mein Erlebnis in aller Deutlichkeit zu schildern. Mit fulminanter Wirkung: Wochen später traf ich den Frauenverführer zufällig wieder. Als er mich sah, kam er zu meiner Überrachung leicht errötend, doch strahlend auf mich zu und sagte, meine Bemerkungen hätten ihn auf

Umwegen erreicht, ihn beschämt und zum Umdenken veranlasst. Beweis: Seit einiger Zeit habe er eine Freundin und lebe mit ihr zusammen und das sei besser als alle unverbindlichen Begegnungen zuvor. Dann fragte er, ob er mich umarmen dürfe – streng platonisch, versteht sich – und dieses Mal sagte ich gerne »Ja«.

(15 Jahre später, Goa. Bei einem Gespräch über Sexualität erwähne ich, dass Frauen gut daran tun, sich nur dann diesbezüglich zu betätigen, wenn sie den Mann *in dem Moment* wirklich begehren. Woraufhin mein Gegenüber spontan ausruft: *»Sag das bloß keiner!«* Ich fürchte, seine Reaktion ist auch 2011 eher die Regel als die Ausnahme. Siehe auch das Kapitel *Woman, show your man* am Ende dieses Buches.)

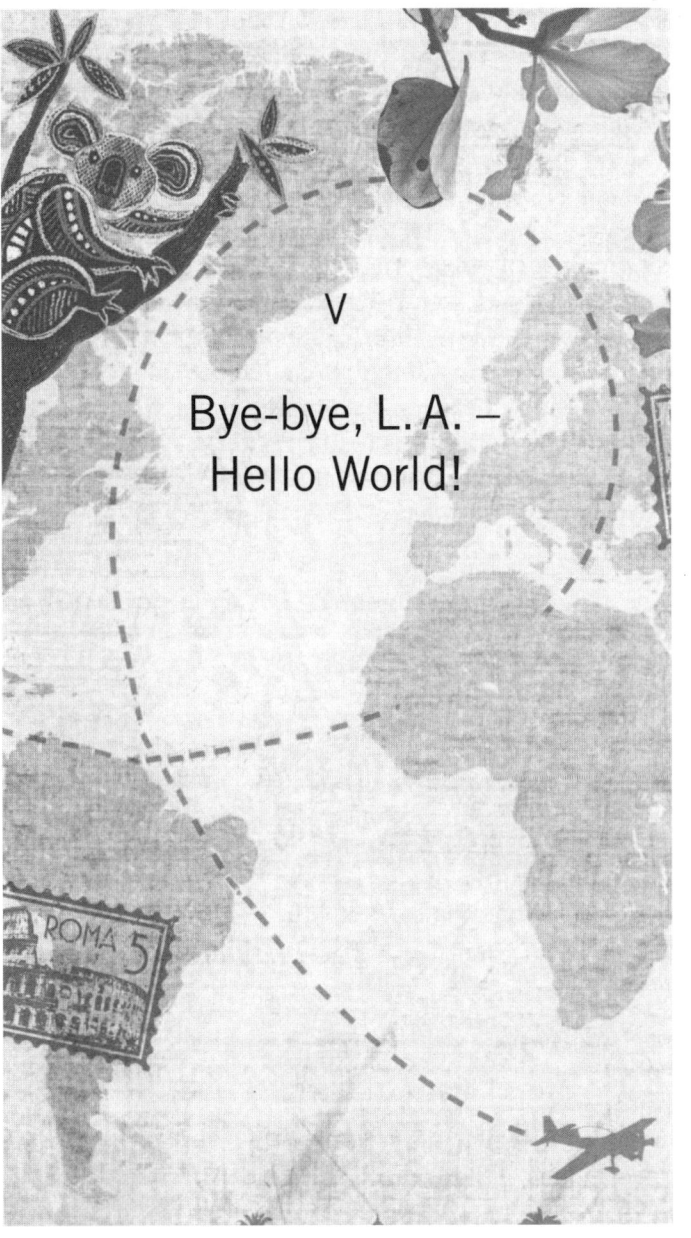

V

Bye-bye, L. A. –
Hello World!

Wenn man als Frau in L. A. weder großbusig noch blond-haarig noch dünn und zudem jenseits der Zwanziger ist, fällt einem bald auf: Man ist *unsichtbar*! So was mag ja zu-weilen ganz segensreich sein, ist aber auf Dauer nur bei ausgesprochener Abneigung gegenüber dem anderen Ge-schlecht ein wünschenswerter Zustand.

Ich bin ihm aber nach wie vor zugeneigt – dennoch ist diese »Unsichtbarkeit« nicht der Grund, warum ich 2001 Los Angeles verlassen habe. Wenn ich auch auf dem an-schließenden Weg in ferne Länder drei Tage lang glücklich durch Paris geschlendert bin und mich dank der galanten Aufmerksamkeit der französischen Männer, die besonders nicht mehr ganz junge Frauen zu schätzen wissen, wieder wunderbar begehrenswert gefühlt habe.

Nein, der Grund war ein anderer.

# Ein Zeichen des Himmels

Ein schöner Frühlingstag im Mai 2000. Ich gehe auf den weit verzweigten Wegen des Santa-Monica-Flughafens in Los Angeles spazieren, einen Steinwurf von meiner Wohnung auf dem Hügel entfernt, in dieser Stadt, in der sonst *nichts* zu Fuß erreichbar ist.

Hier landen die glitzernden Privatjets der Hip-Hop-, Sport- und Filmstars; Piloten klettern eilfertig aus den Cockpits, um das Treppchen an die Kabinentür zu rollen, damit die Rapper, Rocker und Stars, gefolgt von ihren Frauen, Kindern und Nannys, aussteigen können, bevor beflissene Assistenten und Bodyguards herbeieilen, um den berühmten Star und seine Entourage in die klimatisierte Ankunftshalle zu geleiten.

Dennoch ein eher ruhiges Stück Land, dieser kleine Flughafen mit dem schier endlosen Himmel darüber, ideal für einen morgendlichen Spaziergang abseits des tosenden Verkehrs.

An diesem Morgen ist der strahlend blaue Himmel ganz besonders weit, von vereinzelten schneeweißen Wolken durchzogen, die das Blau noch heiterer erscheinen lassen. Munter gehe ich vor mich hin, und als mein Blick das nächste Mal nach oben schweift – *sehe ich es plötzlich!* Ein Wort, für Sekunden nur, klar und deutlich in den Himmel geschrieben. Die Antwort, die Lösung auf eine Frage, die mir seit drei Jahren immer wieder auf der Seele lag. Seit ich spürte, dass trotz der Tatsache, dass ich war, wo ich sein wollte und es mir an nichts fehlte – dass sich dennoch wieder mal etwas Neues anbahnte, dem ich teils mit freudiger Erwartung und teils mit ängstlicher Ungeduld entgegensah. Obwohl ich keine Ahnung hatte, was dieses Neue sein konnte, war mir klar, dass es wieder eine Ortsveränderung bedeuten würde. Nach Kalifornien, nicht nur für mich »the last Frontier« in den USA, würde es diesmal ein Ort außerhalb Amerikas sein. Aber wo? Und wie? Und dann?

Das Zauberwort, eine Sekunde lang in das weite Blau geschrieben, lautete: *Weltreise* – ein buchstäbliches Zeichen des Himmels.

Mein Herz jubilierte, und ich wusste sofort: Das ist es! Wenn mir auch bis dato nie der Gedanke an eine solche Reise gekommen war – nach dem Motto *»So was könnte ich mir nie leisten!«* –, zweifelte ich nicht einen Augenblick am Wahrheitsgehalt dieser »himmlischen« Botschaft. Im Gegenteil, begeistert und voller Freude akzeptierte ich sie. Jetzt wusste ich endlich, was als Nächstes anstand – wenn ich in dem Moment auch keine Ahnung hatte, wie ich so was »Abgefahrenes« hinkriegen sollte.

Um den Kontakt mit dem Zeichen am Himmel nicht zu verlieren, legte ich mich der Länge nach auf den Bürgersteig, die Arme unter dem Kopf verschränkt und schaute hinauf, dahin, wo das Wort einen Moment zuvor erschienen war. Was die Autofahrer wohl gedacht haben mögen beim Anblick der auf dem Bürgersteig liegenden Gestalt, die Augen wie gebannt zum Himmel gerichtet? Aber schließlich waren wir in Los Angeles, wo nicht normales Verhalten die Norm ist …

Ein paar Dinge sind mir sofort klar: Die Reise würde mich nach Neuseeland, Australien, Indien, Marokko und Spanien führen – ausnahmslos Länder, in denen ich noch nie gewesen war – und sechs Monate später über Deutschland zurück nach Los Angeles. Zudem brauchte ich 4000 Dollar (die ich nicht hatte.) Ein Round-the-World-Ticket. Und einen zahlenden Untermieter.

Keine Sekunde will ich mehr verlieren! Voll freudiger Erregung und in dem dringenden Bedürfnis, jemandem von meinem phantastischen Plan zu erzählen, laufe ich nach

Hause und klopfe bei meiner Nachbarin an – einer alten Dame, die ich sehr schätze. Aufgeregt, mit Tränen der Freude in den Augen, sprudele ich meine neueste Entdeckung heraus, und sie freut sich mit mir. (Jahre später wird sie mir beschämt gestehen: »Ich habe damals nicht geglaubt, dass du es tatsächlich schaffst.«)

Sechs Monate und eine Woche später sitze ich Anfang Januar 2001 – Geld, Ticket, Untermieter: alles geregelt – im Flugzeug nach Tahiti, der ersten Station meiner Weltreise. In deren Verlauf ich die Entscheidung traf, meine Wohnung aufzugeben und fortan nur mehr unterwegs zu sein …

✹ ✹ ✹

Im Sommer wieder in Los Angeles, setzte ich meine Entscheidung in die Tat um. Da ich nie eine Sammlerin von Dingen gewesen bin, gab es nicht viel, das ich verschenken konnte oder entsorgen musste. Der edle 82er Cadillac Sevilie mit Weißwandreifen, launisch, kostspielig und verletzungsgefährdet wie ein hochsensibles Rennpferd, ging für ein paar hundert Dollar in den Besitz einer überarbeiteten und unterbezahlten *black mama* mit vier Kindern über, die bisher immer nur per Bus unterwegs war – in L. A. eine äußerst zeitraubende Angelegenheit. Andere Wertsachen hatte ich nicht. Fotos, Bücher, Musik und die gesammelten Werke meines Sohnes aus Kindertagen, von denen ich mich nicht trennen mochte, kamen in einen alten Lederkoffer, den ich meinem Nachbarn, Undercover Agent der Beverly Hills Police, zu treuen Händen mit dem Versprechen übergab: »Irgendwann werde ich ihn abholen.« (Und seinen Inhalt vor mir ausbreiten und mich in meine eigene Vergangenheit entführen lassen …)

Den Rest meines Haushaltes bekommt die Heilsarmee, die mit einem viel zu großen Laster anrückt und sich wundert, dass es so wenig zu holen gibt. Und mein als Liebesnest nie zum Einsatz gekommenes Bett, teuer, weich und luxuriös, samt Spitzenlaken, Daunenkissen und Seidendecke, wird bald einem auf harte Zeiten gestoßenen Angelito für ein paar Dollar zumindest nächtens eiderdaunenweiche Träume ermöglichen.

Ich hatte mich vor Jahren für das verwohnte Apartment auf dem Hügel entschieden. Irgendwie gefiel es mir, obwohl ich für den gleichen Preis eine renovierte, größere Wohnung mit Garten hätte haben können. Die Tür zu dem leeren Apartment war damals stets unverschlossen gewesen – niemand schien es mieten zu wollen. Was mir die Gelegenheit gab, zu verschiedenen Tageszeiten einen Eindruck zu gewinnen. Bei meinem letzten Versuch zur Entscheidungsfindung ging ich noch einmal in die leere Wohnung, stellte mich vor die breite Wand gegenüber dem offenen Kamin, mir der verbesserungswürdigen Ausstattung und intuitiv der Tatsache bewusst, dass ich hier oft sehr einsam sein würde. Und dennoch beschloss ich damals, das Apartment zu mieten.

Jetzt, sechs wunderbare, schwierige und zuweilen einsame Ewigkeiten später, ist das Apartment leer wie an jenem lange zurückliegenden Tag. Ich stehe wieder an derselben Wand, lausche nach innen, fühle in einer Woge bittersüßer Erinnerung, wie mir Tränen voller Wehmut für dieses Zuhause, diese Stadt, die ich geliebt habe und verlassen werde, in die Augen steigen wollen – bevor mich eine innere Stimme resolut, doch freundlich auffordert: *»Okay baby, let's move it!«*

*»Yeah! I'm ready!«*

Fröhlich und in dem Bewusstsein, dass sich ein wichtiger Kreis in meinem Leben harmonisch geschlossen hat, fahre ich zum Flughafen, werfe L. A. eine letzte Kusshand zu: *»See you again one day!«* – und mache mich auf zur längsten Reise meines Lebens, deren Ende noch immer nicht abzusehen ist …

# Liebe auf den ersten Blick: Indien

Die ersten Wochen in Tahiti, Neuseeland und Australien flogen in einem Wirbel von Farben und Eindrücken an mir vorbei und ließen vor allem den Wunsch zurück, zu einem späteren Zeitpunkt zurückzukehren und genauer hinzuschauen.

Doch Indien, für mich so verlockend wie angsteinflößend, liebte ich auf Anhieb: In dem Moment, wo meine Füße indischen Boden berührten und mir auf dem Flughafen in Bombay der modrig-süße Geruch Indiens in die Nase stieg, war alle Angst verflogen!

Es half natürlich, dass ich erwartet wurde. Nachdem ich meinen Flug von Sydney nach Bombay immer wieder hinausgeschoben hatte, weil mir der Mut für Indien fehlte, rief ich schließlich einen entfernten Bekannten in L. A. an, der mir die Nummer seines Onkels in Bombay gab, den er dreizehn Jahre nicht mehr gesehen hatte.

»…und bitte grüß ihn von mir!«

Ein Herr mit strenger Stimme hatte sich gemeldet; pensionierter Offizier der indischen Armee, wie er mich sogleich informierte. Aufgrund der schlechten Telefonverbindung sprachen wir beide immer gleichzeitig, was schnell zu Verständigungsschwierigkeiten führte.

Bis ich schließlich sagte: »*Please don't talk when I talk.* Ihr Neffe hat mir Ihre Numme gegegeben und lässt Sie grüßen. Ich komme übermorgen nach Bombay, würden Sie mich bitte am Flughafen abholen, und könnte ich vielleicht zwei, drei Tage bei Ihnen wohnen?« (Später erklärte der freundliche Herr jedem, dem er seine Besucherin vorstellte: »Sie hat mich angerufen und wollte am Flughafen abgeholt werden; ich wusste nicht, wer sie war oder ob sich vielleicht jemand einen Scherz mit mir erlaubte. Doch sie kennt meinen Neffen, und es ist meine Pflicht zu helfen. Und dann hat sie gesagt, *ich darf nicht reden, solange sie redet!*«)

Nach Mitternacht sind die Einreiseformalitäten erledigt, und ich schiebe den Gepäckwagen mit meinen Taschen aus dem Flughafengebäude. Der süß-modrige Geruch ist draußen um ein Vielfaches intensiver. Hunderte in der Dunkelheit glitzernde Augenpaare suchen die Gesichter der Ankommenden ab; auch ich schaue suchend in die Menge hinter der Absperrung. Dann fällt mein Blick auf ein Schild mit meinem Namen – anders geschrieben, aber erkennbar. Hochgehalten von einem kleinen Jungen mit großen, strahlenden Augen, neben ihm sein Vater und Mr. Ajit (mein Gastgeber). Letzterer hochgewachsen, in heller Kurta und Pyjamas, weißhaarig, adlernasig und strengen Auges, auf den ersten Blick als Offizier erkennbar.

Ich bin zutiefst gerührt und erleichtert ob dieses Empfangs mitten in der Nacht. Die Maschine hatte Verspätung, und die drei hatten fast zwei Stunden in der dichtgedrängten Menge gewartet. Wir begrüßen einander, froh, dass wir uns gefunden haben. Der Vater des Jungen holt seinen alten Ambassador, und nach langer Fahrt durch das nächtliche Bombay biegen wir in die Straße ein, in der mein Gastgeber wohnt. Eins ist mir schnell klar: Ich würde Wochen brauchen, um mich in dem unvorstellbaren Gewühl von Straßen, Gassen, Menschen, Märkten und Vehikeln aller Art zurechtzufinden und bin froh, dass Mr. Ajit mir an diesen ersten Tagen in Bombay Geleitschutz geben wird.

Die nächsten vier Tage sind ein einziger Wirbel starker Emotionen, aufgefangen von dem verständnisvollen Mr. Ajit und seinen zahlreichen Nachbarn, meistens Frauen. Bis in den späten Abend kommen sie vorbei, neugierig zwitschernd oder scheu, die lächelnden Gesichter teilweise mit einem Zipfel ihrer Saris verdeckt, um dem Besuch aus

Amerika ihre Aufwartung zu machen, scharf gewürzte Köstlichkeiten anzubieten, von denen ich zumindest ein Häppchen probieren muss und sich vom Hausherrn ein Gläschen Whiskey mit Cola kredenzen zu lassen – was dem Italiener sein Wein, ist dem Inder sein Whiskey, sofern er ihn sich leisten kann. Sonst darf es auch hochprozentiger *Fenny* sein, aus Kokos- oder Cashewnüssen destilliert, aufgrund seines gewöhnungsbedürftigen Aromas ein für Nicht-Inder nur schwer nachvollziehbarer Genuss.

Mr. Ajit war Brahmane, Witwer und Arbeitgeber einer tatkräftigen und resoluten Köchin aus niederer Kaste, Sonali mit Namen, die ihm seine täglichen Mahlzeiten zubereitete und in einer für ihn unzumutbaren Gegend lebte. Normalerweise wäre es ihm nie in den Sinn gekommen, einen Fuß in diesen Slum zu setzen. Doch hatte die energische Köchin, stets guter Dinge in ihrem leuchtend blauen Sari mit goldener Bordüre, die langen schwarzen Haare mit duftenden Jasminblüten zu einem Zopf geflochten, mich beim Essen mehrmals sanft, aber bestimmt mit dem Ellenbogen angestoßen und dringenden Blickes eingeladen, sie und ihre Familie zu besuchen. So viel hatte ich aufgrund ihrer Gestik und erwartungsvollen Augen erahnen können.

Mein Gastgeber bestätigte dies, wohl oder übel – ihm wäre es lieber gewesen, diese Einladung wäre nie ausgesprochen oder zumindest von mir dankend abgelehnt worden. Mir der indischen Sitten damals jedoch nicht bewusst, sondern neugierig und beeindruckt von der stolzen Köchin, wollte ich sie gerne zu Hause besuchen – was für Mr. Ajit bedeutete, dass er wohl oder übel mitgehen musste. Er konnte seinen weiblichen Gast doch nicht guten Gewissens ohne männliche Begleitung in eine solch bedenkliche Umgebung entführen lassen.

Nach dem Mittagessen wird heute ausnahmsweise keine Siesta gehalten, sondern Mr. Ajit zieht sich eine frische weiße Kurta an, und wir drei marschieren los. Stolz hakt sich Sonali bei mir unter. Mit jedem Schritt, den wir uns ihrer Gegend nähern, wird sie spürbar größer und stolzer. Nicht jeden Tag führt sie einen ausländischen Besucher in ihre Hütte! Mein freundlicher Offizier hat sich inzwischen in sein Schicksal gefügt, achtet aber darauf, dass er stets ein paar Schritte vor uns hergeht. Den Blick strikt geradeaus gerichtet, ganz wie es einem Offizier der indischen Armee gebührt. Auf diese Weise wird er nicht mit der Frau im blauen Baumwollsari, die seinen Gast fest untergehakt hat, in Verbindung gebracht, ist aber dennoch in Reichweite, sollte sich jemand unangemessen verhalten.

Je näher wir dem Slum kommen, desto enger werden die Gassen und desto eindringlicher die Gerüche. Die Menschen auf der Straße schauen mich erstaunt mit großen Augen an, bevor im nächsten Moment ein Lächeln ihre Gesichter erhellt. Sonali genießt jede Sekunde, als würde ihr Ansehen ob der hellhäutigen Frau an ihrer Seite ins Unermessliche steigen. Mr. Ajit marschiert weiterhin stolz und unantastbar ein paar Meter vor uns her, niemanden anschauend und keinen Gruß erwidernd.

Schließlich biegen wir in eine besonders enge Gasse ein. Eine Mischung unterschiedlichster Gerüche überwältigt meine Nase. Die Hütten auf beiden Seiten der Gasse stehen so nahe beieinander, dass man mit ausgestreckten Armen ihre Wände berühren könnte. Der Weg zwischen den Behausungen ist von einem Rinnsal schmutzig trüben Wassers unterteilt, in dem alle möglichen Abfälle landen und stockend weiterfließen. An Pflöcke gebundene Kühe fressen Gemüsereste oder Fetzen von Zeitungspapier, und ein paar ausgemergelte Hühner stolzieren gackernd umher und picken nach allem, was den Hunger eines indischen Federviehs zu stillen vermag. Ein Schwein und ein paar Ferkel stöbern grunzend nach Essbarem, dazwischen hocken scheue Frauen in bunten Saris, blitzenden Perlenzahns und strahlenden Auges und schrubben mit alten Lumpen den Boden vor ihrer Hütte. Jede schenkt mir ein scheues oder offenes oder neugieriges, willkommenheißendes Lächeln. (Indien ist das *eigentliche* Land des Lächelns – ja, ja, ich weiß, es gibt viele Dinge in diesem Land, die eher Zorn, Ungeduld oder den brennenden Wunsch nach umwälzenden Veränderungen hervorrufen. Dennoch: Zehn Prozent dieser Freundlichkeit, dieser Liebenswürdigkeit zwischen Fremden würde das Leben in unserem Kulturbereich ohne Frage wesentlich angenehmer machen. Wildfremde Männer, Frauen und Kinder haben mir in die Augen geschaut und mich auf eine Weise angestrahlt, dass mir die Tränen kamen.)

Aus den offenen Eingängen ertönt laut die dramatische musikalische Untermalung indischer Fernsehserien, und barfüßige Kinder aller Altersstufen kommen gelaufen, um mich zu bestaunen. Sonalis Achtung scheint mit jedem Zentimeter zu steigen, den wir an Boden gewinnen – bis sie schließlich stehen bleibt und stolz verkündet:

*»This my house!«*

Wir gehen hinein ins Dunkle, gefolgt von Mr Ajit, dessen Gesichtsausdruck Ablehnung, Ekel und Resignation in gleichen Teilen widerspiegelt. Der Raum ist so eng, dass außer uns drei niemand mehr hineinzupassen scheint – bis Sonalis Ehemann sich aus der Dunkelheit löst und uns lächelnd begrüßt, die Hände vor der Brust zum *Namaste* zusammengelegt. Es gibt einen Stuhl im Haus und der wird Mr. Ajit (Sonalis kastenmäßig höher stehendem Arbeitgeber) angeboten, der ihn jedoch galant mir überlässt, bevor er sich umständlich auf dem sauber gefegten Lehmboden niederlässt.

Der Fernseher, die wenigen anderen Objekte in diesem engen Raum an Größe weit übertreffend, wird leiser gestellt und eine stolz strahlende Sonali füllt zwei Metallbecher mit Wasser aus einer trüben Plastikflasche und reicht sie uns. Mein inneres Alarmsystem schrillt. Wenn ich auch Sonalis Gastfreundschaft schätze, so schätze ich meine Gesundheit doch mehr und sehe mich daher gezwungen, freundlich dankend abzulehnen, desgleichen Mr. Ajit.

»*You want chai?*«, fragt sie erwartungsvoll. Obgleich Mr. Ajit mir gequälten Blickes von seiner unbequemen Position auf dem harten Boden zu verstehen gibt, dass er ein »*No, thanks*« von mir erwartet, in der Hoffnung, diesen Ort der physischen und spirituellen Qual so schnell wie möglich verlassen zu können, kann ich Sonalis Angebot nicht ablehnen und sage, den Blick vom leidenden Mr. Ajit abgewandt: »*Yes, please.*«

Wir radebrechen ein wenig. Dann kommen Sonalis Töchter von der Schule nach Hause. Zwei hübsche Mädchen, die wie viele Inder(innen) vor Wissbegier, süßer Scheu und jugendlichem Ehrgeiz hundert Fragen gleichzeitig losplappern, deren Antworten sie bereits wissen und der Besucherin aus fernen Landen sogleich stolz verkünden, wie beispielsweise: »*What name president of America? George Bush!*«

Mein Blick fällt auf eine mit Stricken zusammengehaltene Leiter, die zu einer Art Loft führt. Neugierig, was es damit auf sich hat und weil ich wissen möchte, wo und wie in diesem engen Raum Mutter, Vater und zwei heranwachsende Töchter essen und schlafen, frage ich, ob ich da mal raufgehen und mich umschauen darf.

Ich darf.

Oben steht ein niedriges, schmiedeeisernes Bett; voll gestapelt mit Bergen von Aktenordnern, stapelweise eng bedruckten, verschnürten Papieren wie in einer vorsintflutlichen Advokatenkanzlei und vergilbten Zeitungen. Wollte hier jemand schlafen, müsste der Berg staubigen Papiers erst mal weg geräumt werden. Aber wohin? Der Raum ist winzig, stickig heiß und so niedrig, dass man darin nur sitzen kann.

Wieder unten, frage ich Sonali dennoch, ob sie alle da oben schlafen – es gibt kein anderes Bett oder Sofa in der Hütte, das ganze Mobiliar besteht aus dem einen Stuhl plus dem kleinen Tisch, auf dem nebem dem Hausaltar der Fernseher thront, als glänzender Mittelpunkt dieser bescheidenen Behausung, auf die Sonali allerdings sichtbar stolz ist.

»*No sleep up there*«, lacht sie und deutet auf ein paar dünne Matten auf dem Boden: »*All sleep here.*«

Irgendwann sind die kleinen Tassen starken, süßen Chais leer getrunken, und Mr. Ajit erhebt sich ächzend. Seine tolerante Geste des Verständnisses für die Neugier seiner Besucherin hat ihre Grenze erreicht. Es ist Zeit zu gehen.

Sonali und die beiden Mädchen haken sich bei mir unter und gemeinsam schieben und ziehen wir uns durch das Gewimmel der engen Gassen bis zur Hauptstraße. Mr. Ajit schnelleren Schrittes voraus, bevor wir mit vielen Segenswünschen und Dank für den Besuch verabschiedet werden.

Den Rückweg legen wir in verschärftem Tempo zurück. Ich kann meinem Gastgeber kaum folgen, so schnell marschiert er. Offensichtlich kann er es kaum erwarten, in seine vertraute Umgebung zurückzukehren und diese ungenehme Gegend zu verlassen, in die er weder jemals einen Fuß gesetzt hatte, noch dies jemals zu tun gedachte. Ich rechne es ihm hoch an, dass er diesen für ihn höchst unerquicklichen Ausflug mir gegenüber weder später jemals erwähnte noch sich über meine unsensible Neugier beklagte.

※ ※ ※

Eine Woche voller neuer Erfahrungen und vielfältiger Emotionen verging. Mein Gastgeber hatte mir das vormals eheliche Schlafzimmer mit dem Moskitonetz über dem geschnitzten Mahagonibett überlassen und mit einer alten Matratze im kleinen Nebenraum vorliebgenommen.

Jeden Morgen um halb sechs stand er auf. Während er sich im Bad eimerweise mit kaltem Wasser übergoss, sang und prustete er genüsslich, bevor er sich eine frisch gewaschene und gebügelte, schneeweiße Kurta und weite Pyjamahosen anzog. Dann verließ er noch im Dunkeln das Haus – mit seinem Gast, dem das ungewohnte Frühaufstehen und kalte Bad erstaunlicherweise kaum Schwierigkeiten bereitete –, um im nahe gelegenen Park gleich vielen anderen Indern gesetzteren Alters seine morgendliche Gymnastik zu absolvieren. Zehnmal galt es, ohne Pause und im flotten Zickzack auf den Kieswegen das Innere des Parks abzumarschieren. Ich gab mein Bestes, um mit ihm Schritt zu halten.

Danach gönnen wir uns ein kleines Glas eines heißen, energiespendenden Getränkes mir unbekannter Zusammensetzung, gebraut von einem freundlichen Mann, der es sich zur Aufgabe gemacht hat, den Marschierenden diesen »Energietrunk« jahrein, jahraus allmorgendlich kostenlos auszuschenken.

Nach einer Stunde ist es genug der körperlichen Ertüchtigung und auf geht's zum Frühstücken im Hause eines Freundes.

Es ist sieben Uhr morgens!

Wir werden bereits erwartet. Der Tisch biegt sich unter den gebratenen und gekochten indischen Frühstücksdelikatessen – Idli, Samosa, Masala Dosa, Mangopickles und Mint-Chutneys, auf heiße Chapatis gehäuft und mit den Fingern gegessen. Es gibt süßen, gewürzten Tee und kühlen Joghurt mit Zwiebeln und Chili – und trotz der ungewohnt frühen Stunde greife ich herzhaft zu und finde alles köstlich! Angeregtes Plaudern, viele Fragen und diverse Tassen Chai später verabschieden wir uns und gehen zum nächsten Bekannten, der mit einem ebenso reich gedeckten

Tisch aufwartet. Bald kommt der Moment, wo ich keinen Bissen mehr runterkriege. Eine Welle der Schwäche raubt mir alle Energie. Mein Kopf sinkt fast auf den Teller. Überwältigt von einem unbeschreiblichen Gefühl der Erschöpfung, breche ich in Tränen aus, die auf das halb verzehrte Chapati in meiner Hand tropfen. Keinen Krümel kann ich mehr essen – und überhaupt, das ist einfach alles viel zu viel hier in diesem wunderbaren, unerträglichen Land. Die Gastgeberin legt mir behutsam die Hände auf die Schulter, beugt sich zu mir hinab und flüstert: *»Eat, eat«* – was mir völlig unmöglich ist. Dann verkündet Mr. Ajit im Brustton der Überzeugung: *»It is all the love here in India. You are not used to that!«*

Das kann schon sein: In meiner ersten Nacht in Bombay war ich im Dunkeln aufgewacht, mit einem eigenartigen Gefühl auf und unter der Haut. Kein Insekt, keine Mücke war der Auslöser gewesen, auch keine kühle Brise, die durchs offene Fenster hereinwehte. Vielmehr empfand ich das ungewohnte Gefühl als »Liebe« im weitesten Sinne – ein Gefühl, das mich bei meinen späteren Aufenthalten in Indien jedes Mal neu überkam. Nicht nur als physische Empfindung, sondern als ein Gefühl, das mein Herz erfreut und meine Seele beglückt.

Ich erhole mich schnell von diesem Schwächeanfall und bleibe noch ein paar Tage in der Obhut meines wohltätigen Gastgebers, bevor ich mich bereit fühle, alleine den nächsten Schritt in diesem wunderbaren Land zu wagen …

Es ist mir danach nie mehr gelungen, meinen Offizier ausfindig zu machen, weder telefonisch und schon gar nicht in dem unendlichen Straßen-, Gassen- und Menschengewirr von Bombay.

*Wherever you are,* Mr. Ajit – *shukrya,* danke! Mögen alle 360000 Gottheiten Indiens Sie segnen!

# Zahnschmerzen und Panchakarma

Heiße Weihnachten in Mullumbimby, Australien. Im Schatten von Palmen an einem königsblau gekachelten Swimmingpool einer Freundin liegend, wollte dennoch weder festliche Stimmung noch Freude in mir ob der strahlenden Sonne, der köstlich zubereiteten Krabben und Langusten und der angenehmen Gesellschaft aufkommen: Ich litt unter fürchterlichen Zahnschmerzen, und kein Aspirin half! Ein paar Tage vorher hatte mir ein deutscher Zahnklempner – was immer ihn auch in diesen Rückzugsort *down under* für pseudospirituelle Weinkenner und Esoterikliebhaber verschlagen haben mochte – einen Zahn gezogen. Die Wunde wollte partout nicht heilen – im Gegenteil, der Schmerz war nun schlimmer als vorher. Die Bemerkung des Arztes: »Tja, eine *trockene Aviole*, so was kommt vor. Viel machen kann man da nicht, aber in vier bis sechs Wochen wird das Ganze verheilt sein«, stimmte mich nicht gerade froher.

Einer der Gäste an diesem Weihnachtstag war Hugo aus Bayern, Tierarzt, mit ausgeprägter Passion für alternative Humanmedizin. Mitfühlend drückte er mir eine kleine Ampulle mit einer wasserähnlichen Substanz in die Hand: »Gib jede Stunde ein paar Tropfen auf die schmerzende Stelle. In zwei Tagen müsste alles wieder okay sein.« Gefolgt von seinem sorgenvollen Blick und der dringenden Empfehlung, mich sobald wie möglich einem *Panchakarma* zu unterziehen. Einer ayurvedischen Reinigungskur, wie er auf meine unausgesprochene Frage erwiderte, da ich offensichtlich gut daran täte, meine Immunkräfte aufzubauen, damit solche entzündlichen Prozesse nicht mehr auftreten.

Ich nahm's zur Kenntnis und dankbar die kostbare Flüssigkeit entgegen – tupfte sie mir ein paar Tage lang auf die wehe Stelle, und schon bald war die Entzündung tatsächlich abgeklungen. Nun war ich wieder in bester Verfassung – und in meinem Kopf der Gedanke fest verankert, mich irgendwann tatsächlich einem solchen *Panchakarma* zu unterziehen.

⚛ ⚛ ⚛

Es sollte ein gutes Jahr dauern, bis sich die Gelegenheit dazu bot.

Ich hatte beschlossen, den Winter auch dieses Mal in Indien zu verbringen. Vom touristisch überlaufenen Goa aus fuhr ich mit dem Zug – ein besonderes Vergnügen, wenn man die Zeit dafür hat (24 Stunden) – nach Trivandrum in Kerala, dem südlichsten und tropischsten Bundesstaat Indiens. Kovalam, der Strand von Trivandrum, war zu diesem Zeitpunkt noch wenig von sonnenhungrigen Touristen aus dem Abendland besucht. In erster Linie waren hier Inder anzutreffen, was ich als durchaus angenehm empfand. Denn schließlich fährt man nach Indien, um unter Indern zu sein. Doch nicht jeder denkt so. Oft habe ich in Goa Urlauber getroffen – im Unterschied zu *Reisenden* –, denen nie der Gedanke käme, Indien zu erkunden: »Zu dreckig, zu viel Armut. Man kann den Anblick nicht ertragen.« Nicht unbedingt aufgrund hochsensiblen Mitgefühls, sondern weil man sich das ungute Gefühl des Nichtgebenwollens ersparen will! »Überhaupt gibt es zu viele Leute, die einem alle nur das Geld aus der Tasche ziehen wollen…« Und ähnlich unreflektierte Behauptungen. Die könnten doch, zürnte ich oft in solchen Momenten, ebenso gut zu Hause bleiben und sich an den paar heißen Sommertagen der Bräune wegen auf den Balkon oder an den heimatlichen Flusslauf oder Strand legen, wo sie mit Sicherheit kaum

Inder treffen werden, dafür aber ihresgleichen in Hülle (manchmal) und Fülle (des Öfteren). Für mich jedes Mal eine Gelegenheit zu lernen, meine Kritikbereitschaft in Toleranz und Verständnis zu verwandeln, was mir zuweilen sogar gelingt.

Etwa zwanzig Autominuten südlich von Kovalam Beach liegt am Ufer der Arabischen See ein herrliches, ayurvedisches Resort. Die Direktion hatte mich eingeladen, und im Gegenzug würde ich einen Artikel für ein deutsches Magazin schreiben. Hier sollte ich mich einem dreiwöchigen Panchakarma unterziehen, einer »Verjüngungskur, die sich jeder Mensch vor seinem sechzigsten Lebensjahr wenigstens einmal gönnen sollte«, heißt es. Am Bahnhof wurde ich von einem Abgesandten des Resorts mit riesigem Blumenstrauß und ausgesuchter Freundlichkeit empfangen, zu einem bereitstehenden Ambassador geleitet (der indische Rolls-Royce, wenn er auch mehr an einen zuverlässigen Traktor erinnert) und ab ging's fauchend, ratternd und unter ständigem Gehupe über die Dörfer.

Im Resort angekommen, werde ich nach den Anmeldeformalitäten zu meinem Bungalow geleitet, einer runden Hütte aus Bambus mit einem Dach aus Palmenblättern, innen anmutig mit allem Notwendigen ausgestattet – minus Fernseher und Klimaanlage, aber mit Deckenventilator. Ein großes Bett, von einem bauschigen weißen Moskitonetz überwölbt, zwei bequeme Stühle und ein Schreibtisch aus Bambus, dazu ein geräumiges, indisches Badezimmer, wo man nach Herzenslust herumplanschen kann. Auf dem Tisch eine Schale mit frischen Früchten, tropische Blüten in einer Vase auf der holzgeschnitzten Kommode, flauschige Badetücher im Regal und der ganze Raum erfüllt vom zarten Duft brennender Räucherstäbchen. Wunderbar!

Nachdem der phantasievoll uniformierte und stolz einherschreitende Hotelpage mein Gepäck gebracht und sich mit funkelndem Schwarzauge erkundigt hat, ob mir noch irgendetwas zu meinem Wohle fehlt – *nein danke, alles bestens* –, trete ich vor meine »Hütte« und schaue mir beglückt die Umgebung an. Jenseits einer zwischen zwei Palmen gespannten Hängematte dehnt sich grüner Rasen, gesäumt von üppig blühenden Sträuchern, überragt von sanft im Wind schwingenden Kokosnusspalmen – und dahinter bis zum Horizont das Meer, so blau und weit und strahlend, dass es mich blendet. Ich habe augenblicklich das wohltuende Gefühl, mich an einem perfekten Ort zu befinden. Abgesehen vom mannigfachen Rufen, Zwitschern und Singen der Vögel sowie dem Rauschen der Brandung liegt zudem eine tiefe, entspannte Ruhe über dem Land.

Ein Elefant mit mächtigen Stoßzähnen rundet das exotische Bild ab. Er wackelt mit seinen Riesenohren und mampft an meterlangen Palmwedeln, die sein Mahout für ihn vom Baum holt. Später kann der geneigte Gast sich von dem Pachoderm gemächlich durch die Gegend schaukeln lassen. Auf dem nahegelegenen Felsen, der hinunter zum Strand führt, sind ein paar Gäste unter der Anleitung eines weißhaarigen, würdig aussehenden Inders mit Yogaübungen beschäftigt. Es ist die blaue Stunde, kurz vor Sonnenuntergang und daher eine besonders gute Zeit für Yoga.

Auspacken, Einräumen, ein wenig Dösen in der Hängematte – und schon ist es Zeit zum Abendessen.

Das Restaurant befindet sich auf einer Terrasse über den Klippen, und von den weiß gedeckten Tischen hat man einen herrlichen Blick auf den endlosen Strand und die blauen Wasser der Arabischen See, die im Sonnenuntergang schimmern. Ein beflissener junger Mann in Weiß schwebt an meinen Tisch und hält mir eine umfangreiche Speisekarte hin.

Die Auswahl an Gerichten ist atemberaubend. Eines klingt köstlicher als das andere, und entsprechend schwer fällt mir die Entscheidung. Da mein Panchakarma, in dessen Verlauf nur vegetarische Speisen erlaubt sind, erst am übernächsten Tag beginnen wird, entscheide ich mich für Tintenfisch in scharfer Tomatensauce mit indischen Gewürzen und Safranreis, dazu eine frische Kokosnuss, deren wohlschmeckendes Wasser ich mit Genuss trinke und von dem man in Indien behauptet, in Notfällen könne es sogar als lebensrettende Medizin injiziert werden.

Das Essen ist köstlich, die Ruhe wohltuend, der Blick auf die untergehende Sonne über dem Meer wunderschön. Dort tanzen mittlerweile Hunderte von Lichtern – ich habe das Gefühl, am Ufer eines breiten Flusses zu sitzen, auf dessen gegenüberliegender Seite eine Stadt zu nächtlichem Leben erwacht. Es sind die Öllampen auf den bunten Holzbooten der Fischer, die am frühen Abend auf das Meer hinausfahren, die ganze Nacht draußen bleiben und beim Schein ihrer Lampen die Netze auswerfen, um am nächsten Morgen zurückzukommen, gemeinsam ihre Netze ans Ufer zu ziehen und den Fang auf dem Markt zu verkaufen.

Nach einigen Stunden Schlaf, mehrmals unterbrochen vom ungewohnten Rauschen der Brandung, habe ich am nächsten Morgen meinen ersten Termin mit dem ayurvedischen Arzt.

Die freundlichen, dunklen Augen blitzen hinter seiner auf der Nasenspitze balancierten Brille, als er mich lächelnd begrüßt und mich bittet, Platz zu nehmen. Er klatscht leicht in die Hände, woraufhin mir alsbald eine Kokosnuss kredenzt wird.

»Irgendwelche Probleme oder Schmerzen?« Er beobachtet mich aufmerksam, und ich verkünde ihm, dass mir meines Wissens nichts fehlt, außer einem Zahn und die dazugehörende Wunde inzwischen verheilt ist. Während ich genüsslich den jungfräulichen Saft der Kokosnuss schlürfe, stellt er mir detaillierte Fragen nach meiner Gesundheit, dem einen oder anderen kleinen Unwohlsein auf der Spur, und hält meine Antworten in einem dicken Buch fest, bevor er meinen Puls ertastet und den Blutdruck misst. Dann schaut er sich eingehend das Geschriebene noch einmal an – seinen Kopf über das Papier gesenkt, warte ich mit Spannung darauf, ob die Brille ihren Balanceakt verliert –, doch das tut sie nicht.

Nach ein paar weiteren handschriftlichen Notizen teilt er mir schließlich mit, ich sei ein »Vatha-Pitta«-Typ – also jemand, der schnell denkt und zuweilen überschnell handelt, sehr flexibel und kreativ ist, allerdings auch leicht mal die Fassung verliert, zu Nervosität und zuweilen Ängstlichkeit neigt und demzufolge eine tiefgreifende Entspannung braucht. (Nach seiner Aussage gehört der Großteil der europäischen Heilungssuchenden zu diesem Typ – kein Wunder!) Mir soll es recht sein. Solange ich mich in den Händen dieser wohlwollenden Menschen befinde, können sie mit mir machen, was sie für richtig halten.

Der Arzt erklärt, welche Art von Massagen und Behandlungen er für mich vorsieht und fragt, wann ich damit beginnen möchte. Wir einigen uns auf den nächsten Morgen, zehn Uhr. Er trägt mich für die folgenden vierzehn Tage jeweils um die gleiche Uhrzeit in das Buch mit den Terminen ein. Bis morgen hat er dann auch eine Kräutermedizin eigens für meine Kondition gemischt, die ich während der Behandlung einnehmen werde.

Also bleibt mir noch ein ganzer langer Tag des Nichtstuns und Akklimatisierens. Ich gehe hinunter zum Strand, suche mir ein schattiges Plätzchen, tauche ab und zu ins warme Wasser des Meeres und bin einfach froh, hier zu sein. Abends kann ich dann nicht widerstehen und esse wieder ein scharfes Fischgericht mit Chili, Safran und Ingwer und als Dessert eine auf der Zunge zergehende Süßigkeit unbekannter Machart. Ab morgen wird es dann ein wenig spartanischer zugehen. Dachte ich. Doch als ich mir die eigens für meine Vatha-Pitta-Kondition zusammengestellte Speisekarte anschaue, kann von »spartanisch« nicht mehr die Rede sein: mehr als siebzig verschiedene, »erlaubte« vegetarische Gerichte lassen mir schon jetzt das Wasser im Munde zusammenlaufen.

❊ ❊ ❊

Pünktlich um zehn am nächsten Morgen finde ich mich im Behandlungszentrum ein, das nach allen Seiten offen ist. Auf einem kleinen Bambustisch stehen Statuen von Krishna und Ganesh, mit Blumengirlanden geschmückt; süßer Duft von Räucherstäbchen erfüllt die samtene Luft und jemand bringt mir – *richtig*, eine Koskosnuss!

Wenig später schwebt leichten Fußes eine graziöse Inderin im pupurfarbenen Sari herbei, eine weiße Blüte im schwarzen Haar, verbeugt sich leicht mit vor der Brust zusammengelegten Händen und lächelt mich mit ihren glänzenden schwarzen Augen an: »*I am Lakshmi*«. Sie ist der Engel, der mich während der nächsten zwei Wochen täglich drei Stunden lang mit Händen und Füßen massieren wird. Ich mag sie auf Anhieb und folge ihr in eine der Bambushütten mit Blick zum Meer.

Ihrer sanften Aufforderung nachkommend, setze ich mich bar jeder Kleidung auf einen Schemel. Ein kleines Tischchen hält die Utensilien bereit, die Lakshmi für ihre Behandlungen braucht: eine Figur des Elefantengottes Ganesh, zwei Flaschen mit duftendem Öl und diverse Baumwolltücher. Lakshmi zündet ein Räucherstäbchen an, dann kommt sie zu mir, berührt mit sanften Fingern meinen Scheitel, meine Stirn, meine Herzgegend und meine Füße, bevor sie beginnt, leicht meinen Kopf und meine Arme zu massieren. Das Ganze ist eine Art Einstimmung. Respekt, den die Inderin dem Gast zollt, bevor sie mit der eigentlichen Behandlung beginnt.

Dazu lege ich mich auf eine dicke Matte am Boden. Lakshmi bindet den unteren Teil ihres Saris zwischen den

Beinen zusammen, taucht ihre Füße in die bereitstehende Schüssel mit Wasser, schlingt sich dann das dicke Hanfseil um die Handgelenke, das von einem Balken baumelt und beginnt, mich rhythmisch mit den Füßen zu massieren. Zunächst sanft, dann immer kräftiger, wobei ich vier verschiedene Positionen einnehmen muss: Rückenlage, Bauchlage und jeweils auf die rechte und linke Seite. Wie gut das tut! Lakshmi hat mehr Gefühl in ihren Füßen als so mancher abendländische Therapeut in seinen Händen.

Nach einer Weile hört sie mit dem Tanz auf meinem Rücken auf. Wieder setze ich mich, ganz weichgetreten, auf den Schemel, während Lakshmi die Massageliege vorbereitet. Und jetzt werde ich eine weitere Stunde lang nach allen Regeln der Kunst massiert. Wohlig ermattet, rolle ich mich später von der hölzernen Liege und setze mich öltriefend noch einmal auf den Schemel, wo mir Lakshmi sanft Rücken und Nacken massiert und das überflüssige Öl entfernt, bevor sie mich in einen Sarong hüllt, leichtfüßig aus dem Raum schwebt und – man errät es – im nächsten Moment mit einer dicken Kokosnuss zurückkommt, die sie mir lächelnd überreicht.

Dieses wohltuende Entspannungsritual wird mir auch an den nächsten beiden Tagen zuteil. Zuerst muss der Körper vorbereitet werden auf die tiefe Reinigung, der er während der intensiveren Massagen in den folgenden zwei Wochen ausgesetzt sein wird. Eine intensive Entgiftung, die Leib und Seele ins Lot bringen soll – eine Wonne, wenn zuweilen auch physisch und emotional anstrengend.

»Während der Behandlung bitte erst nach vier Uhr nachmittags an den Strand gehen, und möglichst nicht im Meer schwimmen«, lautet der Rat des Arztes – den ich jedoch nur teilweise befolge. Allerdings habe ich mich der prallen Tropensonne nie direkt ausgesetzt und ins Wasser bin ich auch nur am frühen Abend gegangen, als die Fischer in ihren Ruderbooten bereits auf das Meer hinausfuhren.

Am vierten Tag ging es dann richtig los mit den Behandlungen. Nie zuvor ist so viel warmes Öl auf meinen Körper geflossen oder weich gekochter, glitschiger Reis auf mir verrieben worden. Nie wurde ich so gekonnt massiert, zum Teil synchron von zwei Frauen gleichzeitig. Zwei Wochen lang jeden Tag drei Stunden lang mit duftenden Heilölen, speziell zubereiteten Kräuterpulvern oder in Milch sämig gekochtem Reis sanft traktiert und abgeschmirgelt zu werden, bis man eine Haut hat wie ein Baby, ist einfach wunderbar, auch wenn ein Geliebter fehlt, der sich an solch zarter Haut erfreuen könnte!

Da ich keine gesundheitlichen Beschwerden habe, ist die intensive Behandlung ein einziges Vergnügen. Ist man krank, so kann sie durchaus vorübergehende Nebenwirkungen haben, bevor man sich nachher besser fühlt als vorher.

Das Vergnügen ist nicht vorbei, wenn das Panchakarma vorbei ist. Lakshmi gab mir zu verstehen, dass die Segnungen dieser uralten Heilkunst erst Monate später wirklich spürbar werden – was ich aus eigener Erfahrung bestätigen kann! Sich vor dem sechzigsten Lebensjahr – gerne auch danach – einem sogenannten *Longevity Treatment* zu unterziehen ist absolut empfehlenswert und beugt mit Sicherheit vielen gesundheitlichen Störungen vor bzw. beseitigt diese. Auch heute noch ist dies in Indien absolut erschwinglich, selbst wenn man die Kosten für den Flug bedenkt. Und egal, wo man sich verjüngen lässt – ob im exklusiven Resort oder einfachen Ashram: Dank der liebevollen, indischen Art darf man erwarten, sich wie ein wohl umsorgter Gast zu fühlen.

Wenn ich auch nie mehr den »Express« von Goa genommen habe, der für die sechshundert Kilometer nach Kerala 24 Stunden braucht, so genieße ich doch den Gedanken, mich irgendwann noch einmal in die Hände einer Lakshmi zu begeben.

# $\mathcal{A}$ Soft Landing

Zugegeben, Goa ist nicht Indien, sondern eher einer »weichen Landung« vergleichbar. Es wird ängstlichen Seelen empfohlen, wenn sie zum ersten Mal dieses faszinierende Land besuchen. Ein paar Tage am Strand von Goa sind eine angenehme Vorbereitung auf Indien – westlich genug, um sich nicht völlig fremd zu fühlen und indisch genug, um eine Ahnung davon zu bekommen, wie es jenseits des jüngsten und kleinsten Bundesstaates aussieht.

Es lässt sich durchaus angenehm leben in Goa, wenn es einem nichts ausmacht, von einer Vielzahl englischer Touristen mittleren bis vorgerückten Alters und beachtlichen Leibesumfangs, mit nacktem Oberkörper (Männer) oder bauchfrei (Frauen) und in Shorts (beide) umgeben zu sein, aus denen erstaunlich oft blasse Bäuche herausquellen, die im Laufe der Zeit sonnenverbrannt werden, was den Anblick nur wenig erfreulicher macht – derweil die Extremitäten beiderlei Geschlechts aus Manchester, Newcastle und Birmingham mit den unvermeidlichen Rosen- und Schlangen-Tattoos verziert sind.

Wohlgemerkt, ich habe nichts gegen den Einzelnen, so ich denn jemanden kennenlerne. Was allerdings selten passiert – diese Engländer scheinen sich, wie Japaner, unter ihresgleichen am wohlsten zu fühlen und an Orten wie Goa nur gebündelt aufzutreten. In Mrs. Fernandes' Guesthouse war ich die einzige Nicht-Engländerin. Es gab Momente, wo ich bei aller kühlen Höflichkeit der Untertanen Ihrer Majestät das Gefühl einer gewissen Unzulänglichkeit empfand. Eine angeborene Schwäche, die mir ob der bedauerlichen Tatsache attestiert wurde, dass ich keine Engländerin und zu allem Überfluss auch noch eine Alleinreisende und, man verzeihe mir die anmaßende Behauptung, gutaussehende Frau mit aufwieglerischen Tendenzen bin. Ohne Shorts, dafür mit Blume am seidenen Hemd. Was zur Folge hatte, dass ich mir so leicht wie Luft vorkam, nicht weil ich so viel abgenommen hatte, sondern weil man mich wie dieselbe behandelte.

Nun könnte man mir zu Recht die Frage stellen, warum ich nicht woanders hinging. Zum Beispiel nach Anjuna, wo alte Hippies mit viel Zeit und wenig Geld versuchen, den unvermeidlichen Lauf der Dinge so gut wie möglich aufzuhalten und sich an bewusstseinsverändernden oder lustgewinnenden Substanzen satt zu essen oder sich mit Alkohol um den Verstand zu trinken.

Gute Frage – doch zuweilen verspüre ich bei meinem an geografischen Veränderungen reichen Leben das Bedürfnis, mich vorübergehend in einer vertrauten Umgebung aufzuhalten. Und da ich seit einigen Jahren die Möglichkeit habe, im Winter in der Nähe des Strandes eine jener geräumigen Villen aus der Zeit der Portugiesen zu mieten (zu einem sehr annehmbaren Preis), komme ich immer wieder gerne her.

Heute Morgen saß ich am Schreibtisch vor dem großen Fenster, als mir ein älterer Inder auffiel, der mutig durch die Drehtür in der Mauer den Garten betreten hatte und offensichtlich mit dem Gedanken spielte, an meine offene Tür zu klopfen, sich aber nicht entschließen konnte. Ich bat ihn herein, und es stellte sich heraus, dass er in dem Haus gegenüber wohnte. Er wusste meinen Namen, hatte gehört, dass ich schreibe und wollte mir sofort die rühmliche Geschichte Goas unter den Portugiesen nahebringen.

Rühmlich? Manchmal, wenn ich die Menschen hier betrachte, fühle ich mich wie in einer Zeitmaschine, die rückwärts läuft. Senor Rodrigues von gegenüber war da keine Ausnahme: Viele Goaner erinnern mich an meine Kindheit in den fünfziger Jahren, als die Sitten noch anders (?)

und die Menschen beseelt waren von dem Wunsch, »dazuzugehören« – es zu etwas zu bringen. Sonntags mit der ganzen Familie in die Kirche zu gehen und im Sommer die entsprechenden kurzärmeligen Kleider zu tragen, die etwas unterhalb der Knie enden, kaum ausgeschnitten und brav in der gekräuselten Taille gegürtet. Während die Männer Polyesterhosen mit scharfen Bügelfalten bevorzugen, wie bei zwölfjährigen Schulbuben ein wenig Richtung Achselhöhle hochgezogen, was natürlich die *crown jewels* (un)ziemlich einengt. Nicht dass ich besonders darauf achte, aber es fällt ins Auge. Dazu Polyesterhemden mit Krawatte, Socken und altmodische Lederschuhe zum Binden – und das bei indischer Hitze! Das Ganze untermalt von portugiesischen Fünfziger-Jahre-Schnulzen aus dem Radio auf der Anrichte. Gleich daneben stehen Plüschhunde auf Spitzendeckchen, die Amulette des goanischen Schutzheiligen Franzisco Xavier um den Hals tragen. Dieser hatte sich vor allem durch seine Brutalität während der Inquisition einen Namen gemacht. Was aber den Vatikan nicht davon abhielt, ihn heilig zu sprechen. Die Goaner – von den Portugiesen jahrhundertelang gewaltsam auf den »richtigen« Weg gebracht – fühlen sich daher stets veranlasst, seinen »heiligen« Namen so oft wie möglich ehrfürchtig ins Gespräch zu bringen.

Oft fühlt es sich an, als hätten die Portugiesen mit ihrem so völlig deplatzierten, europäisch-katholischen Einfluss nicht schon vor 55 Jahren, sondern erst gestern das Land verlassen.

Wie gesagt, der Herr von gegenüber hat mich auf einen Plausch eingeladen, und ich gehe jetzt in der stillen Siestazeit rüber, wo wir uns auf der schattigen Veranda bei einem kühlen Getränk was erzählen werden. Bevor ich dann später, wenn die größte Hitze vorbei ist, durch kräftiges Winken versuchen werde, den örtlichen Bus anzuhalten, um zum Einkaufen ins nächste Dorf zu fahren. Wenn man auch auf der rasanten Fahrt viel zu oft erschreckt dem Tod ins Auge zu sehen glaubt und ihm nur dank der Kunst des Fahrers doch noch entgeht – ich liebe diese Fahrten über Land. Die Schiebefenster im Bus lassen sich schon lange nicht mehr schließen, doch der süße Wind bringt angenehme Kühlung. Der Ausblick auf Palmen, Hügel, Dörfer und das Leben der Menschen ist stets aufs Neue eine Wonne. Das Lächeln sitzt locker bei Mann, Frau und Kind. Gespräche entwickeln sich schnell – wenn auch die Thematik häufig begrenzt bleibt. *»Where do you come from? You like Goa? Where is your husband? How many children you have?«*

Aus den kratzenden Lautsprechern erschallt Hindi-Musik, der Duft von Räucherstäbchen schwebt zum Fenster hinaus, und das knallbunte Bild der Jungfrau Maria nebst einer Statue des Elefantengottes Ganesha über dem Rückspiegel des Fahrers ist mit einer Girlande vielfarbiger Blüten gekrönt. Da macht es fast gar nichts, dass die Sitze so schmal und der Abstand zwischen den Sitzreihen so eng ist, dass eigentlich nur ein zierlicher Inder bequem Platz hat. Während ich immer nicht so recht weiß, wie ich auf der einstündigen Fahrt meine Beine ordnen soll. Dass man in ständigem Körperkontakt mit dem Sitznachbarn ist, versteht sich dabei von selbst. Wobei man aber auf keinen Fall hinten sitzen sollte. Denn manchmal fährt der Bus so schnell über die holprigen Straßen, dass das schlecht gefederte Chassis schier von den Achsen springt und die Passagiere von den Sitzen, was mir einmal eine schmerzliche Verspannung im Nacken eingebracht hat. Schlimm ist nur, wenn zu bestimmten Zeiten des Tages die Busse so unbarmherzig von ungeduldigen, schreienden »Kontrolleuren« terrorisiert werden (denen nur die Kontrolle über die Rupees am Herzen liegt, die sie pro zusätzlichem Passagier in die eigene Tasche stecken). Das Schild hinter dem Fahrer: *»20 Sitting, 19 Standing, No Spitting«* ist reine Dekoration, niemand hält sich daran. Zuweilen ist der Bus so voll, dass man den erhobenen Arm nicht mehr herunternehmen kann und selbst im Sitzen von Taschen, Paketen und Knien der Stehenden an die Wand gedrückt wird. Was den Fahrer allerdings nicht dazu bringt, weniger rasant zu fahren – schließlich ist so ein Bus größer und breiter als andere Vehikel, was kann da schon passieren! Vieles, leider, wie man den Nachrichten zu oft entnehmen kann. Ich verliere da gelegentlich die Geduld, was überhaupt nichts bringt, außer der abschätzigen Bemerkung des halbstarken, schwitzenden Fahrkartenverkäufers *»Take taxi!«*

Heiser vom Schreien, ungeduldig und gestresst, lassen es viele dieser Männer an Freundlichkeit weitgehend fehlen. Doch habe ich noch keinen Inder gesehen, der sich beschwert. Das Ganze wird mit einem freundlichen Schwanken des Kopfes quittiert, hingenommen als etwas, das nun mal so ist, wie es ist. Ich denke dann stets: Hier sind zwei Lektionen zu lernen: eine für mich (Gelassenheit, Vertrauen). Und eine für die Inder: »Packt eure Busse nicht so voll, verdammt noch mal!«

Irgendwo habe ich gelesen: »In Indien ist alles heilig, sogar Ratten werden Tempel geweiht. Nur das Menschenleben nicht.« Da ist was dran. Dennoch liebe ich dieses Land und seine Menschen – gäbe es Indien nicht, müsste es erfunden werden. Und würde Indien eines Tages, nicht zuletzt dank der genialen Werbeidee »India Shining«, der die ganze Welt auf den Leim gegangen ist, nur ein weiteres westlich orientiertes Land mit überbordenden Schulden, Autos, Baseballcaps und Depressionen werden – eine traurige Vorstellung. Ich hoffe, die Inder verstehen es, dieser Entwicklung rechtzeitig Einhalt zu gebieten.

# Filmfestival in Goa

Wie schon erwähnt, schlägt mein Herz, unter anderem, für Filmerei. Ich wollte mir daher das weltberühmte Goa-Filmfestival auf keinen Fall entgehen lassen. Es bedurfte ein wenig Geduld und einer Mischung aus bestimmtem Auftreten, viel Tee und lächelnden Sympathiebekundungen, doch schließlich erhielt ich einen Delegierten-Pass für das Festival, da ein Press Pass nur dann vergeben wird, wenn man ein Pressevisum für Indien hat. Was wiederum auch nicht leicht zu bekommen ist. Beim indischen Konsulat in Brisbane erfuhr ich jedoch, dass ein Touristenvisum auch für journalistische Tätigkeiten in Indien nicht nur ausreichend, sondern wesentlich leichter zu bekommen ist. Da die Festspielleitung jedoch meinte: »Ohne Pressevisum geht nichts«, sah ich mich gezwungen, andere Wege zu beschreiten. Mich also an denjenigen zu wenden, der sich auf der hierarchischen Filmfestleiter auf höchster, sonnenlichtdurchfluteter und kaum mehr mit dem bloßen Auge wahrnehmbarer Sprosse befindet. Dazu bedurfte es einiger Fehlgriffe, die sich jedoch angenehmerweise alle als zur besagten, höchsten Sprosse führende Stufen herausstellten.

Die *en passant* fallengelassene Bemerkung, ich hätte diverse Male mit Fellini gearbeitet, hatte eine fulminante und von mir gänzlich unerwartete Wirkung: »*Wonderful! How was he? Sanjay, Roshan, did you hear? Come meet Anjelica – she has worked with Fellini!*« Im nächsten Moment war ich von Fellini-Bewunderern umgeben. Man darf wohl behaupten, dass meine Assoziation mit dem Maestro den Passbeschaffungsprozess ein wenig erleichtert hat.

Nachdem ich mich am Strand von den damit einhergehenden Strapazen erholt hatte, nahm ich am nächsten Tag eine Rikscha zum paradiesisch gelegenen 5-Sterne-Taj-Hotel. Ich ließ mich mit anderen »Delegierten« vom eigens dafür angelegten Pier übers Meer ins lichterglanzerfüllte Panjim schiffen, wo das berühmte Filmfest stattfand.

Die Stadt war kaum wiederzuerkennen. Der ehedem vernachlässigte Park am Ufer des Mandovi hatte einen neuen Rasen bekommen, die Wege waren frei von Unrat, und sogar die Bäume schienen frisch ergrünt zu sein. Es gab künstliche Wasserwege mit bunten Paddelbooten, einem Riesenrad und Bühnen für künstlerische Darbietungen aller Art – in der Regel von Kindern vorgeführt und ausgiebig beklatscht. Aus unsichtbaren Lautsprechern dröhnte indische Musik, an Erfrischungsständen wurden knallbunte Limonade und Wassereis verkauft, daneben Reklamebuden für die neuesten Handys und überall Trauben von Menschen. Ganz Goa schien auf den Beinen: Die Inder lieben Feste aller Art und ganz besonders alles, was mit Film und Filmstars zu tun hat. Daher schoben sich an diesem Sonntag zahllose indische Familien geduldig von einem Stand und einer Bühne zur anderen, wohl auch in der vergeblichen Hoffnung, der göttergleich verehrten Bollywood-Stars Shah Rukh Khan und/oder Amitabh Bachchan ansichtig zu werden. Die breite Allee am Meer war nicht nur neu geteert und von Hand mit blendend weißen Mittelstreifen bemalt worden, sondern auch für sämtlichen Verkehr gesperrt, ausgenommen die vielen Ambassadors, SUVs und frisch bemalten Rikschas, mit denen die werten Festivalbesucher kostenfrei von einer Location zur anderen befördert wurden.

Die beiden wichtigsten Veranstaltungsorte waren nur für die Gäste des Festivals zugänglich, und da ich mich aufgrund meines Delegiertenpasses mit Lichtbild am blauen Band als solche erwies, standen mir alle Türen offen. Auch hier wieder jede Menge Inder aller Altersgruppen, Gesellschaftsschichten und Bekleidungsstile und dazwischen ein paar ausländische Filmemacher und Akteure, deren Filme im Rahmen des Festivals gezeigt wurden.

Gleich am ersten Tag lernte ich eine australische Filmemacherin namens Penelope kennen – rothaarig, sommersprossig, klar im Kopf und auf der Suche nach einem tollen Liebhaber. Dem sie sich – sollte sie ihn finden – aber versagen müsste, da sie nämlich schon einen tollen Liebhaber hat, wenn er auch in Auroville lebt und momentan nicht verfügbar ist. Wobei sie bei allem Flirten nie ihren eigentlichen Job vergaß, nämlich als Repräsentantin des Sydney-Filmfestivals indische Beiträge zu finden und diese nach Australien einzuladen. Auf Anhieb *sisters in spirit*, sprudelten wir einander Teile unserer Lebensgeschichte hervor. Um uns herum brodelte das Leben, Hunderte von filmbesessenen Indern bemühten sich um Tickets für die Filme im nagelneuen INOX-Cineplex (*»20 films daily on 4 screens!«*), für Festivalbesucher kostenfrei, einschließlich Häppchen und Nescafé.

Irgendwann meldete sich der Hunger – da kam die Kunde von einem Dinner »nur mit Einladung« gerade recht. Eingeladen waren wir nicht, doch das regelte Penelope im Handumdrehen! Sie kannte einen Produzenten, der uns ohne weiteres seinen Wagen und Chauffeur zur Verfügung stellte.

Die Fahrt zum Ort des Festes war lang, aber rasant, da der Fahrer des stattlichen Autos, eines der größten im abendlichen Verkehr, von Bussen mal abgesehen, diese Tatsache ausnutzte und unter ständigem Hupen alles von der Straße fegte, was nicht so eindrucksvoll war wie unser Super-Maruti. Die Stadt lag schon seit einiger Zeit hinter uns – der Fahrer sagte immer nur *»Not far, not far«*.

Langsam wurden wir ein wenig unruhig. Doch dann bog er in die Einfahrt des hell erleuchteten *Ciudad de Goa* ein, eines der edelsten Resorts in Indien. Im parkähnlichen Garten am Ufer des Mandovi spielte die Musik, alles war festlich dekoriert, die Luft mild und das köstliche Buffet viele Meter lang …

Später kam dann ein Mann an unseren Tisch, den ich im Rahmen der Passbeschaffung kennengelernt hatte. Er war in Begleitung eines eindrucksvollen älteren Inders in seidenen Hosen und Kaftan, einem Regisseur, dessen neuester Film im Wettbewerb lief. Als er hörte, dass ich mit Fellini gedreht habe, neigte er sich ergriffen, um die alte indische Geste des Respektes auszuführen: meine Füße zu berühren. Mit sanfter Gewalt hinderte ich ihn daran, woraufhin er meine Hand in die seine nahm und sagte, dass er vor Jahren nach Rimini (Fellinis Geburtsort) ge*wall*fahrtet war, um einmal seinen Fuß auf den Boden der »Heimat des großen Genies« zu setzen. Seine Begeisterung inspirierte mich, und ich erzählte ihm ein wenig von meinen Erlebnissen mit Fellini. Mit tränenschimmernden Augen lauschte er andächtig und bat mich schließlich aufzustehen, damit er mir voll in die Augen sehen konnte, »*als Zeichen des Respekts für den Meister*«, während er meine Hände in den seinen hielt. Wieder einmal war ich von der Emotionalität der Inder berührt – sie ist eine Wohltat für jeden Besucher aus dem Abendland, der sich mal so richtig an strahlender, neugieriger und lächelnd-wohlgesinnter Menschlichkeit sättigen will, die einem aus goldschwarzen und grünblitzenden Wüstenaugen entgegenleuchtet.

Zu später Stunde gab es noch einen ganz besonderen Höhepunkt: Shah Rukh Khan, indischer Superstar, gab sich die Ehre – sofort waren Buffet, Musik, Business und Flirten vergessen. Alle strebten ausnahmslos, laut seinen Namen rufend, nach vorne, um einen Blick auf einen der leibhaftigen Götter des indischen Kinos zu werfen. Der Rummel um einen Hollywoodstar ist nichts dagegen! Indien hat mehr als 300 000 Götter, plus Shah Rukh, Salman Khan und Amitabh Bachchan – mit Aishwarya Rai, Kajol und Preity Zinta als ihren weiblichen Konsorten. Die Inder lieben Film und alles, was damit zu tun hat – und das mit absoluter Vehemenz. Was ich selbst sehr gut nachvollziehen kann …

## Hilfe! Einbruch!!

Am letzten Tag des Filmfestes komme ich gegen elf nach Hause, in die schöne alte Villa aus dem 18. Jahrhundert. Alles finster, nur das Licht über dem schweren Holztor brennt. Dann sehe ich zu meiner Überraschung, dass das Tor nur angelehnt ist. Das dicke Eisenschloss ist weg – ich brauche ein paar Sekunden, bevor ich begreife, dass jemand eingebrochen ist. Vorsichtig betrete ich das Haus und gehe durch die Halle in das große Zimmer, wo mein Schreibtisch steht. Sehe sofort, dass sich jemand an meinem Laptop zu schaffen gemacht hat – die Kabel sind bereits herausgezogen – so als hätte derjenige es sich im letzten Moment anders überlegt. Oder ist überrascht worden. Von mir, wie sich nun herausstellt – denn genau in diesem Augenblick löst sich ein Schatten von der Wand. Ein Jüngling, mittelgroß mit halblangem, lockigen Schwarzhaar, dunkler Wollmütze und dunklem Pullover stürzt an mir vorbei zur Tür hinaus! Hatte sich neben selbiger an die Wand gedrückt. Ich sehe ihn zwar nur von hinten, doch seine Erscheinung brennt sich mir sofort ein. Ich könnte ihn mit Sicherheit aus einer Reihe von Ganoven, die mir den Rücken zukehren, herausfiltern – zumindest, wenn er bis dahin seine Kleidung nicht wechselt.

Ihm hinterherrennen? Eher nicht. (Später fragte man mich ungläubig: *»And you didn't chase him?«*) Soll ich ihn etwa am Pullover packen und freundlich auffordern, mit mir zur Polizei zu gehen – oder mir zumindest erklären, was ihn zu dieser Schandtat veranlasst hat? Wohl kaum. Außerdem bin ich zu überrascht, kann ein paar Sekunden keinen klaren Gedanken fassen. Dann rufe ich ihm aus dem Fenster vollmundige Flüche hinterher – die er wahrscheinlich gar nicht mehr hört, jedenfalls hatte ihn die Dunkelheit bereits verschluckt.

Ich gehe ins Schlafzimmer – überall das totale Chaos! Auf der Suche nach Schmuck und Geld hat der Typ alle Sachen aus dem Schrank gerissen, sämtliche Taschen aufgeschlitzt und die Matratze vom Bett geworfen. Überall auf dem Boden liegen Papiere, Kleidung und Bücher verstreut. Mein Bargeld ist natürlich weg. 8500 Rupees, ca. 200 Dollar.

Hastig suche ich nach Pass, Ticket, Führerschein und Kreditkarte: Alles noch da, *thank God*!

Aber die Energie im Raum ist die eigentliche neue und schmerzliche Erfahrung für mich: respektlos, gierig, brutal.

Dennoch, Glück im Unglück: Auf einer Bank liegt die 30 Zentimeter lange, rostige Eisenstange, mit der das Schloss geknackt wurde. Ein Schauer durchfährt mich, als mir klarwird, was der Räuber damit hätte anrichten können, hätte er das Ding in der Hand gehabt, als ich ihn beim Klauen überraschte …

Das Ganze muss ein Insider-Job gewesen sein: Der rückwärtige Eingang des Hauses liegt zum großen Garten hin, am Ende einer Sackgasse. Null Durchgangsverkehr und gleich daneben das bewachte Guesthouse von Mr. Rodrigues – dessen Sohn im Nachbardorf Hochzeit feierte, zu der alle eingeladen waren, offensichtlich auch der Bewacher! Zudem war Sonntag und die kleinen Läden in der Nachbarschaft geschlossen. Suresh, eine Art »Aufseher«, der am anderen Ende des Grundstücks einen Teil der ehemaligen Pferdeställe dieses 250 Jahre alten portugiesischen Herrenhauses zu einer Bleibe für seine Familie umfunktioniert hat, war mit Frau und Kind auf einem Tempelfest. Und die beiden Alten, frühere Bedienstete mit lebenslangem Wohnrecht, schliefen schon. Anderenfalls hätte Irene mit Sicherheit einen Riesenaufstand gemacht. Sie kann nämlich ungeheuer laut fluchen, wenn sie einen Grund dafür sieht (meistens in Gestalt ihres alten, gebrechlichen Mannes, *der immer nur essen will,* was sie auf die Palme bringt und den sie dann mit einer *leeren* (!) Plastikflasche bedroht und unter lautem Gezeter vom Grundstück zu scheuchen versucht, und – am Tor zur Straße angekommen – wieder ins Haus zurückscheucht).

Der Dieb muss gewusst haben, dass eine Frau alleine, noch dazu eine Ausländerin, im Haus wohnt und die beiden Alten um diese Zeit schlafen. Diesen »günstigen« Moment hat er einfach abgewartet, um den großen Reibach zu machen.

Nun, so groß war dieser Reibach zum Glück nicht, was allerdings nichts an meinem Gefühl des Verletztseins änderte.

Angesichts des Chaos kommen zunächst aber keine echten Gefühle hoch, nur ungläubiges Staunen – erst als Angeli, Sureshs sanfte Frau, die das Haus sauber hält, verstört das Tohuwabohu sieht, mich voller Mitgefühl anschaut und sich dann bückt, um ein paar der herumliegenden Sachen aufzuheben – und nicht etwa, weil es ihre Aufgabe ist, sondern damit ich mir das Chaos nicht länger anschauen muss –, bricht ein Damm in meinem Inneren, und mir kommen die Tränen. *Love always does the trick …*

❈ ❈ ❈

Am nächsten Morgen allerdings bin ich immer noch irgendwie benommen, sitze verstört auf dem Rand meines Bettes und fühle mich wie taub. Dass ich jetzt als Opfer durch die Gegend laufe, kommt allerdings gar nicht in Frage. Im nächsten Moment packt mich sogar heiße Wut. Schnell was übergezogen, gehe ich raus und informiere die Nachbarschaft – die wieder vollständig versammelt ist – über das Geschehen. *»Oh, so sorry«,* sagen sie. Manche wussten es bereits – woher? Nun, das ist Indien, die Kunde von allem verbreitet sich in Windeseile. Den anderen, vor allen den vielen jungen Männern, die in den Läden arbeiten oder herumlungern, mache ich sehr eindeutig und ohne ein Blatt vor den Mund zu nehmen klar, was Sache ist. Stummes Kopfnicken, vorsichtiger Respekt. Anteilnahme – begrenzt! Und als ich sage, ich würde den Typ jederzeit wiedererkennen, glaube ich so etwas wie verlegene Betroffenheit bei ihnen zu spüren. Kann sein, dass ich mich hier irre und wahrscheinlich würde mir der böse Bube nie mehr über den Weg laufen, aber ich will zeigen, dass ich mir nicht vor Angst in die Hosen mache und auf dem Weg zur Polizei bin, um Anzeige zu erstatten – wenn ich auch meine Zweifel an der Nützlichkeit dieses Schrittes habe, von dem man mir vollmundig abrät: »Da wird es so voll sein, und alles wird so lange dauern, wenn Sie überhaupt drankommen – das bringt nichts, *you better forget it*!« Aber einfach hinnehmen will ich diese Unverschämtheit auch nicht.

Also, Taxi genommen und zur Poizeistation gefahren.

Doch siehe da: keine Schlange geduldig Wartender, dafür gleich mehrere stramme Polizisten in den verschiedensten Stadien des Nichtstuns: rauchend, essend, den Schnurrbart zwirbelnd oder auf der schmalen Holzbank ein Nickerchen haltend.

Holla, eine Touristin, jetzt wird sofort Haltung angenommen, aber wie: Bauch rein, Brust raus, der Lathi an der Hosennaht befingert: »*Yes ma'am?*«

Ich erkläre ihnen den Sachverhalt.

»*You saw the subject or did he abscond?*« (Hierzu muss gesagt werden, dass die öffentlichen Organe in Indien sich einer zuweilen erheiternden altenglischen Ausdrucksweise bedienen).

»*Yes, he absconded*« – ist geflohen, »und ich hab ihn leider nur von hinten gesehen.«

»Wollen Sie Anzeige erstatten?«

Aufgrund der Tatsache, dass ich sein Gesicht nicht gesehen habe, halte ich das für wenig erfolgversprechend und verneine.

»Aber ich möchte, dass Sie mit mir zu meinem Haus fahren und schön langsam« – drohend?! – »an den Läden mit den Jünglingen vorbei, die da arbeiten und/oder ihren räuberischen Freunden verraten, dass gleich nebenan eine Deutsche alleine wohnt, keinen Beschützer an ihrer Seite – dafür aber sicher ungeheure Summen Bargeld, Schmuck und teure elektronische Geräte rumliegen hat, die nur darauf warten, von einem Dieb eingesackt zu werden.«

Der mit dem Lathi, wohl der Chef, ist einverstanden und befiehlt zwei Kollegen mitzukommen. Wir fahren tatsächlich schön langsam an den kleinen Läden vorbei, sehr zum offensichtlichen Erstaunen der Jungmänner. Gehen dann gemeinsam ins Haus, der Chef nimmt die Beweisstücke – eine Eisenstange und ein aufgebrochenes Schloss – an sich, und die Hand an der Mützennaht, rät er mir, immer alles gut zu verrammeln und mir möglichst schnell einen männlichen Beschützer zuzulegen. Dann macht er auf dem Absatz kehrt, setzt sich in seinen Jeep, schaltet die schrille Sirene ein und fährt noch einmal bedrohlich langsam – *Ich habe euch im Visier!* – an den Jünglingen vorbei. Räuber und Bargeld werde ich sicher nicht wiedersehen, aber das kann ich verschmerzen. Jedenfalls habe ich gezeigt, dass ich nicht den hypothetischen Schwanz einziehe, und das war mir wichtig …

※ ※ ※

Dennoch muss ich gestehen, dass mir die Freude an diesem wunderbar weitläufigen Haus ein wenig abhandengekommen ist und ich seitdem nicht mehr da war. Was allerdings auch daran liegt, dass der alte goanische Herr, dem das

Haus gehört und der mit seiner Familie in London lebt, bei einem seiner gelegentlichen Aufenthalte in Goa den Anbiederungen eines redegewandten potentiellen »Managers« vor Ort nicht widerstehen konnte, der die Möglichkeit sah, durch sein »Managen« die eigenen Taschen zu befüllen und trotz erfolgten Raubes von einer Saison auf die andere die Miete um 100 Prozent aufgestockt hat. Das, finde ich, geht nun *wirklich* zu weit …

Was jedoch meiner Freude an Indien allgemein glücklicherweise keinen Abbruch tat.

# Kamele in Pushkar

Zwei Jahre später, wieder in Rajasthan, wieder in Pushkar. Alljährlich zur Vollmondzeit im November findet hier die berühmte *Camel Fair* (Kamelmarkt) und *Mela* (Jahrmarkt hochspiritueller und ausgesprochen irdischer Vergnügungen) statt. Auf dem Weg dorthin überholten wir so manchen Wüstensohn hoch auf seinem hölzernen Karren, beladen mit dicken Bettrollen, verschnürten Zeltplanen und Haushaltsgerät, gezogen von buntgeschmückten und mit Henna bemalten Kamelen samt ihren Kälbern, die sich alle so wunderbar hochnäsig wiederkäuend dahinwiegten. Andere führen an langen Leinen ihre Pferde mit, die ebenso wie die Kamele auf dem Markt verkauft werden sollen. Diese Männer mit ihren üppigen, bunten Turbanen und weißen Beinkleidern kommen aus den entlegensten Ecken Rajasthans, was angesichts des gemächlichen Dahinschreitens der Kamele bedeutet, dass sie viele Tage lang zur Mela unterwegs sind und nachts in einfachen Gasthäusern entlang der Straße oder unterm Sternenhimmel den Tieren und sich selbst eine Ruhepause gönnen. Zu gerne hätte ich mal einen Tag und eine Nacht lang das Taxi gegen ein solches Holzgefährt eingetauscht – zumindest in der Vorstellung ein verlockendes Erlebnis.

Ich hatte auch dieses Mal im *government guesthouse* am heiligen See von Pushkar ein Zimmer reserviert, weit genug vom Markt entfernt, falls ich dem bunten Treiben mal entfliehen wollte.

Im Laufe der nächsten drei Tage kommen immer mehr Männer mit ihren Kamelen, Büffeln und den hochbeinigen, schwarzweiß gefleckten Marwar-Pferden, die nur in Rajasthan gezüchtet werden. Früher war es das Privileg der Maharajas und Aristokraten, diese für Polo und Jagd gezüchteten Pferde zu reiten, heute sind sie vor allem in Saudi-Arabien und in den Golfstaaten sehr begehrt. Doch auch »bürgerliche« Rajputen, von denen die meisten in den unzähligen Dörfern Rajasthans leben, sind heute stolze Besitzer dieser Pferde. Viele von ihnen kommen jedes Jahr zur Zeit des Vollmonds im November nach Pushkar, um Polowettkämpfe und wilde Pferderennen zu veranstalten und die Tiere später, wenn der Preis nach langem Feilschen stimmt, zu verkaufen. Desgleichen ihre Kamele, die sie mit heiligen Symbolen bemalt und mit klingenden Glöckchen, Bändern und Münzen reich verziert zum Verkauf anbieten.

Doch nicht nur turbantragende, schnauzbärtige Männer jeden Alters, von denen keiner ein Quäntchen Fett zu viel am Körper hat und die alle manchmal scheu, doch meistens offen und stets feurigen Blickes Augenmaß an der Fremden nehmen, bewegen sich alleine oder in Gruppen durch die engen Straßen von Pushkar. Der Markt gilt nämlich nicht nur dem Verkauf von Kamelen und Pferden sowie der spirituellen Reinigung, sondern hat auch als Heiratsmarkt eine lange Tradition. Nach und nach erscheinen in Begleitung ihrer wachsamen Mütter und Tanten immer mehr schöne, junge Rajasthani-Frauen in den farbenprächtigsten, mit Spiegelchen und silbernen Applikationen reichgeschmückten Saris, deren Schals sie mit schmalen Händen anmutig-kokett über eine Seite ihres Gesichtes ziehen und der fremden Schwester die andere Seite mit funkelnden Schwarzaugen lachend zuwenden. Ich lächle zurück, freue mich am anmutigen Gang dieser Gazellen und dem langsam verklingenden Klimpern ihrer Fußkettchen. Dazwischen wieseln die Kinder herum, betteln mich um Schokolade und Rupien an, lachen und feixen – und wenn ich nichts gebe, *no problem*, dann wird eben der Nächste bezirzt.

Am Straßenrand sitzen fröhliche Bettler, ganze Familien mit kleinen Kindern, die zum großen Teil von weit her per Bus, Karren oder zu Fuß zum Jahrmarkt ins heilige Pushkar gewallfahrtet sind, da sie wissen, bei der Mela geht niemand leer aus. So sitzen sie da beieinander, ein ganzes Dorf auf der einen Seite und ein anderes gegenüber. Sie plaudern, kochen, lachen und übersehen die Fremde glatt, bis diese unvorsichtigerweise einem kleinen Mädchen ein paar Rupien gibt. Im nächsten Moment sind alle Kinder auf Tuchfühlung um mich herum, strecken ihre Hände aus, lachen mich an und plappern munter drauflos – ich verstehe die Worte nicht, weiß aber, was sie wollen: *Money, money, money.* Okay, hier sind noch ein paar Münzen, aber jetzt ist genug! Das verstehen sie nun gar nicht, muss ich halt ein wenig deutlicher werden. Das kann ich mittlerweile und es funtioniert. Aber man muss nicht glauben, sie seien deshalb gekränkt oder sauer. Nein, nein, das Lachen ist auch dann noch auf ihren Gesichtern, wenn sie sich trollen.

Als ich spätabends zu meiner Herberge zurückgehe, steige ich vorsichtig über die zusammengerollten Gestalten, die unter dünnen Deckenfetzen am Straßenrand liegen – die Babys in der Mitte zwischen den Eltern und Geschwistern – und friedlich schlafen.

Die heilige Mela, deren Mittelpunkt das Eintauchen in den künstlichen See darstellt (der Legende nach eine Träne Shivas, geweint aus Ergriffenheit über die Schönheit des Landes) und der ganz irdische Kamelmarkt wären aber gar nicht typisch indisch, wenn es nicht auch unzählige Verkaufsstände von Haushaltsgeräten bis zu Mobiltelefonen gäbe, sowie drei uralte, hausgemachte und handbemalte Riesenräder, bei deren Anblick mir ganz mulmig wurde ob ihrer zweifelhaften Standhaftigkeit. Sehnsüchtig werden sie von Trauben barfüßiger Kinder angestarrt, die sich die 20-Rupien-Fahrkarte nicht leisten können.

Zumindest dachte ich das, bis ich fünf Kindern jeweils eine Karte für sechs Fahrten kaufte und dann feststellen durfte, dass sie alle nur einmal gefahren sind und in der nächsten Minute wieder mit ausgestreckten Händen lachend neben mir standen, um von der einfältigen Fremden Geld für das nächste klapprige Karussell zu erbetteln. Und da wurde mir klar, dass diese »armen Kleinen« mit den Betreibern dieser Kuriositäten «zusammenarbeiten«, indem sie die Leute um Geld anbetteln, denen es an diesen festlichen Tagen besonders locker in der Tasche liegt. Doch dann fahren sie gar nicht Riesenrad oder Ähnliches, sondern setzen sich nur mal kurz rein, um anschließend mit dem Tickteverkäufer in seinem Käfig halbe-halbe zu machen. Sehr gerissen. Und sehr indisch. Die Löhne der meisten Menschen sind trotz *»India! Shining«* immer noch lächerlich niedrig, ihre Familien dafür aber umso größer – da muss der umtriebige Inder sich was einfallen lassen, auch wenn er erst fünf ist.

Dummerweise habe ich mir, wahrscheinlich wegen der stündlich dank Tausender Hufe staubiger werdenden Umgebung, einen solchen knarzenden Husten zugezogen, dass ich mir nachts fast die Seele aus dem Leib keuche und mit jedem Tag schwächer werde. Morgens beim Aufstehen habe ich das Gefühl, als hätte mir die ungeheure

Trockenheit der Luft das Mark aus den Knochen gesaugt. Und mit dem Schlafen und Kräftesammeln während der Nacht war es auch nicht weit her: Bis zum frühen Morgen klangen aus den vielen kleinen und großen Hindutempeln mit und ohne Verstärker heilige Lieder durch die Nacht, begleitet von Instrumenten, Trommeln und Glöckchen aller Art und gesungen von nur zum Teil begnadeten Stimmen; manche waren auch einfach heiser, dissonant oder mehr als Sprechgesang unterwegs. Zu normalen Zeiten liebe ich das an Pushkar: Hier und da, wenn es Abend wird und der Duft von Rauchwerk die Luft erfüllt, hört man vielstimmiges Bhajan-Singen oder den Gesang des Muezzin, der zum Gebet ruft. Doch während der Mela gibt es keine Pause und kein Halten mehr – alles, was orange gekleidet ist, Rastahaare, Asche auf der Stirn und Haschisch im Chillum hat, chantet, was das Zeug hält. Und an Schlafen ist dabei nicht mehr zu denken. Wenn man aber eh schon von Husten und allergischer Schnupferei ausgemergelt ist, ist dieses vierundzwanzigstündige Wachsein oder bestenfalls Dahindösen nicht so das Wahre, vor allem wenn es absolut keinen Ort der Stille gibt, nicht mal ein halbes Stündchen lang. Ich merke, dass ich bald gehen muss, so gerne ich auch geblieben wäre.

Doch etwas wollte ich auf jeden Fall noch erleben: einmal auf einem Kamel reiten. Also pilgere ich noch ein letztes Mal zu dem riesigen, offenen Platz am Rande der Wüste, wo ein paar Kamele und ihre Besitzer – zum Teil Knaben von gerade mal zehn Jahren – auf Touristen warten, die für ein paar Rupien mal eine Stunde Kamelsafari erleben wollen. Habe mich von einem glühenden, wortgewandten Anbieter der »außergewöhnlich guten Umgangsformen meines lammfrommen Kamels« dazu überreden lassen, den Rücken des hochmütig Wiederkäuenden zu besteigen. So ganz wohl war mir nicht bei der Sache, auch weil mir in diesem Moment meine chilenische Nachbarin im Guesthouse einfiel, die von ihrer Prellung und dem Schreck erzählt hatte, den sie am Vortag aufgrund der weniger guten Umgangsformen ihres jungen unerfahrenen Kamels davongetragen hatte, als dieses sich zuerst von einem hupenden Motorrad und dann von einem vierbeinigen Kollegen irritiert fühlte. Es schwankte heftig und schlug seitwärts aus, während es für die kamelrittunerfahrene Frau nur den kleinen Holzknauf des Sattels gab, an dem sie sich verzweifelt festhielt, während die beiden Tiere einander voll in die Breitseite rammten und ihr Bein dabei eingeklemmt wurde. Runtergefallen ist sie zwar nicht, aber noch Stunden später dachte sie mit Horror an diese Momente. Ihr Bein war so schmerzhaft geschwollen und blaurot angelaufen, dass sie zum Arzt musste. Der Mut wollte mich gerade verlassen und ich mich wieder abwenden, als der umtriebige Kamelbesitzer, meine Ängstlichkeit spürend, einschmeichelnd sagte: »*Just sit on it, very good animal, you no need ride, is very nice and friendly!*« Also gut. Doch von wegen *no need ride*. Kaum saß ich drauf, erhielt der Wiederkäuer von seinem Meister einen unsanften Schlag auf die unter ihm zusammengefalteten Knie verpasst und erhob sich, ich hatte das Gefühl: ungern. Das heißt, es erhob sich, und ich fiel beinahe runter, da das Kamel nämlich zuerst hinten hoch geht. »Oh Mama, Mama, Mama!«, entfuhr es mir, und die herumstehenden jungen Männer lachten und äfften mich gutmütig nach: »*Mama, Mama, Mama!*« Dann war auch das vordere Ende des Kamels aufgestanden. Sein turbantragender, barfüßiger Besitzer mit beeindruckend hochgezwirbeltem Schnurrbart klemmte sich die durch die Nase des Tieres gezogene Leine unter den Arm, und wir schaukelten los. Ein paar Minuten war ich noch ängstlich, fürchtete, runterzufallen aus schwankender Höhe, doch dann begann ich das Ganze zu genießen. Vor mir breitete sich die Wüste aus, in der Ferne eingerahmt von bläulich schimmernden Hügeln, von einem abenddroten Himmel überdeckt, an dem in voller Pracht der Mond leuchtete. Der Boden bis zum Horizont übersät mit Zelten, vor denen Männer in Gruppen hockten, Wasserpfeife rauchten oder auf dem Feuer ihr Nachtmahl kochten, zu der Frau auf dem Kamel hochsahen, die Hände aneinanderlegten und mir lächelnd, mit anmutiger Wackelgeste des Kopfes, einen abendlichen Gruß zusandten. Bald begann sich mein nicht zu übersehender Hang zum Dramatischen wunderbar mit der noch weniger zu übersehenden Liebe der Inder für alles Dramatisch-Emotional-Bunte zu vermählen, und so hörte ich immer wieder: *»You look beautiful up there! Like princess!«* Was ich dann auch so empfand und mit einer freundlichen Geste der ausgestreckten Hand, die vielen Indern eine Dankesbezeigung ist und die mir ganz leicht »von der Hand ging«, erwiderte. Es war herrlich, das langsam dahinschreitende Kamel unter mir, der wiegende Gang des Tieres, der sich auf meinen Körper übertrug, der riesige Vollmond am langsam dunkler werdenden Himmel, die feurigen Blicke lächelnder Männer und das aufmunternde Nicken der Frauen. In jedem Fall habe ich es genossen und eine Stunde lang meinen Husten und meine Schwäche komplett vergessen! Hin und wieder musste ich den Kopf einziehen, wenn wir unter niedrig hängenden Stromleitungen hindurchgingen, über die zudem noch die Affen turnten, denen in Pushkar neben anderen Gottheiten in Menschen- und Tiergestalt ebenfalls ein Tempel geweiht ist.

Als die Stunde um und die 200 Rupees verritten waren, wäre ich gerne noch länger so weitergezogen. Aber jetzt war es dunkel, und ich hatte aufgrund einer leichten Ungeduld des Tieres das deutliche Gefühl, dass sowohl Kamel als auch Führer das Ende ihres Arbeitstages spürten und zurückwollten. Die kurz zuvor erhaltene Einladung von Mahendra Singh, dem Bruder des Maharaja von Udaipur, zu einer elftägigen Kamelsafari von Jaipur nach Jeisalmer am Rande der Thar-Wüste mit Zelten, Koch, Jeep, Pferden, Teppichen und allem, was nach Ansicht Eingeweihter eine Kamelsafari und Nächte unter freiem Himmel zu einem fantastischen Erlebnis macht, war mir durchaus verlockend erschienen. Jetzt jedoch nicht mehr, da ich schon nach einer Stunde breitbeinigen Geschaukeltwerdens meinen Hinterteil auf eine völlig neue Art spürte – ganz zu schweigen also von täglich zehn Stunden. (Auch das damit einhergehende Angebot, die Geschichte des Hauses Singh neu zu schreiben – natürlich unter Anleitung Eingeweihter, da der Bericht der Engländer aus der Kolonialzeit »nicht den Tatsachen entspricht«, wie mir vehement versichert wurde –, musste ich ablehnen – leider. Es war einfach nicht der richtige Zeitpunkt.) Aufgrund des Staubs, der täglich schlimmer wurde, je mehr Tiere kamen und ihn hochtrampelten, hatte ich nach wie vor einen schlimmen Husten und verließ Pushkar daher schon am nächsten Tag. In aller Herrgottsfrühe mit dem Taxi 150 Kilometer nach Jaipur, dann per Flugzeug nach Bombay und mit zweistündiger Verspätung von Bombay nach Vasco da Gama in Goa und in ein Guesthouse am Strand. Ein langer Tag für meine geschwächten Bronchien – die Umstellung von heiß und staubtrocken auf schwül und 85% Luftfeuchtigkeit nicht zu vergessen! Nun ja, habe dann drei Tage lang nix getan, kaum einen Gedanken gefasst, mich am Strand rumgelümmelt, ein bisschen was gelesen, gedöst, bin den Husten einigermaßen losgeworden und in der Nacht doch tatsächlich aus dem Bett gefallen. Resultat: verstauchte Hand! Verwundert, über diesen ungewöhnlichen Unfall, untersuchte ich das Bettgestell näher und stellte fest, dass der Meister, der diese klapprige Lagerstatt gebaut hatte, bar jeder möbelarchitektonischen Kenntnisse gewesen sein musste. Die Beine des Holzbettes waren nicht da, wo sie hingehörten, nämlich an den vier Enden, sondern jeweils – wie bei einer wohlerzogenen Lady, der man eingebläut hat, die Beine immer schön zusammenzuhalten – paarweise nebeneinander in der Mitte angebracht. Bewegte man sich dann im Schlaf zu sehr an den Bettrand, kippte das Ding eben um, man fiel heraus und wachte mit einem Schrei auf.

❈ ❈ ❈

Entnervt zog ich noch einmal zurück in die alte Villa. Der schattenlos heiße Weg zum Strand ist lang und wird daher nur selten von mir zurückgelegt. Doch wenn ich dann erst mal untätig am Strand liege und die Sonne vom Himmel brennt, sodass es trotz Palmblattdach kaum auszuhalten ist, mir der lange Rückweg nach Hause aber wie ein Gang durchs Fegefeuer erscheint, den ich lieber auf den kühleren Abend verschiebe – dann habe ich reichlich Gelegenheit, meine Neigung zur Kritik an meinen kaum bekleideten Mitmenschen zu bekämpfen. Ich weiß nicht recht, warum, aber wenn ich selbst halbnackt – und kaum im Zustand physischer Perfektion – am Strand liege, bin ich oft sehr unleidig mit den vermeintlichen körperlichen und sonstigen vermuteten Schwächen der Sonnenhungrigen in meiner Umgebung. *Doch ich arbeite daran,* wie es so schön heißt.

# *M*it 90 noch unterwegs

Anstatt meine Mitmenschen zu kritisieren, lege ich mich zurück und schließe die Augen. Die neunzigjährige Dame – denn eine solche ist sie – kommt mir in den Sinn, die ich kurz zuvor kennengelernt hatte und die mir nicht den Eindruck machte, als würden ihr Gedanken über physische

Perfektion, was immer das letzten Endes sein mag, zusetzen. Ich sah sie im Restaurant eines Hotels in Jaipur. Mit ihrem blumenbedruckten Seidenkleid und den feinen, roten Pumps, ihrem üppigen, edlen Silberschmuck, der altrosa Perücke, dem blutroten Lippenstift auf dem schmalen Mund und ihren herben Marlene-Dietrich-Zügen erinnerte sie mich an eine preußische Adlige, die Gott weiß was nach Indien verschlagen hat. Und die, da sie offenbar Zuhörer brauchte, ihr scharfes Auge auf ein still leidendes schottisches Ehepaar geworfen und selbiges erfolgreich eingefangen hatte. Den Mann zierte eine jener typisch angelsächsischen Locken, die ihm frech über das linke Auge fiel, während sich die Seite rechts vom Scheitel gezähmt ordentlich und zurückhaltend verhielt, was seiner Natur eher zu entsprechen schien. »Marlene« redete und redete, und die höfliche Geduld der Schotten oder ihre Unfähigkeit, ein Wort unterzubringen und sich gegebenenfalls zu verabschieden, sorgten dafür, dass sie ein ausdauerndes Publikum hatte. Nichtsdestotrotz interessierte mich die Dame, und als ich an ihrem Tisch vorbeiging und sie ansah, maß sie mich von oben bis unten mit einem kurzen, kühlen Blick, ohne ihren Redeschwall zu unterbrechen, wenn ich auch einen Moment der Verlangsamung festzustellen glaubte.

Am Tag vor meiner Abreise sitze ich im Garten des Hotels und frühstücke, als ich einen sich räuspernden Schatten hinter mir spüre, der zögert und kurz innehält. Wer immer es sein mag, ich spüre, dass derjenige mit mir sprechen will. Es ist die Dame mit dem Adlerblick. Ich biete ihr einen Stuhl an, sie setzt sich und beginnt nach kurzer Einleitung aus ihrem Leben zu erzählen.

Das tut sie so interessant, dass ich mehr erfahren möchte: Sie kommt aus Fulda (von wegen preußisch!), lebt seit einem halben Jahrhundert in Kanada, ist promovierte Literaturwissenschaftlerin, war nie verheiratet, hatte nie Kin-

der, doch schon mit 36 (sprich 1942!) ihre ersten anderthalb Millionen Dollar selbst verdient, wie sie mir glaub-
würdig versichert.

Den Krieg verbrachte sie in Übersee mit der Vermehrung
ihrer Millionen, bevor sie im reifen Alter von 73 eines Tages
erneut die Ungeduld packte und sie das dringende Bedürfnis verspürte, nach Patagonien auszuwandern, wo ein paar
entfernte Verwandte wohnten, die sie noch nie gesehen
hatte. Gesagt, getan. Nun ergab sich aber ein Problem, nämlich die schlecht verarbeiteten Möbel der Patagonier, die
man sich unmöglich ins Haus stellen kann! Da half nur
eins: Die qualitativ einwandfreien Möbel aus ihrer herr-
schaftlichen Wohnung in Fulda, die sie nie aufgegeben
hatte, mussten den langen Weg übers Meer antreten. Das
aber war im Argentinien der 70er Jahre gar nicht so einfach – wollte man damals mit Sack und Pack und Möbeln
ins Land kommen, musste man *resident* sein. Der schnellste
Weg, diesen Status zu erlangen, war auch damals schon
die Heirat. Also ehelichte sie einen zwanzig Jahre jüngeren,
schwulen Argentinier, bezahlte ihn fürstlich, ließ ihre Ei-
chenmöbel übers Meer schiffen, richtete sich in ihrem
Haus in Patagonien ein und schickte den Argentinier zurück. Drei Jahre später hatte sie von diesem Ausflug die
Nase bereits wieder voll. Zu einsam, zu stürmisch, zu ein-
tönig, zu viel Natur. Also ab nach Kanada, mitsamt den Möbeln, wo sie bis heute lebt, abgesehen von den sechs Monaten pro Jahr, die sie in Europa und Indien unterwegs ist.
Eine neunzigjährige, unermüdliche Dame von Welt, die mit
altrosa Perücke und eleganten Pumps durch das wüsten-
staubige Rajasthan reist. Eine der Freuden des Unterwegs-
seins: die Menschen, denen man begegnet!

# *I*m Ashram

Wieder einmal in Goa, setzt mir Christine, eben erst kennengelernt, den Floh ins Ohr, nach Puttaparthy in Andrah Pradesh zu fahren und den Ashram von Sai Baba zu besuchen.

Ich bin zwar kaum geneigt, einem Meister zu folgen bzw. habe noch keinen getroffen, dem ich hätte folgen mögen – wenn auch meine erste Übersetzung vor vielen Jahren ein Buch über Sai Baba war. Und obgleich die Autoren in den höchsten Tönen von dem »Heiligen« mit seinem Afrolook geschwärmt hatten, war ich nicht überzeugt von seiner »Meisterschaft«. Doch schon lange wollte ich einmal erleben, wie es in einem Ashram zugeht, also nahm ich den Vorschlag an und machte mich drei Tage vor Weihnachten auf den langen, beschwerlichen Weg: Die 14-stündige Busfahrt im Modell »Luxus-Volvo« (was in Indien heißt: schmuddelig, laut, eng, zusammenbruchgefährdet), in diesem Fall von einem waghalsigen Fahrer mit alarmierend blutunterlaufenen Augen durch die Nacht gesteuert, samt seinem meist dösenden *sidekick* – der bei Bedarf wie von Zauberhand geweckt den Kopf aus dem Fenster streckte und dem Fahrer zurief, wie knapp er noch von einem steilen Abhang oder dem nur bruchstückhaft vorhandenen Brückengeländer entfernt sei –, ständig haarscharf an Katastrophen vorbei und dennoch beeindruckend sicher. Habe einen Teil der rasanten nächtlichen Fahrt im Führerhaus verbracht, wo uns die voll aufgedrehten Scheinwerfer entgegenkommender Lastwagen blendeten, untermalt von dem rhythmischen Aufblitzen einer Kette bunter Lichter vor der Figur eines indischen Weisen auf dem Armaturenbrett, einvernehmlich neben der Jungfrau Maria, umnebelt vom Duft glimmender Räucherstäbchen …

Gegen elf Uhr am nächsten Morgen kommen wir in Banga-lore an und stolpern durch den unvorstellbar dichten Ver-kehr direkt ins vorgebuchte Hotel. Das heißt, nicht von mir gebucht: Christine wollte eine Freundin treffen, und sollten wir einander sympathisch sein, würden wir einfach um ein weiteres Bett bitten. Ich sehe das Zimmer und weiß, zu dritt wird das nichts. Nehme mir ein eigenes und treffe beide Frauen abends zum Essen.

Meine intuitive Entscheidung stellt sich als richtig he-raus, denn die Freundin und ich geraten uns »philoso-phisch« schnell in die Haare: Sie lebt einen Teil des Jahres in Pondicherry – als gut verdienende Seminarleiterin. In edles Weiß und leuchtendes Orange gehüllt, mit selig ent-spanntem und sorgsam gepflegten Gesichtsausdruck, sanf-ter Stimme und einem nervösen Augenzucken – im Nach-hinein empfand ich sie wie einen Schluck Wasser. Sie war eine dieser New-Age-Blondinen, bei denen ich auf Anhieb nicht so sehr »Spiritualität«, sondern den Wunsch nach Luxus und 5-Sterne-Hotels sehe. Was ja völlig okay und nachvollziehbar ist, aber unter dem Deckmäntelchen der »Spiritualität« versteckt und von zahllosen, teuer zahlen-den Seminarteilnehmern finanziert wird, die der Erleuch-tung ein Stückchen näher zu rücken hoffen …

*There is no business like show business!*

Wie dem auch sei, *my own room it is*.

Am nächsten Nachmittag, die beiden Frauen sind schon auf dem Weg nach Puttaparthy, nehme ich mir ein Taxi, ver-suche erfolglos, über den gesalzenen Preis zu verhandeln und akzeptiere schließlich, was bleibt mir anderes übrig. Noch mal acht bis zehn Stunden mit dem Bus, nein danke.

Die vierstündige Autofahrt durch das »richtige« Indien – im Gegensatz zu Goa und seinem *»soft landing«* mit gerade mal genug indischem Ambiente, um eine Ahnung von In-dien zu bekommen – ist ein Vergnügen. Keine Städte mehr, nur kleine und kleinste Dörfer; kaum Verkehr, Reisfelder, in denen glänzend schwarze Wasserbüffel mit geschwungenen Hörnern grasen, auf dem Rücken schneeweiße Reiher, die ihnen die Parasiten aus der Haut picken. Die Erde rot wie ein Sonnenuntergang am Pazifik. Wüstenklima. Ziegenherden, deren barfüßige Hirten nur mit Lendenschurz und einem langen Stock versehen sind, den sie nicht zimperlich anwenden, sollte eines der Tiere die Neigung verspüren, sich selbständig zu machen – oder vor ein Auto zu laufen. Anhalten, Hupen, Rufen, Meckern – ein wahres Konzert, das sich auf dieser Fahrt viele Male wiederholt.

Gegen Abend kommen wir im geschäftigen Puttaparthy an und fahren direkt vor das riesige, hellblaue Tor des Ashrams. Das verschlossene Gitter wird geöffnet, und ein mürrischer Devotee, ganz in Weiß und à la Pfadfinder mit einem blauen Tuch um den Hals, das ihn als freiwilligen Helfer ausweist, schaut in das Innere des Wagens und sagt wenig freundlich »Aussteigen und Kofferraum öffnen«. Er durchsucht kurz mein Gepäck und lässt uns dann passieren. Sicherheit scheint oberstes Gebot – und ist auch hier, wie überall, Aufgabe von entschlossenen, wenig zu überflüssiger Freundlichkeit neigenden Menschen.

Der Fahrer kennt sich aus im Ashram und bringt mich zum *registration office*. Dort erfahre ich, dass es keine Zimmer mehr gibt und werde an einen Schlafsaal für Frauen verwiesen. Auch die Matratzen sind alle weg, also muss ich sehen, wo ich eine herkriege. Der Fahrer bietet mir an, mit meinem Gepäck zu warten, während ich sogleich von mehreren schmächtigen Männern umringt werde, die sich gegenseitig lautstark wegschubsen, um meine Matratze zu tragen, so ich sie dann mit ihrer Hilfe gekauft habe.

Ein bejahrter, fußlahmer Mann trägt den Sieg davon. Er weiß, wo es günstige Matratzen und Leintücher gibt, und los geht's.

Nun kauft man in Indien nichts, ohne ausgiebig über den Preis zu verhandeln – und in Puttaparthy ist das nicht anders. Schließlich einigen wir uns, der Alte trägt meinen Einkauf auf dem Kopf, und wir traben zurück zum Ashram, wobei ich Mühe habe, ihm zu folgen.

Mittlerweile ist es dunkel, und soeben ist der abendliche Darshan zu Ende. Tausende von Menschen sind jetzt auf den Beinen, und wir müssen uns bis ans Ende des Ashrams durchwinden, wo das Gebäude mit meinem Schlafsaal liegt.

Plötzlich stellt sich uns ein weiß gekleideter Mann in den Weg, aufgeregt gestikulierend und mich informierend, dass ich meine Tasche im Laden liegengelassen habe. Aber nein, ich hab sie doch in der Hand. *»No, you look! Purse is lost!«* Ohne zu fragen, wie er das wissen kann, schaue ich in meine Handtasche – und tatsächlich, meine Brieftasche mit Pass, Kreditkarte und Geld ist nicht mehr da! Hatte sie beim Hin und Her des Handelns abgelegt und vergessen einzustecken. Bis heute weiß ich nicht, wie innerhalb von Minuten diese Information zu dem Mann in Weiß gelangt ist, der mich dann sicheren Auges aus der dichten Menge herausfilterte (der matratzentragende Porter mag ein Zeichen gewesen sein). Auf dem Absatz kehrtmachend und kaum aus dem Ashramtor heraus, kommen mir auch schon der Kaufmann und sein Gehilfe winkend entgegengerannt und geben mir strahlend zu verstehen, dass sie es waren, die angerufen (wo? wen?) und dafür gesorgt hatten, dass man mich informiert. Dankbar nehme ich meine Sachen entgegen und verspreche, beim nächsten Einkauf nicht mehr zu handeln – uneingedenk der Tatsache, dass die Kaschmiri (denn das waren sie) das Handeln mindestens so sehr lieben wie das Verkaufen.

Der Schlafsaal, mindestens 300 Quadratmeter groß, wird von etwa hundert Frauen aus aller Welt geteilt. Kreuz und quer durch den Raum gespannt sind Wäscheleinen, auf denen bunte Tücher, Laken, Sarongs und Kleider hängen, um auf diese Weise ein wenig Privatsphäre zu schaffen.

Manche Frauen haben sich so mit Tüchern eingeigelt, dass eine Art Raum im Raum entstanden ist und man ihre Schlafstelle nicht mehr sehen kann. Das Ganze ist ein schönes und farbenfrohes Bild, begleitet vom vielstimmigen leisen Geschnatter der Frauen. Es gefällt mir auf Anhieb.

Die »guten« Plätze an den Wänden oder unter den Fenstern sind belegt, also lege ich meine Baumwollmatratze in die Mitte des Saales, hänge ein paar Seidentücher am Kopfende auf und richte mich vor aller Augen ein. Es gibt fünf Duschen und fünf Toiletten, nicht viel für hundert Frauen, aber erstaunlicherweise gab es nie Engpässe: Man brauchte das eine oder das andere – und stets war etwas frei. Nicht immer blitzsauber, aber erträglich.

Um neun geht das Licht aus, und die meisten liegen dann auch brav auf ihren Matten. Meine Uhr tickt anders, zudem bin ich gerne nachts draußen, vor allem an milden Abenden unter einem Himmel voller Sterne. Es gibt ausgedehnte, (noch) nicht bebaute Flächen im riesigen Ashramgelände, von Freiwilligen auf Plastikstühlen bewacht. Was sie bewachen? Konnte ich nicht herausfinden, nur dass es irgendwelche Sicherheitsauflagen gab. Vor allem die männlichen Devotees aus Sikkim nahmen diese Aufgabe wahr. Und das sieht dann ungefähr so aus: Spätabends gesellt sich die ganze Familie dazu, mit der sie in viertägiger Zugfahrt aus dem hohen Norden hierhergekommen sind, um des Segens einiger Darshans mit Sai Baba teilhaftig zu werden, bevor sie drei Tage später die lange Rückfahrt antreten. In Spalten geschnittene süße Papayas werden herumgereicht, dazu Reis und Gemüse, Bisquits, Soft Drinks und chiligewürzte Knabbereien. Kaum des Englischen mächtig, verstehen wir einander lachend und radebrechend, und alles ist gut. »*Come back tomorrow. Sai Ram!*«, rufen sie mir nach.

Irgendwann gehe auch ich schlafen, auf der dünnen Matte ist das allerdings so eine Sache! Ich wache diverse

Male auf, weil mir alle möglichen Körperstellen weh tun – und die Inder schlafen fast immer so! Komme mir verwöhnt vor und beschließe, mich nicht von Wehwehchen irritieren zu lassen – bis dennoch zwei Tage später mein Bedürfnis nach etwas Komfort siegt und ich mir im ashrameigenen Supermarkt eine Schaumstoffunterlage kaufe, auf die bereits nach der ersten Nacht durchgelegene Matratze lege und von da an leidlich schmerzfrei schlafen kann.

Mit dem Darshan (wo man der Anwesenheit des Meisters im Tempel beiwohnt) lasse ich mir Zeit, gehe erst am dritten Tag hin. Schon um drei Uhr morgens wird es im Schlafsaal sanft lebendig, wenn die ersten Devotees aufstehen und sich leise fertigmachen. Wer einen guten Platz in den ersten Reihen haben und sichergehen will, den Meister zu sehen und vor allem von ihm gesehen zu werden, so er denn erscheint – was nicht immer der Fall ist –, muss spätestens noch vor Tagesanbruch am Eingang zum Tempel sein. Dort stellen sich die ergebenen Devotees in langen Schlangen an – Männer und Frauen getrennt – und werden schließlich von bärbeißigen Inderinnen im Sari, denen ihre Machtposition Spaß zu machen scheint, nur dann nach vorne gelassen, wenn sie die richtige Kleidung tragen (mit Ärmeln, knöchelbedeckender Rock oder Hose, Schultertuch, lange Haare hinten zusammengebunden, minus Handtaschen, Telefon, Wasserflaschen, etc). Sollte etwas Ärmelloses unter dem Schultertuch entdeckt werden, muss man – wie es mir passiert ist – ganz nach hinten, in die »Strafkolonie«.

Ich bin nur einmal nachmittags zum Darshan gegangen, in den riesigen bunten Tempel, der mit zahllosen Kristallleuchtern geschmückt ist. Nach zwei Stunden auf harten Steinfliesen, mit gerade mal genug Raum, um mit angezogenen Knien zu sitzen, wird Sai Baba zu leiser Musik von mehreren hochgewachsenen, jungen, weiß gewandeten Männern gemessenen Schrittes zu passender Musik im

201

Rollstuhl in den Tempel geschoben. Ein ehrfürchtiges Murmeln geht durch die Reihen der Tausende – weißhaarige Inderinnen, von weit her gekommen, können sich nicht beherrschen und springen voll ehrfürchtiger Begeisterung auf, falten die Hände zum Namaste-Gruß und verneigen sich, bevor sie auf das wortlose Zischen und Drängen der Aufpasserinnen und der wenig verständnisvollen Westler, die keine Sekunde des Anblicks ihres Meisters missen wollen und eher tödlichen Ernst als helle Begeisterung an den Tag legen, wieder in die Hocke gehen. Um sich fünf Minuten später durch die Reihen der Sitzenden zu schlängeln, weil für sie der Sinn des Darshans – den Meister einmal zu sehen und dadurch Segen zu empfangen – gelaufen ist.

Anders die nicht indischen Devotees. Sie bleiben diszipliniert und andächtig sitzen, schimpfen wieder leise auf die hochspringenden Inderinnen und bleiben vor Ort, bis Sai Baba aus dem Tempel gerollt wird oder noch länger.

Ich tue es den eiligen Inderinnen gleich und verlasse den Tempel mit ihnen. Draußen eine unübersichtliche Menge von Frauen, für die es keinen Platz mehr im Tempel gab. Ich suche in einem riesigen Berg durcheinanderliegender Schuhe nach den meinigen, derweil einige wohlmeinende Inderinnen mir immer wieder dazu verhelfen wollen, trotz geschlossener Tempelgitter hineinzuschlüpfen und des Meisters weiter ansichtig zu werden – eine der Sicherheitsfrauen hält mir sogar das Tor auf. Freundlich dankend mache ich klar, dass der Darshan für mich heute vorbei ist. Finde meine Schuhe und reihe mich noch einige Augenblicke in die warme Menge jasminduftender Frauen in dem Versuch, über das Tempelgitter zu schauen. Außer den Kronleuchtern und umherfliegenden Tauben sehe ich allerdings nichts.

❊ ❊ ❊

Zeit zum Abendessen. Dafür gibt es drei Kantinen, jeweils in zwei riesige Räume für Männer und Frauen unterteilt: eine nordindische, eine südindische (sehr scharf!) und eine »Western«, die Wände verziert mit Fotos des lächelnden Meisters, der mit erhobenen Händen die Menge segnet. Mitten im Raum ein großer geschmückter Weihnachtsbaum – es ist der 24. Dezember –, unter dem viele buntverpackte Geschenke liegen, umgeben von mannshohen Krippefiguren und einer Weihwasserschale voller *Vibhuti*, der »heiligen Asche«, für deren magisches Rieseln in die dankbar geöffneten Hände seiner Devotees Sai Baba berühmt ist.

Es ist laut, fröhlich und das Essen schmeckt vorzüglich. Ich treffe interessante Frauen, die mir von sich erzählen und von den Wundern, die sie Sai Baba verdanken (und die einander alle sehr ähneln). Sitze blassen, *die-hard*-Fans des Meisters gegenüber, die keinen Blick über den Rand ihres Blechtellers werfen und in sich gekehrt ein wenig Reis und Gemüse knabbern. Und es gibt Kinder und Jugendliche, die nach übrig gebliebenen Eistörtchen suchen – alles in allem jeden Tag ein Vergnügen!

Bewundernswert, wie Sai Baba und seine Organisation (getragen von freiwilligen Helfern) dafür Sorge tragen, dass alles im Ashram so reibungslos funktioniert: Jeden Tag des Jahres – und das seit Jahrzehnten – zuverlässig Hunderte bis Tausende von Menschen zu versorgen, ihnen wochen- und monatelang für ein paar Cents ein Dach über dem Kopf zu geben und sie dreimal täglich mit reichlich gutem Essen und sauberem Trinkwasser zu versorgen – das ist schon sehr beeindruckend. Zudem funktioniert im Ashram die Müllabfuhr perfekt: Jeden Morgen um acht kommen die Lastwagen und transportieren den Unrat ab – sehr ungewöhnlich in Indien. Zudem müssen täglich Tonnen von Gemüse, Reis und Obst herangeschafft, geschnitten, vorbereitet und gekocht, sowie Filteranlagen für Trinkwasser zuverlässig in Betrieb gehalten werden. Köstliches Brot wird im Ashram gebacken, jeden Tag gibt es Kuchen und manchmal Eis. Lassie, Kräutertee, Milchkaffee und Tee werden zu jeder Mahlzeit angeboten. Es fehlt an nichts. Und nichts kostet mehr als ein paar Rupees. Alle sind willkommen, niemand versucht zu missionieren, man kann im Rahmen der Regeln tun, was man will; der Darshan-Besuch ist freiwillig, alles andere auch. Möchte man den Tag außerhalb des Ashrams verbringen, kann man das gerne tun, nur muss man um neun zurück sein, sonst läuft man Gefahr, nicht mehr hereingelassen zu werden – es sei denn, man klettert über das mannshohe Tor und setzt sich der Schelte des mürrischen Wachpersonals aus.

Obwohl ich mir der ernsten und nie hundertprozentig geklärten Vorwürfe gegen Sai Baba bewusst bin, empfand ich Puttaparthy als einen friedlichen, lebendigen, ungemein interessanten Ort – auch wenn ich den afrohaarigen Direktor des Unternehmens und seinen Ashram nach wie vor nicht als irdische Dependance des Göttlichen, sondern als perfekt funktionierendes Business sehe. Wenn auch eines, das – soweit ich dies beobachten konnte – den Leuten weder das Geld aus der Tasche zieht noch ihr Seelenheil bedroht. Was ja durchaus was »Göttliches« hat.

## Die Augen des Dalai Lama

Seit langem schon hatte ich den expliziten Wunsch, dem Dalai Lama einmal in die Augen zu sehen. Also machte ich mich eines Märztages auf den langen Weg von Bombay nach McLeod Ganj, zu Füßen des Himalaya. Ob der hohe Mann da sein würde, wusste ich nicht, aber ich ließ es drauf ankommen. Dann 27 Stunden mit dem Zug und vier

Stunden mit dem Taxi von Dharamsala durch märchenhaft schöne Gegenden immer höher hinauf, bis wir McLeod Ganj erreichen, 2000 Meter hoch gelegen, hingeschmiegt an die sanft abfallenden Flanken des Himalaya. Ein kleines Dorf, Residenz des Dalai Lama, Heimat Tausender tibetischer Flüchtlinge und der tibetischen Exilregierung.

Als ich am ersten Tag den farbenfrohen Tempel besuchte, der zur Residenz des Dalai Lama gehört, widerfuhr mir dort ein ganz und gar unerwartetes Erlebnis. Nein, nicht Erleuchtung wurde mir stante pede zuteil, wenn ich auch hingerissen war von dem Licht, den Farben und Düften im Tempel, sondern eine Erkenntnis gänzlich anderer Art, wenn auch »erleuchtend« hinsichtlich der Gepflogenheiten mancher tibetischer Mönche.

Und das kam so: Ergriffen bestaunte ich die herrlich bunten Statuen der drei Buddhas und schaute mich in der Tempelhalle um. Ein Großteil war mit samtumwundenen Seilen abgesperrt. In der Mitte dieses Bereiches stand auf einem Podest eine Art Mini-Tempel, an dessen vier offenen Seiten jeweils ein Mönch, den Körper nahezu rechteckig abgewinkelt, mit einem weißen Mundschutz vor dem Gesicht, durch ein kleines trompetenförmiges Instrument bunten Sand auf ein Mandala in der Mitte blies. Auf diese Weise zauberten die Mönche in wochenlanger Arbeit ein symbolisches, farbenfrohes Mandala, das der Dalai Lama schließlich zeremoniell in alle Winde zerstreuen würde, als Zeichen der Nichtanhaftung.

Ich schaue also ergriffen, mit vor der Brust zusammengelegten Händen, den Mönchen zu, als einer der vier seinen Blick erhebt und mir voll in die Augen sieht. Einen Moment später geht er hinter mir unter der Absperrung durch und bedeutet mir, ihm zu folgen.

Nun, ich bin fremd hier, ein andächtiger Gast in diesen heiligen Hallen und folge dem Mönch arglos. Er durchquert den Tempel und betritt ein kleines Ante-Chambre mit

Holzregalen an den Wänden, in dem die Besucher ihre Schuhe abstellen, bevor sie den Tempel betreten. Außer uns ist niemand da.

Und in diesem fensterlosen, kleinen Raum voll abgelegter Schuhe entspinnt sich in Sekundenschnelle folgende Szene: Der Mönch hat den Mundschutz abgenommen und sich breitbeinig auf den einzigen Stuhl gesetzt. Genüsslich schaut er mich an, streckt mir die Hände entgegen, die ich, vor ihm stehend, verwirrt ergreife und fragt:

»*Where you from?*«

»*Eh ... Germany.*«

»*You like me?*«

»*...??? ...*«

»*You want to go my room?*«

»*NO!*«

Mein klares Nein schien ihn nicht im Geringsten zu irritieren. Er war vielleicht kein Mönch, wie ich ihn mir vorstellte, schien jedoch die Kunst der Nichtanhaftung gemeistert zu haben: Er stand einfach auf, legte sich den Mundschutz wieder an, ging in den Tempel zurück, als sei nichts geschehen, schlüpfte unter der Absperrung durch und machte sich wieder ans Blasen. (Im Laufe der nächsten drei Wochen wurde mir sein Verhalten verständlicher: Es war unübersehbar, dass manche der weiblichen Dalai-Lama-Fans nicht nur wegen des Meisters kamen, sondern auch von der Aussicht angelockt, eine Affäre mit einem tibetischen Mönch zu haben. Wenn ich die Frauen auch verstehen kann – ein schöner, ernster Mann in den Dreißigern, hochgewachsen, den wohlgeformten bronzefarbenen Kopf kahlgeschoren, in orangeroter Robe, eine dunkle Sonnenbrille im Gesicht, am Steuer eines schwarzen SUVs – wie unpassend auch immer auf den engen, ungepflasterten Straßen dieses Bergdorfes – von der Aura des Heiligen umgeben und vielleicht sogar noch unberührt? – mag für so manche Frau eine große Verlockung darstellen.

Ich allerdings war aus einem anderen Grund gekommen. Ich wollte dem großen Mann, den ich zum ersten Mal 25 Jahre zuvor bei einer Fernsehübertragung gesehen hatte, wo er auf Anhieb mein Seelenherz gewann, in die Augen schauen, von Mensch zu Mensch, wollte eine Ahnung davon bekommen, wer er »wirklich« war.

»Für eine private Audienz«, hieß es in seinem Büro, »müssen Sie sich schriftlich anmelden. Es kann Monate dauern, bis Sie einen Termin bekommen. Eine öffentliche Audienz ist zurzeit nicht geplant.«

Da ich von vornherein wusste, dass sich die Gelegenheit zu einer kurzen Begegnung vielleicht nicht bieten würde und ich diese Tatsache ohne Gram hinzunehmen bereit war, spürte ich kaum Enttäuschung. Es war schön, an diesem Ort zu sein, Menschen aus aller Welt zu treffen, wenn ich mich auch noch mehrmals liebeshungriger Mönche sanft erwehren musste, die in einer Ausländerin das ersehnte Ticket in die große weite Welt vermuteten ...

❀ ❀ ❀

... Bis ich eines Tages kurz vor meiner Abreise wieder einmal durchs Dorf ging und wieder einmal an dem italienischen Restaurant vorbeikam, in das ich noch nie einen Fuß gesetzt hatte. Was ich auch dieses Mal nicht zu tun gedachte. Einige Schritte später jedoch fühlte ich mich angeleitet, umzukehren und hineinzugehen. Kaum öffne ich die schwere Holztür, stehe ich einem Tibeter gegenüber, der mir laut und klar entgegenschleudert, als hätte er darauf gewartet, dass ich endlich erscheine: »Morgen um neun ins *security office*, um eins *public audience in his residence*!«

Wunderbar! Aus Dank über diese Mitteilung kaufe ich ein Brownie, obwohl ich keine Brownies mag, und verkünde danach jedem, der es hören will, die unerwartete Neuigkeit. Doch die meisten schienen es schon zu wissen: Wenn

es in McLeod Ganj auch keine öffentliche Bekanntma-
chung über Audienzen gibt, so eilt die Kunde darüber in
Windeseile von Mund zu Mund.

Am nächsten Morgen hole ich mir im *security office*
einen Passierschein. Als ich kurz darauf den Garten der Residenz betrete, ist er bereits voller Menschen, die den Dalai
Lama sehen wollen, in erster Linie Tibeter, denen die Freude
über die kurze persönliche Begegnung mit ihrem Oberhaupt auf den ergriffenen, demütigen oder glücklichen Gesichtern geschrieben steht. Dann ist es so weit. Ich reihe
mich ein in die lange Schlange der Menschen, die sich langsam auf die Stelle zubewegen, wo der hohe Mann steht,
umgeben von einigen älteren Mönchen. Er begrüßt die Anwesenden der Reihe nach, indem er ihnen die Hände
schüttelt, auch mal ihre Stirn mit der seinen berührt oder
lächelnd etwas sagt, was nur der Betreffende hören kann.

Ich bin noch ungefähr vier Personen von meinem Ziel
des In-die-Augen-Schauens entfernt, als etwas geschieht,
was ich weder zuvor noch danach jemals wieder erlebt
habe: Plötzlich hält die Welt den Atem an – nichts bewegt
sich mehr –, vollkommener, sanfter Stillstand. Ich merke,
wie mir aus der Tiefe meiner Seele die Tränen in die Augen
steigen, so als löse sich etwas in meinem Inneren, das
lange auf Lösung gewartet hat. Der Moment währt nur Sekunden, doch die Zeit scheint aufgehoben – bis ich wieder
»zu mir« komme und versuche, die Tränen zurückzuhalten.
Nicht jetzt, wo ich doch im nächsten Moment dem Dalai
Lama in die Augen schauen möchte – Tränen verschleiern
den Blick, das darf einfach nicht sein!

Sie fließen nicht über, und schon stehe ich Aug in Aug
mit dem großen Mann. Er gibt mir die Hand, und sein rechtes Auge schaut voll in meines – doch was ich sehe, wider-
spricht total meinen Erwartungen: Er schenkt mir kein zau-
berhaftes Lächeln, so wie alle Welt es an ihm liebt und wie
ich es in meiner Einfalt erwartet habe –, vielmehr blickt er

mich zutiefst ernst und streng, ja beinahe zornig an. Innerlich pralle ich ein wenig zurück, so als hätte mir jemand einen Schlag in die Magengrube versetzt, nehme diesen Blick jedoch als seinen persönlichen Gruß an mich an, und im nächsten Moment bin ich auch schon vorbeigeschleust.

Ich bin verwirrt. Der erste schwarzweiße Gedanke, der mir in den Sinn kommt: »War das jetzt gut oder schlecht, was ich da in seinen Augen gesehen habe?« Der Dalai Lama, schlecht? Unvorstellbar. Aber was war es dann? Keine Antwort.

Wie betäubt gehe ich ein paar Schritte weiter, bevor ich mich draußen auf eine Bank setze, um nachzufühlen und Ordnung in meine Gedanken zu bringen.

Es will mir nicht gelingen.

Ein Mann setzt sich neben mich. Auf seinem Gesicht sehe ich das Entzücken, dem Dalai Lama so nahe gewesen zu sein und mit seinem wohlwollenden Lächeln beschenkt von dannen gehen zu können. *Good for him!* Und was mach ich jetzt? Ich will nach Hause, sofort, in die schöne Wohnung auf dem Hügel, durch einen magischen Zufall gefunden, mit eigenem Tennisplatz auf der weitläufigen Terrasse – dabei spiele ich nicht einmal Tennis! Mir steht der Sinn nicht nach Kommunikation, auch jeglicher Appetit ist mir vergangen, obwohl ich seit dem frühen Morgen nichts gegessen habe. Dafür schleichen sich langsam die übelsten Kopfschmerzen an, die im Laufe des Nachmittags immer schlimmer werden. Gegen Abend überkommt mich eine erste Welle der Übelkeit und Schwäche. Ich lege mich hin. Was folgt, ist die schlimmste Nacht meines Lebens. Mir ist so schwach und elend, dass ich es kaum vom Bett ins Bad schaffe, was aber während dieser schlimmen Nacht oft nötig ist. Ich weine, bete, stöhne vor Schmerz und Übelkeit, flehe Gott an, mich noch nicht sterben zu lassen – meine Kinder müssen mich noch einmal sehen! Es kommt der Moment, da habe ich das Gefühl, als würde mir alles Blut aus den Adern weichen. Meine Hände fühlen sich so pelzig an wie Bärentatzen, dann werden sie ganz taub. Meine Beine sind weich wie Wachs. Ich versuche, das Bett zu erreichen, habe jedoch keine Kraft mehr und sinke zu Boden. Oh Gott, lass mich nicht sterben ..!

Wie lange ich auf den kalten Fliesen liege, weiß ich nicht, doch irgendwann kehren meine Kräfte langsam zurück und ich schleppe mich ins Bett.

Nun ist natürlich nicht ausgeschlossen, dass ich irgendwas gegessen hatte, das mir absolut nicht bekommen ist – doch außer einem Chapati mit Dhal hatte ich den ganzen Tag nichts gegessen. Und ausgerechnet heute, nach meiner so irritierend verlaufenen Begegnung mit dem Dalai Lama. Mir war (und ist), als bestünde da ein Zusammenhang, als wäre die »Reinigung« nicht nur auf körperlicher, sondern vor allem seelisch-emotionaler Ebene erfolgt. Denn das Gebet, das ich in meiner Agonie stammelte, war gleichzeitig Versprechen, Einsicht, Notwendigkeit. Ich wollte und musste dafür sorgen, dass meine Kinder, die getrennt voneinander aufgewachsen sind, sich kennenlernen.

Am nächsten Tag ging es mir etwas besser, wenn ich auch noch sehr geschwächt war und mir nach wie vor der ganze Körper weh tat. Vorsichtshalber ließ ich mich im tibetischen Hospital untersuchen. Man fand jedoch nichts Besorgniserregendes, erklärte mich lächelnd für gesund, und da mein Visum in einigen Tagen auslaufen würde, besorgte ich mir eilends ein Zugticket und ein Taxi, um am nächsten Tag nach Delhi zu fahren und Indien rechtzeitig zu verlassen.

Ich fand einen Liegeplatz im Schlafwagen. Mit jedem zurückgelegten Kilometer schienen meine Schmerzen weniger zu werden, und als ich 20 Stunden später in Delhi ankam, ging es mir wieder leidlich gut.

Zurück in München, löste ich mein Versprechen ein und stellte den Kontakt zwischen meinen Kindern her. Ob sie was daraus machen? Sie sind erwachsene Menschen und treffen die Entscheidungen, die sie für richtig halten. Und so soll es sein. Doch zumindest wissen sie, wie sie einander erreichen können.

Was mich betrifft, so hatte ich stets das Gefühl, als hätte der strenge Blick des Dalai Lama mich zu diesem Schritt aufgefordert – doch vielleicht waren seine Augen in dem Moment »nur« ein Spiegel, der mir die dringende Aufforderung meiner eigenen Seele deutlich machte, endlich diesen Schritt zu tun. Was das Erlebnis nicht weniger *wunderbar* machte.

## Leere Bananenstauden ...

Ich sitze auf der weitläufigen Veranda eines Restaurants in Koh Samed, einer kleinen Insel in der Nähe von Bangkok, vor mir das türkisblaue Wasser des Pazifik im strahlenden Sonnenlicht schimmernd. Weißer Sand, klares Wasser, üppiges Grün, bunt blühende tropische Gewächse – und jede Menge *gay guys* sämtlicher Couleur.

Die feingliedrigen, thailändischen *boys*, in der Regel mit einem nicht ganz so feingliedrigen, bejahrten Nicht-Thai an ihrer Seite. Und natürlich Touristen beiderlei Geschlechts, die in der Sonne vor sich hin brutzeln, Meister in der Kunst des Bräunens, denn um eine solche handelt es sich zweifellos – eine Kunst, die ich nicht annähernd beherrsche. Einige scheinen schon ziemlich gar zu sein – ihr Hautton übertrifft an Bräune den der Einheimischen, die wiederum, was Wunder, gerne eine hellere Haut hätten. Was man nicht hat ...

Dennoch beneide ich zuweilen diese Sonnenanbeter, denn mir gelingt es einfach nicht, länger als eine Stunde am Strand zu liegen – und das reicht nicht für einen solchen Schokoteint!

Mein Blick fällt auf einen schon mehr als garen Mann fortgeschrittenen Alters, offensichtlich Liebhaber von Thai-Boys, der in seinem Liegestuhl gerade genüsslich eine Staude kleiner Bananen (ähnlich der Größe eines durchschnittlichen Thai-Gliedes, nehme ich mal an) verschlingt – so schnell, dass in weniger als fünf Minuten die Staude als leeres Skelett ins Meer entsorgt wird. Ein zweideutiger Anblick – oder sollte ich etwa der Patient sein, der in den Strichzeichnungen seines ahnungslosen Arztes lauter Obszönitäten entdeckt?

Ich besorge mir einen Schlauchreifen und will ein wenig aufs Meer hinaus paddeln. Ah, da kommt Nu-An, sonnengegerbt, feingliedrig und fortgeschrittenen Alters, die mir durch Zeichen andeutet, dass sie mir auch heute eine ihrer knochenknackenden Massagen angedeihen lassen will. Ich gebe ihr zu verstehen, dass jetzt nicht der richtige Zeitpunkt für eine Durchwalkung ist und gehe dümpeln. Den Blicken der anderen entzogen, ziehe ich das Oberteil meines Bikinis aus, damit ich ein paar weiße Flecken weniger an mir habe.

Apropos Farbe: Ein Friseurbesuch einige Wochen zuvor in München war total schiefgegangen: Die erwünschten hellblonden Strähnchen waren während des Entfärbungsprozesses bei einem wenig das Auge erfreuenden Orangerotton stehen geblieben und verweigerten auch nach mehr als einer Stunde jede weitere Aufhellung. Bevor ich noch länger unter der Haube saß und Gefahr lief, mit einem Büschel orangeroter Haare in den Händen anstatt auf dem Kopf den Salon verlassen zu müssen, und es zudem bereits neun Uhr abends war und ich den jungen Nichtsnutz von Friseur gerade noch an dem Versuch hindern konnte, mir zur Behebung der Misere zusätzlich ein paar dunkle Strähnen zu verpassen (»damit es nicht so auffällt«), verließ ich nach Zahlung einer gesalzenen Summe den Salon und fürchtete mich vor dem Moment am nächsten Morgen, wo mir im hellen Tageslicht ein Blick in den Spiegel das volle Ausmaß der Verunstaltung enthüllen würde.

Der Morgen kam, der Blick in den Spiegel folgte – und ich war entsetzt. Dann allerdings riss ich mich zusammen und stellte fest, dass ich immer noch dieselbe war – jetzt eben mit idiotisch bunten Haaren, *but so what?* Drei Wochen lang, in deren Verlauf ich zu einer weiteren langen Reise aufbrach, gelang es mir, diese coole Haltung und mein Selbstbewusstsein einigermaßen zu bewahren. Doch der Tag würde kommen, wo es mir reichte. Nach wie vor rief jeder Blick in den Spiegel Entsetzen in mir hervor, wenn ich es auch stets mit Galgenhumor wegputzte.

Und an diesem Sonntag in Bangkok war es so weit: Um zehn Uhr abends betrat ich das Halbdunkel eines noch zu dieser späten Stunde geöffneten *hair-dressing-salon* und wurde von einer launigen jungen Frau begrüßt – damit beschäftigt, sich die Nägel zu lackieren und in der Lage, aus meinen Worten und Gesten (sie: *no English*, ich: *no Thai*) das Wichtigste herauszufiltern: dass man mir bitte jetzt sofort die Haare schneiden möge! Geschwind huschte sie durch einen Vorhang ins Nebenzimmer, durch den kurz darauf eine ältere Frau erschien, die Chefin mit der Schere, auch sie nicht des Englischen mächtig und mich erwartungsvoll anschauend.

Doch gibt es nicht viel zu verstehen, wenn jemand einen Frisiersalon betritt – da soll bitte geschnitten werden; dass ich keine *Farbe* brauchte, war offensichtlich!

Ich nahm auf einem Schemel vor einem fleckigen Spiegel Platz, und die Meisterin machte sich unverzüglich ans Werk. Ihr linkes kleines Auge schielte nach links unten, ihr rechtes sah recht normal aus. Dank meines intuitiven Vertrauens in ihre handwerklichen Fertigkeiten – oder vielleicht wusste ich auch nur nicht, wie ich »ungeschoren«

wieder aus dem Salon rauskommen sollte – und wild entschlossen, keine bunten Haare mehr zu haben, ergab ich mich. Um jedoch nicht mit ansehen zu müssen, wie sie mich scherte und der Versuchung zu erliegen, ihr entsetzt Einhalt zu gebieten, schlug ich mir vorsichtshalber die Hände vors Gesicht. Und nahm sie nicht mehr weg, bis die Frau mir zu verstehen gab: *»Finish!«* Was immer hier passieren würde, schlimmer konnte es nicht werden.

Die Meisterin mit dem schielenden Auge schnitt, rasierte und verdünnte, ohne sich eine Sekunde Pause zu gönnen oder auch nur ein einziges Mal das von meinem Haupt rieselnde Stroh aus den Händen zu schütteln. Das Ganze dauerte keine 10 Minuten und erinnerte mich an eine Session mit Picasso, oder wie ich mir eine solche vorstelle: Rasant, von grimmiger Leidenschaft erfüllt, unaufhaltsam, Ehrfurcht einflößend für jeden, der dem Meister bei der Arbeit zusieht – doch das Resultat: Perfekt! Trotz der beiden in verschiedene Richtungen schauenden Augen. Eine interessante Erfahrung, die mich mit dem kürzesten Haarschnitt meines Lebens zurückließ! Auch gewöhnungsbedürftig, aber wenigstens sah ich mir jetzt farblich wieder ähnlich.

## » *W*elcome in our hotel, Ma'am …«

Zwei Tage vor Silvester verlasse ich die Insel und diesen lauten, rasanten, grinsenden Moloch Bangkok, Richtung Bombay. Hatte mir übers Internet, ganz gegen meine Gewohnheit und obwohl ich ein gutes Hotel in Bombay kannte, in einem Augenblick tollkühner Experimentierfreude für zwei Nächte ein Zimmer in einer anderen Herberge gebucht und um Abholung am Flughafen gebeten.

So weit, so gut.

Wir fahren eine gute Stunde durch das nächtliche Bombay und halten vor einem fragwürdig aussehenden Gebäude in einer dunklen Seitenstraße. Trotz der späten Stunde stehen Männer in kleinen Gruppen beieinander, rauchen und starren neugierig die Fremde an, die da alleine, ohne Begleitung, aus dem Taxi steigt.

Nun bin ich kein ängstlicher Typ, fürchte mich nicht vor der Welt oder den Menschen, auch nicht alleine um ein Uhr nachts an einem mir unbekannten Ort in Indien, wo die Männer in Gruppen herumstehen und mich unverhohlen anstarren. Dennoch habe ich das Gefühl, dass diese Gegend – und dieses Hotel – vielleicht doch nicht das Richtige für mich ist. Angesichts der späten Stunde entscheide ich mich jedoch nach kurzem Zögern, diese Nacht hierzubleiben.

Ich betrete die schwach erleuchtete Lobby. Hinter einem hohen Pult, das als Rezeption dient, steht ein imposant aussehender Inder und blitzt mich wohlwollend an.

*»Your good name, Ms. Hansen? Welcome in our hotel!«*

Er schiebt mir ein großes fleckiges Buch über den Tisch, in das ich meinen Namen und weitere Angaben, die ein Hotel für wichtig erachtet, eintragen möge. Das Buch hat mindestens 500 Seiten, ist riesig und so breit, dass es den größten Teil des Pultes einnimmt. Zahllose Besucher haben sich seit Ewigkeiten hier eingetragen, wie ich beim flüchtigen Durchblättern der Seiten an den schmuddeligen geknickten Ecken und den lange zurückliegenden Daten sehe.

Die Formalitäten erledigt, immer wieder unterbrochen von freundlichen Zusicherungen bezüglich der unübertroffenen Qualität seines Hotels, bedeutet der Mann an der Rezeption einem in der Nähe wartenden und den ganzen Vorgang interessiert verfolgenden uniformierten Hoteldiener, den Zimmerschlüssel und mein Gepäck zu nehmen und mich zu meiner komfortablen Kemenate zu geleiten.

Der so Angesprochene hievt sich meine schwere Reisetasche auf den Kopf, den Rest klemmt er sich unter die Arme. Mir ist nicht erlaubt, mich mit irgendetwas außer meiner Handtasche zu belasten: *»No ma'am, I carry!«* Und so eilt er mir flinken Schrittes voraus, zwei Treppen hoch in den ersten Stock. Schließt die Tür zu dem Zimmer auf, in dem ich die Nacht verbringen soll, geht als Erster hinein, versucht vergeblich, das Licht einzuschalten, nimmt dann ein Feuerzeug und entzündet eine halb niedergebrannte Kerze auf der Kommode, bevor er sich ins Badezimmer begibt, wo das Licht funktioniert.

Was ich sehe, erfreut mich jedoch wenig. Das Bett ist schmuddelig, das Laken nach dem letzten Gast offensichtlich nicht gewechselt. Das ganze Zimmer erweckt den Eindruck, seit längerem weder benutzt noch gesäubert worden zu sein – und im übelriechenden Badezimmer schwimmt etwas in der Toilette, das längst hätte heruntergespült werden sollen.

*»I don't think so!«* entfährt es mir. Dieses Mal gehe ich voran, spornstreichs die Treppe wieder runter, gefolgt von dem Hoteldiener mit meinem Gepäck.

An der Rezeption werde ich freundlich erstaunt gefragt, was mein Begehr sei, ist vielleicht irgendetwas nicht in Ordnung?

»Allerdings! Bitte geben Sie mir Ihr sauberstes Zimmer und schicken Sie dann jemanden, der es noch einmal putzt.«

*»No problem«*, sagt der geduldige Inder lächelnd, als sähe er sich jeden Tag mit diesem Wunsch konfrontiert. Er händigt dem Bediensteten einen anderen Schlüssel aus, und dieses Mal steigen wir hinauf in den zweiten Stock.

Das Zimmer, das ich betrete, sieht tatsächlich sauberer aus, und auch in der Toilette schwimmt nichts, was ein anderer hinterlassen hat. Ich gebe dem Hoteldiener ein Trinkgeld, und schon erscheint ein junger barfüßiger Mann mit

Eimer, Putztuch und ergebenem Lächeln, um noch mal ein bisschen im Zimmer rumzuwischen. Der Träger des Gepäcks schaut ihm dabei zu, nicht ohne ihm laute Anweisungen zu geben, was er wie und wo wischen soll, die der junge Mann geflissentlich befolgt.

Bald ist auch das erledigt, die Rupie-Scheine verteilt, der Mann mit dem Putzlappen vom Träger des Gepäcks hinausgescheucht und der Moment gekommen, wo mir der rot Uniformierte mit dem imposant nach oben gezwirbelten, schwarzen Schnurrbart einen funkelnden, vielsagenden Blick und die Worte zuwirft: »*You need something, this number good*«, woraufhin er schwungvoll mit dem Kugelschreiber drei Zahlen ... auf die fleckigweiße Wand schreibt!

*Maybe not!*

Ich schlafe erstaunlich gut und werde früh am nächsten Morgen von einem ohrenbetäubenden Geschnatter geweckt, ähnlich dem Tausender Zikaden an einem heißen Sommertag. Ich gehe zum Fenster und schaue hinaus, und was ich sehe, lässt mir schier den Atem stocken: So weit das Auge reicht, Männer – alte, junge, in Kurta und Pyjama, Jeans und Lunghis. Viele den Kopf kunstvoll mit weißen Turbanen umwickelt; manche mit langen Bärten und Käppi im Haar; andere mit Handy am Ohr und zigarettenrauchend auf ihren Mofas und Motorrollern sitzend – und ausnahmslos alle laut durcheinanderredend.

Meine ursprüngliche Absicht, das Hotel zu verlassen und die Gegend zu erkunden, scheint mir unter diesen Umständen nicht ratsam. Wenn ich auch keine Angst vor Menschen habe, auch nicht in großen Mengen, so war mir der Gedanke, mich durch diese dichte Ansammlung von Männern winden zu müssen, unvorstellbar.

Auf meine Frage, was alle diese Männer hier vor dem Hotel zu so früher Stunde tun, erfahre ich vom Rezeptionisten, dass sie einmal in der Woche hierherkommen, um einen Job zu ergattern – von wem und was, konnte ich nicht in Erfahrung bringen. Und da sie ausnahmslos gut gelaunt schienen und überaus kommunikationsfreudig miteinander umgingen, hatte ich das Gefühl, dass sie irgendwann auch ohne Job zufrieden nach Hause gehen würden.

Also tat ich, was ich am Abend zuvor bereits beschlossen hatte. Ich packte meine Sachen, wählte die Nummer der Rezeption und bat, mir jemanden für mein Gepäck zu schicken und ein Taxi zu bestellen, da ich abreisen würde. Gut gelaunt protestierte der Mann an der Rezeption: *»But ma'am, today New Year. Our hotel best place for you for New Year! No room any other hotel!«*

Was ich bezweifelte. Und wenn ich auch tatsächlich nicht wusste, wo es an diesem Tag noch ein Zimmer zu finden gab, stand fest, dass ich hier nicht bleiben würde. Aber gegen ein Frühstück hatte ich nichts einzuwenden, und wie überall in Indien war das Essen auch in diesem zweifelhaften Etablissement scharf und köstlich und der süße Chai ein Genuss.

Schließlich bezahlte ich und wurde von den staunenden männlichen Angestellten – immer noch war keine einzige Frau zu sehen und hier war eine, die alleine reiste (schier unverständlich!) – freundlich verabschiedet, die Hände zum Namaste zusammengelegt. Ein schwarzgelber Ambassador fuhr vor, man verstaute mein Gepäck, ein letztes Mal wurde mir empfohlen, doch zu bleiben – *»you very welcome here!«* – bevor mir gute Wünsche für das neue Jahr zugerufen wurden – von mir erwidert –, gefolgt von Winken, bis der Wagen um die Ecke fuhr und wir uns in den morgendlichen Höllenverkehr von Bombay warfen: Richtung Santa Cruz, am anderen Ende der Stadt, wo ich ein Hotel wusste, das gut war und sauber und hoffentlich noch ein Zimmer für mich hatte.

*»Nice to see you again, ma'am. Yes, we have room, for you only 6000 Rupees.«* Excuse me? Vor einem Jahr hatte

ich noch die Hälfte bezahlt, und das war schon reichlich. Warum jetzt so viel?« *»New Year, ma'am, last room, you lucky ma'am!«* Wir einigen uns auf zwei Drittel dieser Summe, und ich bin es zufrieden.

※ ※ ※

Bereits in Thailand hatte ich beschlossen, die letzte Nacht des Jahres im Leela Kempinski zu verbringen, einem der schönsten Hotels in Bombay. Nicht zum Wohnen – als Übersetzerin und Autorin (noch) ohne Bestseller kann ich mir 400 Euro pro Nacht kaum leisten. Doch hatte ich mir in den Kopf gesetzt, den Jahreswechsel dort zu feiern und sah keinen Grund, es nicht zu tun.

Ich stecke hundert Dollar ein, ziehe mir was Hellseidenes über, schlinge mir eine lange Perlenkette ums Handgelenk, trage roten Lippenstift auf, tupfe ein wenig Patou hinters Ohr, werfe mir ein leichtes Tuch um die Schultern und schlüpfe in silberfarbene Sandalen. Man bestellt mir ein Taxi, und als ich heiter und wohlgelaunt in der Lobby erscheine, strahlen alle, *»Ma'am, you look beautiful!«* Es gibt keinen Grund, ihnen nicht zu glauben.

Das Hotel Kempinski liegt in einem riesigen, parkähnlichen Garten, der zu dieser späten Stunde dem Anlass gemäß im Glanz Tausender Lichter erstrahlt. Ich steige aus dem Taxi und so weit das Auge reicht, nur Menschen, Menschen, Menschen. Die *jeunesse dorée* von Bombay scheint vollzählig versammelt; in goldfarbenen Saris, hellen Smokings und gewagten Miniröcken. Lachen und Rufen und glitzernde dunkle Augen, wohin ich sehe.

Ich bahne mir einen Weg durch die Menge in die Hotelhalle, wo ich eine elegante Frau im Sari, an ihrem Namensschild als Hotelangestellte erkennbar, bitte, den Manager zu rufen. Sie rauscht geflissentlich davon, und kurz darauf kommt ein wohlbeleibter, haargeölter Herr in Frack und

Fliege auf mich zu, stellt sich als Manager vor und fragt, wie er mir zu Diensten sein kann.

»Ich möchte Neujahr hier feiern und würde gerne ein Ticket kaufen.«

»Es tut mir sehr leid, Ma'am, aber es ist alles ausverkauft. In der fünften Etage gibt es ein italienisches Restaurant, da ist noch ein Tisch frei, wenn Sie so freundlich sein wollen. Sonst kann ich leider nichts für Sie tun, *very sorry Ma'am*!«

Wenn in Indien auch normalerweise nichts unmöglich ist, schien es das dieses Mal doch zu sein. Ich nahm den Lift in die fünfte Etage, fand das Restaurant karg beleuchtet und bis auf den Barkeeper leer vor – ich würde dort allem Anschein nach alleine feiern müssen, wonach mir nicht der Sinn stand – und fuhr wieder nach unten. Den Manager noch einmal um Hilfe zu bitten erkannte ich als unnütz, also ging ich in den Garten und schaute mich um, welche Möglichkeiten es sonst noch gab.

Unter den diversen festlich hergerichteten Zelten gefiel mir eines wie aus tausendundeiner Nacht besonders gut, hier würde ich gerne das neue Jahr willkommen heißen. Vor der Absperrung wartet eine große Menge ungeduldiger Gäste darauf, das Zelt stürmen zu können. Ich nähere mich einem der Aufpasser hinter der Absperrung und frage unschuldig, wo ich ein Ticket kaufen kann. *»Sorry, no more ticket«*, erwidert er.

So schnell gebe ich jedoch nicht auf. Ich erkläre ihm, dass ich gerade erst in Indien angekommen bin, eine Frau alleine! Und dass es doch nicht sein kann, dass ich in einem Hotelzimmer einsam und verlassen das neue Jahr begrüßen muss.

Er versteht, überlegt kurz, bevor er mich bittet, einen Moment zu warten, sich elegant unter der Absperrung durchschlängelt und in der Menge verschwindet.

Es dauert nicht lange, und er kommt zurück, drückt mir freundlich ein Ticket in die Hand, will den Geldschein, den ich ihm zustecke, nicht annehmen, verbeugt sich leicht, wünscht mir ein schönes neues Jahr und öffnet galant die Absperrung.

Kaum betrete ich das Zelt, finde ich mich in einer dichtgedrängten Menge fröhlicher Menschen, ständige Tuchfühlung unvermeidbar, was mich in Indien nicht stört. Laute Discomusik schallt aus den Lautsprechern – *»Staying alive, staying aliiive…«*, auf den diversen Bühnen heizen Vortänzer die Gäste zu dem zumeist fruchtlosen Versuch an, es ihnen gleich zu tun. Getrunken wird Softes und Hartes aus Pappbechern, es gibt Samosa- und Pakorahäppchen, dazu Chips und Salzstangen – eine sehr indische Verbindung von Orient und Okzident.

Es geht auf Mitternacht zu. Die Stimmung steigt, wird immer ausgelassener und fröhlicher. Viele Männer sind bereits leicht alkoholselig und scheuen den Versuch nicht, mit der Nicht-Inderin zu flirten, sie neugierig auszufragen, auch wenn die schöne junge Ehefrau ein wenig hilflos danebensteht. Ich gebe freundlich kurz Auskunft, bevor ich es vorziehe, in der Menge unterzutauchen und mich so den Blicken eines besonders dreisten Schönen zu entziehen.

Der Lärm, das Lachen und Rufen erreichten langsam ihren Höhepunkt. Noch ein paar Augenblicke bis Mitternacht. Knallfrösche explodieren, draußen geht ein Feuerwerk los. Sektkorken knallen, die Musik wird von lautem Zählen – *»Nine, eight, seven…«* – abgelöst und bei *»…three, two, one – HAPPY NEW YEAR!!«* fallen die Inder einander in die Arme, was nicht schwer ist in dieser dichtgedrängten Menge. Jeder wünscht jedem lachend ein schönes neues Jahr, und ich lasse mich vom allgemeinen Jubel mitreißen.

Irgendwann steht im dichten Gedränge wieder der schöne Dreiste vor mir. Doch dieses Mal nicht flirtwillig, stattdessen stellt er mir seine ebenso schöne, wie scheue junge Frau vor, im superkurzen Minirock, die glitzernden Augen mit schwarzem Kajal betont. Seinen Worten entnehme ich, dass sie erst vor ein paar Tagen geheiratet haben, und er bittet mich eindringlich, sie beide zu segnen, *»You are an elder, please bless us«.* Sein Wunsch berührt mich sehr, und ich gebe meinen Segen, nach seinem vorherigen Flirtversuch mit der gutgemeinten Empfehlung versehen, er möge seine junge Frau gut behandeln und ihr keinen unnötigen Schmerz zufügen. Er schaut mich einen Moment lang erstaunt an, versteht, und dann schieben sich die beiden Arm in Arm, mir zuwinkend, wieder in die Menge zurück. Ich bin sicher, für den Rest dieser Nacht hält er sich an meinen Rat.

Was mich betrifft, bevor die Nacht dem Tage weicht, liege ich in meinem kühlen, weißen Bett im Hotel in Santa Cruz, zünde ein besonders köstliches Räucherstäbchen an, schalte den Fernseher ein, lasse mich von der Stimme eines heiligen Mannes im blauen Turban einlullen, der in einer mir unverständlichen Sprache sicherlich allerlei Weisheiten von sich gibt und gleite irgendwann zu den Klängen des Harmoniums, das er in den Pausen zwischen seinen Worten bedient, in einen traumreichen Schlaf hinüber.

## *B*uenos Aires – Punta del Este, One-way

Mein geologisches Horoskop hätte mir vielleicht eine Warnung sein sollen: Pluto – der Herausforderer, ohne einen versöhnlichen Jupiter oder eine besänftigende Venus an seiner Seite, zerschnitt mit einer erbarmungslos pfeilgeraden Linie die Stadt der guten Lüfte und versprach Turbulenzen, unerwartete Probleme.

Dennoch, ich fuhr hin. Für eine Woche, auf meinem Weg nach Punta del Este in Uruguay, mit einem halben Tag Aufenthalt in London.

Den ich dazu benutzte, mir Windsor Castle und Eton anzuschauen – und an der Bushaltestelle zum Flughafen eine schlicht aussehende Frau kennenzulernen, *die sicher noch nie irgendwo gewesen war*! Sich jedoch zu meiner Überraschung nicht nur als eloquente, selbstbewusste Londonerin entpuppte, sondern auch schon weltweit herumgekommen war in ihrem Job als Blumenbinderin – *Blumenbinderin (?)* – und anregend darüber erzählen konnte.

Auf dem dreizehnstündigen Nachtflug nach Buenos Aires gab es leider keine annähernd so gute Unterhaltung. Schlafen ist im vollbesetzten Flugzeug auf einem engen Mittelsitz mit kriminell wenig Beinfreiheit auch nur kurz möglich, bevor einem irgendwas einschläft, was einen dann wieder aufweckt.

Frühmorgens übermüdet in Buenos Aires angekommen – und was für ein lärmender Moloch von Stadt es ist, in den ich mich dann samt Taxi stürze!

Da ich mein Budget im Auge behalten muss, geht es nicht in ein Hotel im angesagten Recoleta oder San Telmo, sondern – mit Hilfe des Internet – zu einem Apartment mitten in der Stadt, da wo die weniger betuchten Portenos leben, manche wohl auch arbeiten und viele sich dem Nichtstun hingeben, schon morgens Rotwein trinkend, kettenrauchend und erbarmungslos mit allem flirtend, was weiblich ist. Und das alles untermalt von einer ohrenbetäubenden Kakophonie: hupende Autos, brüllende Busse, kreischende Bremsen, laute Musik – und nicht unbedingt Tango, sondern globaler Trance und Hip-Hop. Kurz, eine Großstadt wie jede andere, mit südamerikanischem Timbre, was immer das ist.

Habe ich erwähnt, dass ich nicht Spanisch spreche? Und kein Taxifahrer in Buenos Aires irgendetwas anderes als Spanisch? Nach einer radebrechenden Irrfahrt finden wir schließlich die Wohnung, die für ein paar Tage mein Zuhause sein wird.

Esther, die ältliche Besitzerin, wartet schon. Als Erstes fällt mir ihr unruhig hin- und herschießender Blick aus zusammengekniffenen Augen auf. Und das Grinsen auf ihrem Gesicht, das während unserer kurzen Begegnung keinem anderen Ausdruck weicht.

Doch sie ist freundlich und zuvorkommend, wenn auch etwas umständlich: Ich habe vor, das Apartment nur für eine Woche zu mieten, doch die Anmeldeformalitäten ziehen sich so lange hin, dass ich befürchte, noch am nächsten Tag erschöpft vorgedruckte Bögen ausfüllen und abzeichnen zu müssen. Die kleine Wohnung ist möbliert und mit dem Notwendigsten ausgestattet, allerdings auch mit ein paar nicht notwendigen Dingen, auf die ich aus ästhetischen Gründen gern verzichtet hätte. Was ich aber gar nicht erst vorschlage – ein paar Tage lang kann ich die blassen Plastikblumen sicher ertragen oder irgendwie meinen Blicken entziehen. Doch jede einzelne vergilbte Blume, jedes Glas, jeder Löffel und jede Tasse waren nicht nur penibel aufgeführt, sondern zudem mit einem Preis bedacht, sollte ich mich entweder genötigt sehen, Plastik, Glas, Vasen, Besteck, etc. zu entwenden, zu zerbrechen oder sonst wie zu entsorgen. Und die jeweiligen Preise waren exorbitant: ein Blechlöffel – drei Dollar?! Ein unansehnlicher Plastikblumenstrauch zehn Dollar?! *Pardon?* Wie war das doch mit dem Peso, der Landeswährung, weltweit eher belächelt und außer Landes nicht umtauschbar?

Acht Seiten lang musste ich alles durchlesen und hinter jedes Objekt eine Unterschrift setzen: Die Vermieterin schien zu hoffen, dass ich der Versuchung nicht widerstehen konnte, all diese Dinge in meinen Koffer zu packen, dann würde sie nämlich richtig schön Geld machen. Wobei 250 Dollar Miete für eine Woche dunkle Miniwohnung mit Ausblick auf eine wenig schöne, fensterlose Hauswand plus ganztägiger Lärmbeschallung von der vielbefahrenen Straße eigentlich schon mehr als gut bezahlt war.

Gegen Mittag sind schließlich alle Papiere unterzeichnet. Ich dämmere in einem sanften Erschöpfungsdelirium, die 250 Dollar wechseln den Besitzer, Elsa gibt mir den Schlüssel samt der wohlgemeinten Empfehlung, doch mal nach Florianapolis in Brasilien zu fahren, da sei es *wirklich schön*. Dann geht sie.

»Wo ist das denn?«, lalle ich.

»Brasilien. *Enjoy your stay here.*«

Sie ist weg, endlich bin ich allein. Im nächsten Moment falle ich angezogen aufs Bett und schlafe sofort ein.

Werde am frühen Abend wach, fühle mich erfrischt und will mir trotz einbrechender Dunkelheit die Gegend anschauen. In den nächsten Tagen schaue ich mir jeden Tag die Gegend an, und wenn ich zurückdenke, fällt mir nicht viel ein, was mir im Gedächtnis geblieben ist. Man muss wohl entweder gute Freunde dort haben, möglichst betuchte; oder ein ausgewachsener Steakfan sein; oder, was am günstigsten ist, den Tango zum Lebenszweck erkoren haben. Dann ist man in Buenos Aires zweifelsohne sehr gut aufgehoben!

Doch der Tango ist mein Lebenszweck nicht. Und außer Esther der Vermieterin und dem mir bisher nur durch E-Mails bekannten Mr. Goldblum (Wohnungsbesitzer) kenne ich hier niemanden, spreche die Sprache nicht, und alle paar Wochen mal ein Steak reicht mir völlig.

Zwei Tage später treffe ich Mr. Goldblum, zum Glück des Englischen mächtig, in einem schönen, alten Café aus der golden-arroganten Zeit des Reichtums. Mr. Goldblum reicht mir knapp bis ans Kinn. Mitte vierzig, schütteren Haares und noch bei den Eltern lebend, schwärmt er mir bei Kaffee und süßem Marzipankuchen von der Ferienwohnung in Punta del Este vor, über die ich bei der Internet-Suche nach Wohnmöglichkeiten in Buenos Aires gestolpert war. Schon lange hatte ich mit dem Gedanken gespielt, irgendwann mal nach Uruguay zu fahren (ein »*fallen-off-the-map-*

*place*«, wie es der sehr lesenswerte Pico Iyer mal genannt hat), was für mich beinahe so fremd und verlockend klang wie Feuerland, das lodernde Traumziel meiner Kindheit. Also hatte ich mich mit dem Vermieter in Verbindung gesetzt – wir tauschten ein paar freundliche Mails aus, und er war nur zu gerne bereit, einer Autorin und Übersetzerin die Wohnung für ein paar Wochen zu vermieten, die sich »wunderbar für Ihre Arbeit eignet«. Wobei eine Monatsmiete von 500 Dollar gerade noch im Rahmen meiner Möglichkeiten lag.

Nun sitzen wir einander also im roten Plüschcafé an der Avenida Julio V gegenüber, dem breitesten Boulevard der Welt. Draußen brodelt der Verkehr, der Kaffee ist stark, der Kuchen süß und unser Gespräch plätschert angenehm dahin.

Wir einigen uns zunächst auf zwei Monate Mietzeit, eventuelle Verlängerung kein Problem. Zudem schwebt ihm eine Kaution vor, »*300 Dollars please*« – die ich auf ein Drittel runterhandele.

Kaution plus zwei Monatsmieten hätte er gerne vorab, bar auf die Hand.

Wer sich noch nie veranlasst sah, Geld in größeren Mengen aus argentinischen Geldautomaten zu ziehen, kann sich kaum vorstellen, wie nervenaufreibend das ist. Ich konnte es auch nicht, sonst hätte ich zweifellos auf einer anderen Art der Bezahlung bestanden.

Am nächsten Morgen gehe ich in der festen Absicht los, einen Bankautomaten zu finden, der bereitwillig das nötige Bargeld ausspuckt, damit wie vereinbart um vier Uhr nachmittags in der Kanzlei von Mr. Goldblum Sr., seines Zeichens Advokat, die Übergabe von 1100 Dollar und Entgegennahme der Wohnungsschlüssel für Punta del Este (drei Stunden Schiff und fünf Stunden Busfahrt entfernt) stattfinden kann. Der erste Automat bei *Banca Nacional* erkennt meine Visa-Karte nicht und spuckt daher auch nichts aus. Logisch. Der zweite Automat verhält sich ähnlich unkooperativ, und nach dem dritten erfolglosen Versuch – »bitte wenden Sie sich an Ihr Bankinstitut« – rufe ich bei meiner Bank in den USA an.

Nun ist es nicht einfach heutzutage, einen Bankmenschen persönlich ans Telefon zu bekommen – zudem bin ich in Buenos Aires, wo das Telefonieren viel kostet und endloses Warten, begleitet von schmerzhaft schrillen Pfeiftönen in der Leitung, nur wenig Spaß macht. Als sich beim vierten Versuch endlich eine freundliche Frauenstimme meldet, kann sie mir, abgesehen von dem guten Rat, es doch mal bei anderen Banken zu versuchen, auch nicht weiterhelfen, »*I am so sorry*«.

Um eine lange, nervenaufreibende Geschichte kurz zu machen: Am dritten Tag hatte ich endlich die nötige Barschaft in der Tasche, wenn auch mit 12% Zinsen nicht eben billig beschafft und nach genau elf Gängen zu verschiedenen Banken. (Sollte jemand wissen wollen, wo es in Buenos Aires Geldautomaten gibt, die Dollars ausspucken: Er wende sich vertrauensvoll an mich. Wenn ich auch nicht viel von dieser Stadt mitgekriegt habe: *Das* weiß ich auf jeden Fall!)

Gegen vier an diesem Tag klopfe ich also an die Tür der Kanzlei im dritten Stock eines alten Gebäudes, haarscharf an der Grenze vom Malerischen zum Heruntergekommenen. Ein kleiner, älterer Herr mit schief sitzendem Toupet öffnet die Tür, stellt sich vor – Dr. H. Goldblum, Sr. –, *Enchanté!* Er deutet einen Handkuss an und bittet mich, auf dem nackten Holzstuhl vor seinem Schreibtisch Platz zu nehmen.

Ich schaue mich kurz in dem vollgestopften, angeschmuddelten, von Jalousien verdunkelten Büro um und weiß leider sofort, dass die Wohnung in Uruguay genauso aussehen wird. Dabei hab ich es gern sauber, geräumig und hell. Aber es ist zu spät – noch einmal losziehen, Wohnung suchen, radebrechen – nein danke, da muss ich jetzt durch. Und vielleicht täusche ich mich ja auch.

Mr. Goldblum Jr. ist ebenfalls da, und nach einigen freundlichen Worten gegenseitigen Kennenlernens legt mir der Advokat einen Vertrag vor: Acht Seiten. »Bitte alles ausfüllen, unterschreiben und eine Kopie ist für Sie.« Das Ganze in Spanisch, aber ist ja nicht der erste umfangreiche Vertrag, den ich hier ausfülle. Wieder geht es um Gegenstände in der Wohnung, penibel aufgeführt – doch was soll's, ich unterschreibe.

Auch dass ich 1100 US-Dollar für zwei Monate Miete inklusive Kaution übergebe und dafür die Schlüssel zu einer Wohnung im schönen Maldonado bei Punta del Este erhalte – »teuerster und beliebtester Badeort in ganz Südamerika« (Tatsächlich? Und was ist mit Brasiliens heißen Stränden?!) –, aber bitte, es wird behauptet, ich lass mich überraschen.

Mittlerweile fängt meine Nase zu laufen an, trotz relativer Wärme ist mir kalt, der Kopf tut mir weh – offensichtlich kriege ich gerade eine Erkältung, dabei wollte ich morgen schon losfahren. Kann ich wohl vergessen.

Als alles unterschrieben, verteilt, eingesteckt und ausgehändigt ist, verabschiede ich mich. Vater und Sohn schwärmen noch einmal von der herrlich gemütlichen Wohnung mit dem phantastischen Ausblick, der Strand sei nur 100 Meter entfernt! *»You will love very much!«* Sie wünschen mir alles Gute. Eine elegante Verbeugung beim abschließenden Händedruck – und ich eile in den kühlen Abend hinaus. Hole mir noch extra starkes Aspirin, geh nach Hause, rufe Esther an und informiere sie, dass ich zwei Tage länger bleibe – *»no problem«* – und bin dann erst mal krank.

❊ ❊ ❊

Zwei Tage später. Immer noch erkältet, fiebrig, geschwächt und mich fragend, wie immer in solchen Momenten, was ich hier eigentlich tue bzw. ob ich sie noch alle habe, hustend, schniefend und überhaupt so mutterseelenallein in der Welt herumzuvagabundieren, fern von meinen Freunden, Kindern, etc. – will ich trotzdem los.

Komme per Schnellboot und fünf Stunden Busfahrt mit Umsteigen, um zehn Uhr abends in Maldonado an. Bestelle eine *Remise* – man kann sie nicht auf der Straße anhalten, sondern muss sie anrufen, was ein freundlicher Mensch für mich tut – und lasse mich zu der Goldblum'schen Ferienwohnung fahren. Mittlerweile ist es zehn Uhr abends. Ich werde an der »Rezeption« (nennen wir es mal so) bereits freudig erwartet und in den dritten Stock zu meiner Wohnung geführt.

Kaum hat der Mann die Tür aufgeschlossen und ein zaghaftes Licht eingeschaltet, denke ich, mich trifft der Schlag! In all den Jahren, in denen ich weltweit unterwegs bin und mir Wohnungen, Zimmer oder Häuser miete, habe ich so was noch nie gesehen.

So toll war es? Nein, so unschön, verwohnt, abgewrackt und seit 25 Jahren nicht renoviert. Damals war diese Wohnung vielleicht wirklich schön, die Menschen damit beschäftigt, einen jahrelangen, schmerzhaften, diktatorischen Alptraum abzuschütteln und sich wieder den erfreulicheren Dingen des Lebens zuzuwenden. Aber heute? Und nun wollte man diese Wohnung gar an Reisende vermieten, die von weit her kommen?

Die Wohnung, an deren Schwelle ich stehe, strotzt vor ausgemusterten Keramikhunden, verblassten Kunstblumen, Uraltplastikgeschirr, nicht ganz sauber – was übrigens für die ganze Wohnung gilt und mir mehr zuwider ist als Zahnschmerzen – und das will was heißen! Die Betten, Stühle, der riesige runde Tisch, Schränke und Kommode – alles aus einfachstem Sperrholz, dunkelbraun gestrichen. Türen gehen nicht mehr zu, jede Menge alte, durchgelegene Matratzen unter den Betten (»falls mal Besuch kommt«), Plastiknachttische, fleckige Teppichbodenstücke auf dem rissigen Kachelfußboden, und an den Wänden blättert die verblichene Tapete ab – genug der Worte!

Die Tränen stiegen mir in die Augen. Nicht eine Nacht will ich hierbleiben – und hatte doch gerade erst nach großen Schwierigkeiten 1100 Dollar auf den Tisch des Vermieters im viele Stunden entfernten Buenos Aires geblättert! Doch war es mittlerweile elf Uhr abends, und ich konnte keinen klaren Gedanken mehr fassen, von wegen Hotel oder so.

Also fand ich mich widerstrebend damit ab, eine Nacht in einem Bett ohne Laken oder Bettdecke und einem Bad mit einem schmutzigen, müffelnden Handtuch auszuhalten. Hab mich in mein seidenes Laken gehüllt, für alle Fälle immer dabei, und in den Schlaf geheult. Teils aus Zorn, teils weil ich mich eh krank und elend fühlte.

❈ ❈ ❈

Am nächsten Morgen, ungeduscht und ungekämmt, da ich keine Minute länger als nötig in der Wohnung bleiben wollte, runter zur Rezeption – und da war mittlerweile Julio zum Dienst angetreten, Gott schütze ihn. Als er meine tragikomische Verfassung sah, wollte er mitfühlend wissen (er kein Wort Englisch, ich keine Silbe Spanisch, aber irgendwie haben wir uns verstanden), ob ich ein anderes Apartment im gleichen Haus sehen wollte.

Ich wollte. Zuerst fahren wir noch einmal in die Goldblum'sche Wohnung; als Julio im Tageslicht den desolaten Zustand sieht, schüttelt er nur den Kopf und meint mittels beredter Körpersprache, dass man besagte Wohnung mit allem, was drin ist, abfackeln sollte. Eine zu herbe Reaktion, wie ich trotz allem fand.

Dann fahren wir in den zehnten Stock hoch, er schließt die Tür zu Apartment 1001 auf – und ich bin im *zehnten Himmel!* Ein Kleinod, alles strahlend hell, renoviert, einladend, freundlich, fast kein Nippes, ein gutes Bett (allerdings auch ohne Bettzeug und Handtuch, aber Julio wird das erledigen), alles fein sauber, und draußen fliegt zur Begrüßung ein Schwarm giftgrüner, krakeelender Papageien vorbei, was mich endlich mal daran erinnerte, dass ich ja in *Südamerika* bin!

Nun durfte ich mir das zwar alles anschauen und mich hineinträumen in diese schöne Behausung, doch zunächst musste der Vermieter angerufen und gefragt werden, ob die Wohnung verfügbar ist. Der Mann weilte in Montevideo, 160 Kilometer entfernt – und war nicht sofort, aber zum Glück kurz danach zu Hause und somit erreichbar. (In der Zwischenzeit war Julio auf den Geschmack gekommen und fragte mich, ob ich an anderen Apartments interessiert sei. Ich nickte schwach, und er zeigte mir zwei, die mir nicht gefielen. Ich wollte dieses und kein anderes!)

Endlich hat des Rezeptionisten unermüdliche und sehr mitfühlende Geduld Erfolg – während ich in der ersten Wohnung bange warte und er zwischen mir im dritten Stock und seinen Pflichten als Rezeptionist im EG mehrmals hin und her läuft, immer das Telefon am Ohr und darauf wartend, dass der Herr in Montevideo sich meldet.

Was dieser schließlich auch tut. Julio klopft freudig an meine Tür und reicht mir aufgeregt den Hörer. Die Stimme am anderen Ende ist tief und patriarchalisch, an Garcia Marquez' Figuren erinnernd: eine Stimme, die den Eindruck erweckt, als dürfe man nichts Falsches sagen – »es kann und wird gegen Sie verwendet werden«. Italienisch mit ihm radebrechend, dessen er ein wenig fähig ist, unterbreite ich ihm meinen Wohnungswunsch. Woraufhin er, bereits vorbereitet durch Corazon Julio, nach kurzer Pause sonort: »*Si, niente problema. Dreißig Dollar die Nacht.*«

Doppelt so viel wie für die Goldblum'sche Behausung, aber suchen und vielleicht was Besseres finden kommt jetzt nicht mehr in Frage, zudem muss ich mit einer dringenden Übersetzung anfangen. Nach zwei weiteren Telefonaten zwischen Julio und dem Vermieter spreche ich noch einmal selbst mit ihm, und am nächsten Tag kommt er mit seiner zart ergebenen Frau und bringt alles mit, was ich hier noch brauche. Gott sei Dank!

Während der nächsten zwei Tage habe ich mich eingerichtet, mich mit der Gegend vertraut gemacht und alltägliche Wichtigkeiten eingekauft. Am dritten Tag rufe ich Mr. Goldblum in Buenos Aires an, er möge mir bitte die 1000 Dollar Miete zurückzahlen – die Kaution kann er behalten (von mir als »Lehrgeld« bezüglich der Anmietung unbesehener Wohnräume verbucht). Als großzügiges Entgelt für die eine Nacht in seiner mit Verlaub – Bruchbude. Und damit es ihm leichter fällt, die 3150 Peso Mietzins wieder herauszurücken.

Wie man sich vorstellen kann, fand er die Idee wenig erfreulich, schien aber im Großen und Ganzen bereit zu sein, auf meine Forderung einzugehen. Ich merkte allerdings, dass ich konsequent sein musste und mich nicht auf irgendwelchem »Aber-warum-hat-es-Ihnen-nicht-gefallen-es-gefällt-doch-auch-allen-anderen?«-Sprüche einlassen durfte. Ich wollte den Mann ja nicht übervorteilen, sondern wäre durchaus bereit gewesen, ihm ein paar Tipps zu geben, was er mit dieser Wohnung – dem Abstellraum seiner Familie seit einem Vierteljahrhundert – tun muss, um sie wirklich guten Gewissens für monatlich 500 Dollar oder mehr (»In der Hochsaison zahlen die Leute 3000 Dollar im Monat!« Tatsächlich?!) an Touristen vermieten zu können – schließlich weiß ich als reisende Nomadin, was wohnungsmäßig geht und was nicht. Ich kündigte an, für ein paar Tage nach Buenos Aires zu kommen, um die 1000 Dollar abzuholen (da Mr. Goldblum von einer Überweisung nichts wissen will, heißt das, ich wäre zweimal viele Stunden mit Bus und Schiff unterwegs und müsste eine Nacht in Buenos Aires bleiben). Aber was soll's – 1000 Dollar minus Unkosten für diese Fahrerei sind immer noch besser für mein Budget als gar nichts! Ich hoffe nur, dass Mr. Goldblum Jr. keine Scherereien macht und dann auch wirklich zur Stelle ist mit dem Geld. Doch er macht Scherereien, und zwar gewaltig. Ruft mich am nächsten Tag an und droht mir mit einer Klage! Er – mir?! Soll ja wohl ein Witz sein! Ist es aber nicht, und ich muss umgehend aktiv werden, will ich mein Geld wiedersehen.

Vom eleganten *Señor*, dem Vermieter meiner neuen Wohnung, dessen Eleganz ihn zu meinem Erstaunen nicht davon abhielt, mir zu empfehlen, noch einmal in die verschmähte Wohnung zu gehen und »alles aus dem Fenster zu werfen« und den Herren Goldblum somit eine Lektion zu erteilen, erfahre ich die Adresse einer Rechtsanwältin, Adriana mit Namen.

Ihr Büro ist ein großer, schmuckloser Raum im Erdgeschoss eines neuen Hochhauses, möbliert mit nichts als einem riesigen Schreibtisch, darauf ein altes schwarzes Telefon und davor zwei Stühle. Sie ist jung, warmherzig und sehr freundlich, wenn auch nicht im Geringsten des Englischen mächtig. Sie gibt mir zu verstehen, dass wir einen Übersetzer brauchen, was ich sofort einsehe. Ein Anruf genügt, und wenige Minuten später fährt ein alter Volkswagen vor. Ihm entsteigt Roberto, graue Schläfen, Anfang 60, ein Banker im Ruhestand aus Santiago de Chile, der genug Englisch spricht, um zwischen der Anwältin und mir zu vermitteln.

Auf den ersten Blick spüre ich, dass Roberto ein Mann von ungebrochener Leidenschaft ist, alleine lebt und eine Partnerin sucht. Er muss gar nichts sagen, es steht ihm auf der Stirn geschrieben und strahlt mir aus seinen Augen entgegen, als er mich begrüßt. Mir ist gleich klar, dass ich nicht diejenige bin, und als er mich einige Tage später zu sich und seinen zu Besuch weilenden Kindern nach Hause zum Grillen einlädt, wird es zwar ein schöner Abend, aber auch ihm wird klar, dass die neue Liebe noch auf sich warten lässt.

Doch seine Bereitschaft, zwischen der Rechtsanwältin und mir zu dolmetschen und mir möglichst zu meinem Geld zu verhelfen, bleibt davon unbeeinflusst. Bei mehreren Besuchen in der Kanzlei, vielen Tassen starken Kaffees für Roberto und geduldigen Anrufen von Adriana, in denen sie den Anwalt von Mr. Goldblum im fernen Buenos Aires zu einer fairen Lösung des Problems zu bewegen versucht und die Roberto mir nimmermüde übersetzt, gehen die Wochen ins Land, ohne dass sich eine Regelung abzeichnet.

Schließlich kommt der Tag, wo ich Punta del Este verlasse und nach Santiago weiterfahre, die 1000 Dollar hin oder her. Adriana will dennoch an der Sache dranbleiben, und Roberto wird mir eine E-Mail schicken, sobald eine Regelung gefunden ist. Bisher hat die Anwältin noch keinen einzigen Cent von mir verlangt und tut das auch nicht, als ich mich von ihr verabschiede, um mich auf die 32-stündige Busfahrt durch Uruguay, Argentinien, über die herrlichen Anden und hinunter ins schöne Santiago de Chile zu begeben.

✖ ✖ ✖

Ich bin schon eine Woche in Santiago, als mich Roberto per E-Mail informiert, dass Mr. Goldblum mir 400 Dollar per Western Union überweisen wird, sobald ich eine Adresse in Santiago durchgebe. Die 40 Dollar für die Überweisung muss ich selber tragen, plus der Summe, die Adriana für ihre Bemühungen in Rechnung stellt: bescheidene 50 Dollar! Das heißt, die kummervolle Nacht in der abgerissenen

Bude in Punta del Este hat mich 700 Dollar gekostet, mit Abstand die teuerste Übernachtung meines Lebens. Trotzdem habe ich mich über die 300 Dollar gefreut wie ein Schneekönig. Schließlich hatte ich das Geld ja nicht zum Überleben gebraucht, es war also sozusagen ein Luxus – den ich dankbar wie ein Geschenk entgegennahm. (Da wir an anderer Stelle von Spiritualität geprochen haben, hier noch eine Empfehlung aus eigener Erfahrung: Wenn es sich bei einer *Leihgabe* um einen Betrag handelt, den man in dem Moment entbehren kann und der aller Wahrscheinlichkeit nach auch zukünftig die eigene finanzielle Sicherheit nicht in Frage stellt, sollte man ihn herschenken und sich auf diese Weise nicht nur großzügig erweisen, was allen Beteiligten Freude bereitet, sondern auch die eventuellen emotionalen und mentalen Schwierigkeiten erspart, die mit einer Nichtrückzahlung einhergehen können. Das »kosmische Bankkonto« wird schon dafür sorgen, dass man genau die Summe Geldes bekommt, die man braucht, wenn man sie braucht. Meine Erfahrung.)

❊ ❊ ❊

*Last not least:*

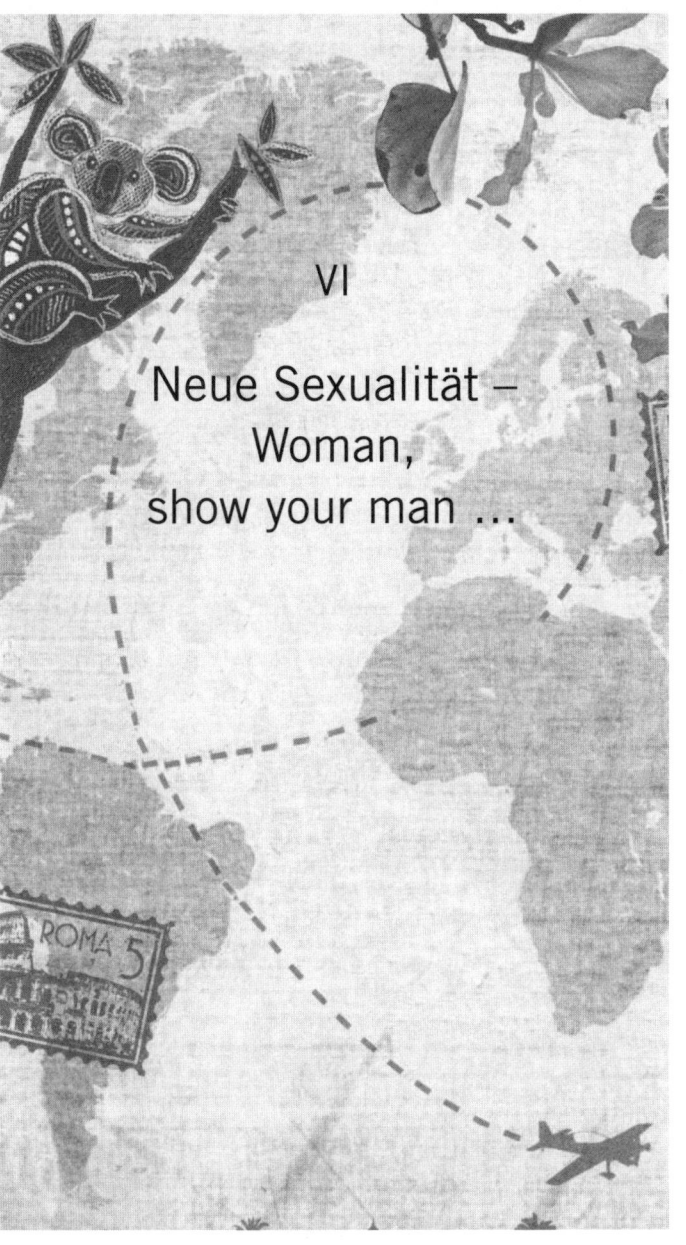

VI

Neue Sexualität –
Woman,
show your man …

*»... A saucy tattoo and a condom*
*do not a revolution make.«*

*»... gewagte Tattoos und ein Kondom*
*machen noch keine Revolution.«*

Naomi Wolf, Feministin,
*Washington Post*, 4. Mai 2009:
*»Während Frauen oberflächliche Fortschritte*
*genießen, werden wichtige Themen*
*nach wie vor übersehen ...«*

Weit davon entfernt, einen Sexratgeber erstellen zu wollen, gehört das Thema Sexualität der Vollständigkeit halber hierher, da ich nie so »frei und mutig« hätte leben können, wenn ich in Liebesdingen »fremdbestimmt« wäre oder Dinge tun würde, die ich nicht aus Lust und möglichst Liebe genau in dem Moment tun möchte ...

❄ ❄ ❄

Um es gleich vorweg zu sagen:

# *G*oddess? Nein, danke!

Wer hat sich dieses »Goddess«-Getue nur ausgedacht? Ein Mann wohl kaum – eher eine Frau, die sich zu lange den sexuellen Forderungen der Männer untergeordnet hat, verständlicherweise irgendwann höllisch frustriert und dennoch nicht in der Lage war, nötigenfalls zu sagen *»Paradise is closed«.*

Und siehe da, alle Welt – okay, ein großer Teil der newage-orientierten Frauen in der westlichen Welt – konnte diesen Begriff gar nicht schnell genug übernehmen und erbarmungslos verbreiten – welch wunderbare Gelegenheit, einer generellen Lebensunlust zu entrinnen und sich als etwas Besonderes zu fühlen!

*Und den ungeliebten Mann zwecks Anbetung auf die Knie zu zwingen.*

Hier ein Gesprächsfetzen, den ich kürzlich unverhofft mitbekam: Sie sagt zu ihm, quasi *en passant*, ähnlich der knappen Anmahnung eines vereinbarten Deals und bar jeder zärtlich-lustvollen Erwartung: »Und vergiss nicht, ich hab noch einen Cunnilingus gut bei dir.« *Well ..!*

Was mich betrifft, ich möchte kein Mann sein, der es mit diesen »Göttinnen« aufnehmen muss.

Und vor allem möchte ich als Frau weder so genannt werden noch einen *pussy-licking* Gefährten haben, der vor mir zu diesem und anderen Zwecken auf die Knie geht und mich anbetet. Eine wahre »Göttin«, so man diesen Ausdruck unwiderstehlich findet, braucht einen wahren »Gott« an ihrer Seite – eine Tatsache, die meinen *goddess*-besessenen Schwestern offenbar noch nicht in den Sinn gekommen ist. Was nicht zuletzt daran liegen mag, dass sie die Männer nicht wirklich lieben, sondern in ihren Betten dulden, weil Sex nun mal dazugehört und in vielen Fällen die Münze ist, mit der frau sich einen angenehmen Lebensstil sichert – und dem so gefürchteten Alleinsein entkommt.

Originalton 1 einer lieben Freundin, einige Jahre jünger als ich: »Ach weißt du, manche von uns sind froh, dass dieser Teil des Lebens endlich vorbei ist.« Aber verheiratet bleiben sie, und versorgt werden sie. Originalton 2 einer ansonsten klugen Frau: »Also, da sag ich ihm nun schon, wie er was machen soll, wo ich berührt werden will, wie lange und so weiter – und er bringt es immer noch nicht!« Erwartungshaltung – mit welchem Recht? – ist definitiv der falsche Weg.

Meine Empfehlung: »*If you really want him, be good to him.*« Oder in leichter Abwandlung eines altbekannten Ratschlags: »Tue deinem Nächsten, wie dir getan werden möchte.« Und wenn dennoch nur unerfüllte Forderungen da sind: *Communication is key.* Miteinander reden. Nachschauen, ob sich im Herzen noch Liebe oder Lust regt. Und wenn nicht – trennt euch.

Goddess zu spielen führt nicht zu einer Änderung. Im Gegenteil – ist der Mann schwach, lickt er mindestens einmal wöchentlich brav Pussy und steckt ihn auch immer nur ganz vorsichtig rein, so dies gewünscht wird, und tut, was ein Göttinnen-Gespons tun muss (Was kann das sein? Vielleicht häufiger den Abwasch machen, sich mehr um die Kinder kümmern, öfter kuscheln, nicht so viel Sport schauen und den Klodeckel *immer* runterklappen?).

Bis er irgendwann merkt – sofern er nicht zu verunsichert ist und daher nicht zu merken wagt –, dass seine Abneigung gegen die Frau und ihre unreflektierten Ansprüche als »goddess« wächst – *»who does she think she is?!«* Schließlich immer noch dieselbe Frau wie vorher. Ein neuer Begriff macht noch keinen neuen Menschen. Was wiederum zu Vorwürfen, Klagen, etc. führt und somit die Ausgangssituation (er, der nicht anbetet und folgt – sie, die genau das aber verlangt) an Unerquicklichkeit noch übertrifft.

Es sei denn, er *ist* ein Gott. Und sie eine Göttin. Oder – einfacher ausgedrückt: ein Mann, der die Frau an sich liebt, verehrt, sich nach ihr sehnt, nach dem Unerklärlich-Hinreißenden, Beglückenden *ihrer* Andersartigkeit. Und eine Frau, die den Mann an sich liebt, verehrt, sich nach ihm sehnt, nach dem Unerklärlich-Hinreißenden, Beglückenden *seiner* Andersartigkeit, besonders genossen in köstlichen Momenten lustvoller Erotik. Eine wunderbare Voraussetzung für ein heiteres Zusammenleben, auch wenn er nicht so oft in die Knie geht, wie es die selbsternannten »Goddesses« gerne sehen würden.


## »*W*oman, show your man!«

Jim Morrison, *The Doors*

Welch wahrer Ausspruch!

Vor allem, wenn es ums Liebemachen geht.

Ein Nachmittag in Los Angeles. Ich sitze am Computer und schalte nebenher den Fernseher ein. Es ist »Oprah-Time«, und die genehmige ich mir manchmal. Das Motto der Sendung lautet: *»I have a headache, so what?!«* – Ich habe Kopfschmerzen, na und?

Meine Aufmerksamkeit ist geweckt. Offensichtlich geht es um das Thema Sexualität – oder in diesem Fall, wie Frau sie verhindern kann. Die Autorin eines Buches mit dem oben genannten Titel war eingeladen sowie eine Reihe von Ehepaaren, die sich in der Sendung zu diesem Thema äußern würden. Die Frauen saßen wie kampfbereite Amazonen im Halbkreis auf der Bühne, ihre blassen Männer nervös in der ersten Zuschauerreihe.

Schon bald kamen die Frauen bitterernst zur Sache. Zunächst Oprahs Einführung, die sie mit besorgter Miene vorbringt: »Wie ist es nur möglich, dass den Frauen die Lust abhandengekommen ist?« (Tja, wie wohl?!) »Was passiert da in unserem Land?«

Dann die Stellungnahme der Geladenen.

Worum ging es? Um die Tatsache, dass immer mehr Frauen keine Lust auf Sex haben (in den USA angeblich schon ca. 60 Prozent, im nicht so prüden Europa vielleicht weniger, von anderen Kulturen gibt es diesbezüglich kaum Informationen, aber es darf wohl geahnt werden). Und mit den unterschiedlichsten Entschuldigungen ihren Männern zur Abendstunde (oder wann auch immer) entweder aus dem Weg gehen oder ihnen sonst wie kundtun, dass nix läuft. Manche schieben es auf das Baby, das ihnen keine Energie mehr lässt; andere meinen, dass sie zu dick geworden sind und sich daher nicht mehr begehrenswert fühlen; der Job überfordert sie oder sie haben eben einfach »Kopfschmerzen«. Im Klartext: Keine Lust!

Ich ahne, dass hier die wahren Gründe für diese Lustlosigkeit nicht angesprochen werden und bin gespannt, ob doch noch jemand den Mut zur ungeschminkten Wahrheit hat.

Mit ernsten Mienen, manche vorwurfsvoll, die anderen um Verständnis bemüht – schließlich sind sie alle bei »Oprah«, und die Begeisterung über die Einladung zur Show hat das Problem wohl ein wenig relativiert –, hören die Männer sich an, was ihre Frauen als Erklärungen für ihren Lustmangel anzubieten haben. Gefragt, wie sie dazu stehen, versuchen die meisten, verständnisvoll zu reagieren, wobei manche dennoch einen Ausdruck beleidigten Vorwurfs, sichtbarer Abneigung oder Unverständnisses nicht ganz verbergen können.

Man möge mir verzeihen, aber beim Anblick dieser Männer habe ich das deutliche Gefühl, dass keiner von ihnen ein begnadeter Liebhaber ist, sondern die ehepflichtigen

Begegnungen eher nach einem unbefriedigenden Schema ablaufen, auf das die Frauen sich zu lange eingelassen haben, das sie nicht zu ändern wussten und das ihnen nicht mehr gefiel – so es ihnen denn jemals gefallen hat. Ergo: Kopfschmerzen, wann immer ihm »danach« ist.

(In diesem Zusammenhang eine kleine Vignette, kürzlich gefunden in einem englischen Frauenmagazin: Als Reaktion auf einen Artikel über Kondome, die mit einer Viagralösung zur Erektions-Verlängerung getränkt sind, schreibt eine Leserin: »Soll das heißen, dass dieses idiotische Gerammel jetzt noch länger dauert? Meine Freundinnen und ich würden eher sagen: *»Hurry up and pull my nightie down when you are done!«*)

Um Missverständnissen vorzubeugen: Weder der Mann noch die Frau ist »schuld« daran: Vielmehr sind falsche Scham, Unwissen, verquere Moral, Abhängigkeit, Verlustangst und vor allem mangelnde oder fehlende Kommunikation die Hauptursachen. Wenn wir einen Paradigmawechsel brauchen, dann mit Sicherheit im Bereich der Sexualität.

Zurück zu Oprah.

Am auffälligsten war die Tatsache der weiblichen Verdrängung, Verleugnung der wirklichen Motive, nämlich offensichtlich keinen Nerv mehr für phantasielose Rein-Raus-Spielchen, auf die sich diese Frauen aus Gründen, die mit Liebeslust wenig zu tun haben, viel zu häufig eingelassen haben.

Und wie lautete das Fazit bei Oprah? Ein paar Ratschläge, wie »sie« sich wieder begehrenswert fühlen und »er« sich romantisch verhalten kann, damit sie wieder Lust auf Sex hat – ob das die Lösung ist, darf bezweifelt werden!

# *F*ake orgasm, anyone?

Wie ich seit Jahren bei meinen Gesprächen mit Frauen – unabhängig von Bildung, Einkommen, gesellschaftlicher Stellung, Kaste oder Kultur – festgestellt habe, ist dies kein spezifisch amerikanisches, sondern ein weltweites Problem. Nach anfänglich errötendem Entsetzen, dass ich so ungeschminkt über diese Dinge rede, nicken viele Frauen eifrig und reagieren auf die Aussage, dass frau nur dann Liebe machen sollte, wenn sie es wirklich möchte: »Aber das ist doch klar, nur so geht es!« Wobei ich meine Hand dafür ins Feuer legen würde, dass die eine oder andere sich noch letzte Nacht den Bedürfnissen ihres Partners »hingegeben« hat, ohne es wirklich zu wollen. »Aber ich liebe ihn doch!« (Wirklich?)

»Wenn er es doch nun mal braucht …«

»Tue ich es nicht, sucht er sich vielleicht eine andere.«

Zudem warten viele Frauen immer noch darauf, dass der Mann den ersten Schritt macht, sie »verführt«. Dem Vorgang des Verführens inhärent ist jedoch die Möglichkeit, etwas zu tun, das man eigentlich nicht tun möchte, zu dem man sich »ver-führen«, überreden lässt – durch Worte oder Taten. »Verführung« kann ein erregendes Spiel zwischen Mann und Frau sein, wenn es beide gleichermaßen zueinander zieht, wenn Offenheit und Klarheit herrschen und es weder Alkohol noch sonstiger »romantischer« Attribute bedarf, um »in Stimmung« zu kommen.

Vor einiger Zeit habe ich ein Buch übersetzt, *Satisfaction* von Dr. Gabrielle Morrissey. Darin ist von der traurigen Tatsache die Rede, dass viele Frauen nur dann bereit sind, mit einem Mann ins Bett zu gehen, wenn sie vorher genug Alkohol konsumiert haben. Woraus man schließen darf, dass sie ohne Alkohol kaum auf den Gedanken gekommen wären, den Betreffenden so nahe an sich heranzulassen.

Und warum ist dieses traurige Phänomen des »fake orgasm« etwas, das unzählige Frauen aus eigener Erfahrung zu kennen scheinen? Wohl nach dem Motto: »Wie kann ich die Sache am schnellsten beenden, ohne dass er sich gekränkt fühlt?« Dass der Mann es glaubt, ist auch erstaunlich – aber bequem, schätze ich.

Die wenigsten Frauen scheinen zu wissen, wann sie was wie und mit wem wollen. Oder sie sind »sexuell frei« und nehmen sich, was sie wollen. »Ich brauche Sex«, sagen sie dann, und es klingt kalt und traurig und ist genau das, was die Frauen in den Hoch-Zeiten des Feminismus den Männern vorgeworfen haben.

Die eigene Lust anzuerkennen und die Bereitschaft, *diese Lust ins Herz zu lassen*, und den Mut, sie offen dem Geliebten des Momentes zu zeigen und mit ihm zu teilen – *that's it!* Liebe erblüht schnell, sie ist das Natürlichste von der Welt. Sie erfreut die Seele und braucht nicht Jahre, um sich irgendwann endlich zu zeigen, nachdem man lange »daran gearbeitet« und sie »verdient« hat; sie kommt auf flinken Füßen und ist wunderbar einfach – schwierig wird nur zuweilen das Zusammenleben, wo sich die Liebe dann behaupten muss.

Doch in erster Linie sei jeder Frau empfohlen, sich nur dann auf einen Mann einzulassen, wenn sie ihn wirklich begehrt, ihn in diesem Moment mit Leib und *Seele* will, unabhängig davon, wie lange die Beziehung dauert – was man vorher nie wissen kann, egal, wie langsam man sich herantastet – oder wie schnell man sich hinein stürzt.

Ich persönlich möchte weder Diskussionen noch drängenden Bitten und auch nicht Überredungs- und Verführungskünsten ausgesetzt sein. Alles Dinge, die ich als den Versuch einer Manipulation verstehe, die ich mir auch dem anderen gegenüber nicht erlaube. Da ich mich nur auf einen Mann einlasse, wenn ich ihn begehrenswert finde und mein Herz für ihn offen ist, zeige ich ihm mein Begehren, auch indem ich lustvoll über Erotik und Sexualität und all die köstlichen Dinge mit ihm rede, die damit einhergehen. Und wenn er genauso fühlt, sind wunderbare Dinge möglich. Fühlt er in dem Moment nicht so, verstehe ich dies nicht (mehr) als Ablehnung (ich gebe zu, das bedurfte einiger Übung und Introspektion), sondern akzeptiere sein Verhalten als sein gutes Recht, ohne gekränkt zu sein oder mich ungeliebt zu fühlen.

Zu einer beglückenden Sexualität gehört offensichtlich Mut, die Bereitschaft, ehrlich mit sich selbst und dem Anderen zu sein.

Wie der Moment, wo ich einem ersehnten Liebhaber nach ein paar heftigen Kaninchenbewegungen gesagt habe: »So eher nicht. Leg dich doch einfach erst mal neben mich …«

Und wie dankbar der Mann ist, wenn die Frau ihn von seinen übereilten Aktivitäten abhält, von denen er glaubt, sie erwarte sie von ihm. Und wie sehr er es liebt, wenn sie einen ersten lustvollen Schritt auf ihn zu macht und ihm erlaubt, sich hinzugeben, zu genießen, passiv zu sein – und mit welcher Freude er dann wirklich zum Mann wird, und wie sehr sie das wiederum genießt. Eine Frau zu sehen, die ihre Sexualität auf diese selbstbestimmte Weise mit Lust und Freude lebt – und man sieht es an ihrer heiteren Selbstverständlichkeit –, ist ein besonders schöner, doch leider viel zu seltener Anblick. Und das sage ich als Frau, die die Männer liebt.

Da fällt mir eine kleine Geschichte ein, deren Zeugin ich in Indien wurde, dem Land des Kamasutra, das sich weitgehend in ein Land augenscheinlicher Prüderie verwandelt hat – 250 Jahre britischer Herrschaft haben nicht nur in der Architektur und auf den Schienen des Landes ihre Spuren hinterlassen …

Auf einer belebten Straße schlendere ich so vor mich hin, mir voraus zwei Frauen und ein Mann. Die ältere gekleidet in die üppige Tracht eines Bergstammes, mit schwerem Goldschmuck an Händen, Nase und Füßen; daneben offenbar die Tochter, in ausgetretenen Flip-Flops, einen alten Baumwollsari um ihre schlanke, hochgewachsene Gestalt drapiert. Sie hat den eleganten Gang einer selbstbewussten Königin; neben ihr geht ein Mann, wahrscheinlich ihr Ehemann, barfuß, in Lunghi und Hemd. Ich versuche, ihren anmutig-eleganten Gang nachzuahmen, was mir jedoch nicht gelingt.

Und plötzlich tut die Frau etwas völlig Unerwartetes, was mich zum Grinsen bringt: Mit einer kraftvollen Geste lustvoller Selbstverständlichkeit packt sie geübt den Po des Mannes, passt ihre Hand dem Rhythmus seines Ganges an. So gehen sie eine Weile gemeinsam dahin – und ich bin sicher, dass diese schöne Frau keine Probleme mit *fake orgasms* kennt, egal, was ein bekannter Meister, der sich bekanntlich lieber mit Abendländerinnen einließ, diesbezüglich über die indischen Frauen gesagt hat ...

※ ※ ※

Und hier schließt sich der Kreis für mich: Als junges Mädchen den Übergriffen meines Vaters ausgesetzt, habe ich nicht zuletzt aufgrund dieser Erfahrung die Kraft und den Mut gefunden, zu mir und meiner Sexualität zu stehen – nur das zu tun, was ich tun möchte, und nur dann, wenn ich es von Herzen gerne möchte. (Ja, ja, ich weiß – aber das war eine Ausnahme, die bekanntermaßen die Regel bestätigt ..!)

Und siehe da: Ich liebe die Männer – wenn ich auch, 15 Jahre jenseits der Fünzig und alleine durch die Welt reisend, nicht oft die Möglichkeit dazu habe. Doch Liebe hat viele Gesichter: Freundlichkeit, Wohlwollen, ein Lächeln, ein Augenblick der Zuneigung, ein Wissen um das, was möglich ist, tut's derweil auch. Und spätestens seit *Wolke 9* wissen wir, dass es keine Altersbegrenzung für Liebe, Lust und Leidenschaft gibt.

Summa summarum:

Wenn bereits in den Betten der Liebenden Täuschung und lustlose Willfährigkeit herrschen, unweigerlich zu Ressentiments und Ablehnung führend, was früher oder später auf irgendeine Weise in der Beziehung zum Ausdruck kommt, ohne dass die Partner den wahren Grund dafür kennen (oder sich eingestehen mögen) – wie können wir dann erwarten, dass in der Außenwelt Frieden und echtes Wohlwollen herrschen? Sicher ist bewusst gelebte und genossene Sexualität kein Allheilmittel für die Probleme der Welt. Aber Sexualität als ungeliebte Pflichtübung ist nicht nur keine Bereicherung für die Welt, sondern schadet in erster Linie dem gesunden Selbstbewusstsein und der Liebesfähigkeit einer Frau. Was wiederum zu Problemen mit dem Mann führt, der fälschlicherweise glaubt, er bekäme auch bei ungeliebten Pflichtübungen das, was er will. Und für beide führt dies schließlich aufgrund von geringem Selbstwertgefühl, Bitterkeit und Wut zu Problemen mit der Außenwelt – ein trauriger Kreislauf, über den in unserer sexualisierten Zeit viel zu wenig gesprochen wird.

Also, Frauen, *no more fake orgasms!* Und allabendlicher Weinkonsum ist auch nicht die Lösung. Erkennt Eure wahren sexuellen Bedürfnisse (oder deren Nichtvorhandensein) – macht Euer Herz auf, denn Herz und Pussy gemeinsam ist das einzig Wahre!

*Woman, show your man!*

# $\mathcal{U}$nd zum Abschluss …

Und zum Abschluss doch noch aus eigener Erfahrung ein paar einfache, erprobte Tipps für ein »spirituelles« oder liebevoll-wohlwollendes Leben – wenn vielleicht auch ein wenig abweichend von dem, was sonst so in esoterischen Büchern geschrieben steht:

▓ **Keine Häme:** Weder geringschätzig über andere Menschen lachen oder reden, vor allem nicht in ihrer Gegenwart (eine unangenehme, sehr deutsche Spezialität, es *genau dann* zu tun). Spirituell richtiges Verhalten beginnt mit Toleranz, dem Versuch, das Gute und Schöne im Anderen zu sehen und dem Bemühen, seinen Mitmenschen nicht weh zu tun. Und wer erst einmal aufhört, sich *sicht- und hörbar* über andere lustig zu machen, wird es bald ganz sein lassen.

▓ **Kein Neid, keine Gier:** Neid bringt nichts als Kummer, vor allem dem Neider. Und Gier … nur ein Wort: Finanzkrise!

▓ **Liebe,** *hier und jetzt*: In jeder denkbaren Form. Liebe ist der einzige Weg, die Qualität und die Eleganz – alles andere ist einfach zu schmerzhaft. Diese Qualität im Auge zu behalten – und aus Überzeugung zu leben –, erfordert ständige Bereitschaft und Aufmerksamkeit. Rückfälle von Natur aus einkalkuliert, aber immer wieder korrigierbar.

(Auf die Frage, ob er glaube, die vierzehnte *Reinkarnation* des ersten Dalai Lama zu sein, erwiderte der jetzige nach kurzem Schweigen: »I really don't know.« So viel zum Thema *Reinkarnation* und der beruhigenden Aussicht oder erschreckenden Notwendigkeit, irgendwann in einem späteren Leben »alles wiedergutmachen zu müssen«, was man in diesem durch mangelndes Wohlwollen/ Geduld/Toleranz/Liebe vermasselt hat. Wenn wir unseren letzten Atemzug tun, ist Liebe in all ihren Variationen mit Sicherheit das Einzige, was zählt, immer gezählt hat. Reinkarnation hin und Karma her. In diesem Zusammenhang: *»Friedlich in Gott zu sterben, ist das höchste Ziel des menschlichen Lebens.«* So zu lesen am Eingang zu Mutter Teresas Sterbehaus in Kalkutta. Sicher auch für nicht bekennende Christen nachvollziehbar.

Zudem sind die Worte des Dalai Lama ein wunderbares Beispiel für Demut – denn was wissen wir schließlich *wirklich und zweifelsfrei* über die Dinge jenseits unseres irdischen Seins? Liebe in jeder Form, so gut es geht, hier und jetzt gelebt, macht das müßige Kopfzerbrechen über Reinkarnation überflüssig, wenn es auch zuweilen eine nette Gedankenspielerei ist.)

⚜ **Erwarte das Beste** und sei dankbar, wenn du es bekommst.
*Murphy's Law* gehört ins Museum überholten Denkens!

⚜ **Materielle Bescheidenheit.** Nicht weil sie angesichts der globalen Finanzmisere politisch korrekt oder gar unabwendbar scheint, sondern weil sie etwas sehr Kostbares ermöglicht, einen Reichtum anderer Art: *Beweglichkeit.* In jeder Hinsicht und in allen Situationen des Lebens von Vorteil. (»So many beautiful things … and I am so happy I do not need any of it.« Sagt's und lacht: Der Dalai Lama beim »Windowshopping« auf dem Ku'damm.)

⚜ **Tue nichts, was du nicht tun willst** – oder lerne, das Gute und Sinnvolle in dem zu sehen, was du tust. Kannst du es nicht sehen, sei mutig: *Ändere es!*

**Suche dein Glück:** Mit jeden Moment des Glücks und der Freude tragen wir zum Glück der Welt bei. Mit Anklagen, Beschuldigungen, Opferhaltung, Selbstmitleid, etc. nicht. Das zweifelhafte Credo »Nur durch Leiden lernen wir« sollte, wenn nicht ersetzt, so doch zumindest erweitert werden durch die Tatsache: »Auch durch Freude lernen wir.« Zuweilen sogar besser.

**Nimm die Dinge nur dann persönlich** und dankbar an, wenn sie gut für dich sind – und mit dem gleichen Dank die weniger schmeichelhaften nur dann, wenn sie aus einem wohlmeinenden Herzen kommen.

**Sei ehrlich mit dir selbst und anderen.** Nicht immer einfach, aber immer des Mutes wert, der zuweilen dazugehört. Sich tapfer darin zu üben führt zur …

**Bewahrung der persönlichen Integrität:** Das Fundament innerer Kraft.

Was mich betrifft, mit Verlaub: Mit der Einhaltung dieser Vorschläge, die ich als entscheidende Voraussetzungen für ein integres Leben verstehe, bin ich so vollauf beschäftigt (vor allem eingedenk meiner Unfähigkeit, diese Qualitäten durchgängig zu leben), dass ich keine Zeit für »Spiritualität« habe.

※ ※ ※

Und zum lachenden Ausklang noch eine kleine Geschichte – diesmal nicht von mir –, in der der liebe Gott eine nicht unwesentliche Rolle spielt und man deutlich sieht, dass Wünsche ans Universum wohlüberlegt sein sollten – und eine schnelle Reaktionsfähigkeit dennoch vor größerem Übel bewahren kann:

# *N*asreddin,
## Allahs subversiver Schelm

Ein Dieb rettet sich vor einer Hundemeute in die Moschee und legt sich auf der Balustrade schlafen. Frühmorgens erscheint Nasreddin zum Beten und klagt Gott lautstark sein Leid: »Entweder gibst du mir Geld, damit ich meine Schulden bezahlen kann, oder du lässt einen Stein auf mein Haupt fallen!«

Vom Lärm geweckt, schleudert der Dieb wütend den Ziegelstein, auf den er seinen Kopf gebettet hat, auf den Störenfried. Nasreddin hört den Stein von oben herabsausen, weicht geschickt aus und entrüstet sich himmelwärts: »Hoho! Du bist schnell dabei, wenn man von dir einen Stein verlangt. Aber bei Geld bist du knauserig!«

*(mit Dank an Claudia Stodte,*
*Der Spiegel – Geschichte – Nr. 5/ 2010)*

❊ ❊ ❊

Und das war's auch schon. Danke, dass Sie mitgegangen sind – es war mir ein Vergnügen! Und bald auf ein Neues, denn die Reise ist noch nicht zu Ende …

*Angelika Hansen*
Titirangi, Neuseeland, im Mai 2011

# $\mathcal{D}$anke ...

Michael Görden, nicht zuletzt für sein hohes Maß an Geduld; Patricia Kasimir, mein löwenhafter Halt, wenn mir mal an weit entfernten Orten das Herz in die Hose rutschte; Daniela Graf, für ihr feinfühliges Lektorat und ihren Respekt für meine Arbeit.

Und nicht zuletzt all diesen *wunderbaren mutigen herzlichen starken* Frauen überall auf der Welt, *sisterhearts*, die mir Familie geworden sind. Und natürlich all den *guten komplizierten aufregenden* Männern, denen ich hier und da begegnet bin ...

# $B$uchempfehlungen

Eine kleine, sehr persönliche Auswahl, doch Mut machend, reich an Inspiration und liebevoll-intelligentem Denken und Handeln:

**Ibn Battuta**, *Die Reisen des Ibn Battuta* (Buch & Media, 2007)

**Robyn Davidson**, *Spuren* (Rowohlt, 2002)

**Kahlil Gibran**, *Der Prophet* (dtv, 2002)

**Stéphane Hessel**, *Empört Euch!* (Ullstein, 2011)

**Songyam Rinpoche**, *Das tibetische Buch vom Leben und vom Sterben* (Knaur, 2010)

**Arthur Rubinstein**, *Mein glückliches Leben* (Fischer, 1998)

**Paul Theroux** – alle seine Reisebücher sind lesenswert!

**Brian Weiss**, *Die zahlreichen Leben der Seele: Die Chronik einer Reinkarnationstherapie* (Goldmann, 2005)

**Paramahansa Yogananda**, *Autobiographie eines Yogi* (Self-Realization Fellowship, 1998)

# Richtig wünschen und die Seele heilen

**PIERRE FRANCKH mit
MICHAELA MERTEN
Meine Seelenreisen**
Meditationen
zur Wunscherfüllung
**DVD**
[D+A] € 24,95/sFr 41,90
ISBN 978-3-7934-2198-6

Nach einer Einführung folgen 20 sanfte Affirmationen zur Wunscherfüllung, die in traumhaften Naturbildern visualisiert sind. Drei geführte Meditationen entfalten sich in Landschaftsbildern und bringen »Selbstliebe«, »Entspannung«, und »Resonanz mit dem Herzenswunsch« in die Seelen der Zuschauer. Die Musik und die einfühlsamen Klangbilder von Sayama, der auch die Kamera führt, lassen die DVD zu einem einzigartigen Heilerlebnis für die Seele werden.